해커스 공인중개사
출제예상문제집

2차 부동산공시법령

land.Hackers.com

해커스 공인중개사

공인중개사 1위 해커스
한경비즈니스 2024 한국브랜드만족지수 교육(온·오프라인 공인중개사 학원) 1위

해커스 공인중개사
100% 환급 평생수강반
(수강료)

합격 시 수강료 100% 환급!

*교재비, 제세공과금 22% 본인 부담 *이용 안내 필수 확인 *2026년까지 합격 시 환급

**합격할 때까지 평생
무제한 수강**

* 응시확인서 제출 시

**전과목 최신교재
20권 제공**

**200만원 상당
최신 유료특강 제공**

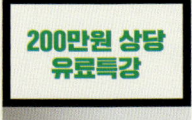

200만원 상당 유료특강

> ## 온가족 5명 해커스로 줄줄이 합격!
>
>
> 동생 누나 형 남편 아들
>
> 저는 해커스인강으로 합격한 27회 합격자입니다. 제 추천으로 누님도 해커스에서 28회 동차합격하시고, 형님도 2차 평균 90점으로 합격하셨습니다. 심지어 매형도 해커스에서 합격했고, 조카도 32회차 합격, 동서도 동차합격했네요.
> 온가족 5명 그랜드슬램을 해커스에서 달성했습니다. 해커스 정말 비교불가 막강 학원이라고 자신합니다. 고민은 쓸데없는 시간이고 빠른 결정이 합격의 지름길입니다.
>
> 해커스 합격생 정*진 님 후기

지금 등록 시
최대할인 쿠폰지급

지금 바로
수강신청 ▶

* 상품 구성 및 혜택은 추후 변동 가능성이 있습니다. 상품에 대한 자세한 정보는 이벤트페이지에서 확인하실 수 있습니다. * 상품페이지 내 유의사항 필수 확인

1588-2332　　　　　　　　　　　　　　　　　　　　　　　　　　land.Hackers.com

합격을 좌우하는 최종 마무리

학원에서 수험생분들과 대화를 할 때 "강의를 들을 때는 알겠는데 문제가 안 풀린다."라는 말을 자주 듣곤 하는데, 강의를 들어서 아는 것과 문제의 의도를 정확하게 이해하고 푸는 것은 다릅니다. 막연하게 알고 있는 것은 실제 시험에 도움이 되지 않으므로 객관식 문제를 풀 때는 내용을 정확하게 이해하여야 문제를 풀 수 있습니다.

이제는 기본적인 이론공부를 마치고, 문제를 풀어보면서 내가 아는 것과 모르는 것을 구별할 필요가 있는 시기이므로 지금부터는 정확하게 이해하는 것이 중요합니다. 문제를 풀면서 정답을 찾는 것에 그치지 않고 각각의 지문마다 정답과 오답의 근거를 확인하는 것이 중요합니다.

본서는 다음의 사항에 중점을 두고 구성하였습니다.

1 공인중개사 시험의 출제경향을 정확하게 분석하고 정리하였습니다.

「공간정보의 구축 및 관리 등에 관한 법률」에서 19개, 「부동산등기법」에서 29개 총 48개의 시험에 나오는 포인트를 선별하고 이론과 문제를 연계하여 공부할 수 있도록 편성하였습니다. 문제를 풀면서 모르는 지문은 해설을 통하여 반드시 짚고 넘어가시기 바랍니다.

2 부동산공시법령에서 출제될 수 있는 다양한 유형의 문제를 수록하였습니다.

최근에 출제된 감정평가사 시험문제, 공무원 시험문제, 법무사 시험문제 중에서 공인중개사 시험과 유사한 유형과 난이도의 문제들을 본 시험의 경향에 맞게 수정하여 수록하였습니다. 또한 문제를 중요, 고득점, 신유형으로 분류하여 체계적으로 접근할 수 있도록 구성하였습니다.

더불어 공인중개사 시험 전문 **해커스 공인중개사(land.Hackers.com)** 에서 학원강의나 인터넷 동영상강의를 함께 이용하여 꾸준히 수강한다면 학습효과를 극대화할 수 있습니다.

수험기간은 자기 자신과의 싸움이므로 어려운 시간이 될 수도 있습니다. 이 교재가 여러분의 어려운 시기에 도움이 되기를 기원합니다.

어떤 순간에는 합격을 향한 자신감으로 불타오르다가, 또 어떤 순간에는 불합격이라는 두려움에 맞서는 날도 있을 겁니다. 이러한 때마다 자기 자신을 믿으세요. 우리가 아니면 누가 합격하겠습니까? 합격의 기쁨을 누리는 날이 올 것을 믿고 꾸준히 공부하시기 바랍니다. 하루하루의 공부가 쌓여서 합격이라는 큰 산을 만드는 주인공이 되시기를 기원합니다.

2025년 5월
홍승한, 해커스 공인중개사시험 연구소

이 책의 차례

이 책의 특징	6
이 책의 구성	8
공인중개사 시험안내	10
학습계획표	12
시험에 나오는 포인트 48개 한눈에 보기	14

제1편 | 공간정보의 구축 및 관리 등에 관한 법률

제1장 총칙 18
단원별 출제예상문제 20

제2장 토지의 등록 25
단원별 출제예상문제 29

제3장 지적공부 50
단원별 출제예상문제 52

제4장 토지의 이동 및 지적정리 70
단원별 출제예상문제 73

제5장 지적측량 96
단원별 출제예상문제 99

제2편 | 부동산등기법

제1장 총칙 114
단원별 출제예상문제 118

제2장 등기기관과 설비 130
단원별 출제예상문제 132

제3장 등기절차 총론 140
단원별 출제예상문제 150

제4장 표시에 관한 등기 186
단원별 출제예상문제 188

제5장 권리에 관한 등기 194
단원별 출제예상문제 200

[책 속의 책] 해설집

해커스 공인중개사 부동산공시법령

이 책의 특징

01 전략적인 문제풀이를 통해 합격으로 가는 실전 문제집

2025년 공인중개사 시험 대비를 위한 실전 문제집으로 합격에 꼭 필요한 문제만을 엄선하여 수록하였습니다. 출제 가능성이 높은 다양한 유형의 예상문제를 풀어볼 수 있도록 구성함으로써 주요 내용만을 전략적으로 학습하여 단기간에 합격에 이를 수 있도록 하였습니다.

02 기출 심층분석으로 선별한 48개 출제포인트로 부동산공시법령 최종 마무리

제29회부터 제35회까지 최근 7개년 기출문제를 분석하여 주요 출제포인트를 선정하였습니다. 부동산공시법령의 방대한 내용을 48개 출제포인트로 정리하여 출제 가능성이 높은 문제를 빠르게 학습할 수 있도록 구성하고, 포인트별 출제경향과 학습전략을 💡Tip 으로 제시하여 학습효과를 높였습니다.

03 확실한 이해를 돕는 정확하고 꼼꼼한 해설 수록

모든 문제에 대한 정확하고 꼼꼼한 해설을 수록하고, 문제와 관련된 판례·공식·암기사항 등을 풍부하게 제시하여 개념을 다시 한 번 정리하고 실력을 향상시킬 수 있도록 하였습니다. 또한 정답의 단서가 되는 부분에 강조 표시하고, 문제집과 해설집을 분리하여 보다 편리한 학습이 가능하도록 하였습니다.

04 최신 개정법령 및 출제경향 반영

최신 개정법령 및 시험 출제경향을 철저하게 분석하여 문제에 모두 반영하였습니다. 또한 기출문제의 경향과 난이도가 충실히 반영된 중요·고득점·신유형 문제를 수록하여 다양한 문제유형에 충분히 대비할 수 있도록 하였습니다.

05 효율적인 학습을 위한 2주 완성 및 자기주도 학습계획표 제공

개인의 학습방법과 속도에 따라 선택하여 활용할 수 있는 과목별 2주 완성 학습계획표와 자기주도 학습계획표를 수록하였습니다. 또한 학습계획표에 학습체크란을 제시하여 계획적으로 학습할 수 있도록 하였으며, '학습계획표 이용 Tip'을 수록하여 본 교재를 더욱 효과적으로 활용할 수 있도록 하였습니다.

06 학습효과 극대화를 위한 명쾌한 온·오프라인 강의 제공(land.Hackers.com)

해커스 공인중개사학원에서는 공인중개사 전문 교수진의 쉽고 명쾌한 강의를 제공하고 있습니다. 해커스 공인중개사(land.Hackers.com)에서는 학원강의를 온라인으로 학습할 수 있도록 동영상으로 제공하고 있으며, 교수님께 질문하기 게시판을 통하여 교수님에게 직접 질문하고 답변을 받으며 현장강의를 듣는 것과 같은 학습효과를 얻을 수 있습니다.

07 다양한 무료 학습자료 및 필수 합격정보 제공(land.Hackers.com)

해커스 공인중개사(land.Hackers.com)에서는 제35회 기출문제 동영상 해설강의, 온라인 전국 실전모의고사 그리고 각종 무료강의 등 다양한 학습자료와 시험 안내자료, 합격가이드 등 필수 합격정보를 제공하고 있습니다. 이러한 유용한 자료와 정보들을 효과적으로 얻어 시험 관련 내용에 빠르게 대처할 수 있도록 하였습니다.

이 책의 구성

전략 술술! 출제경향

실력 쑥쑥! 예상문제

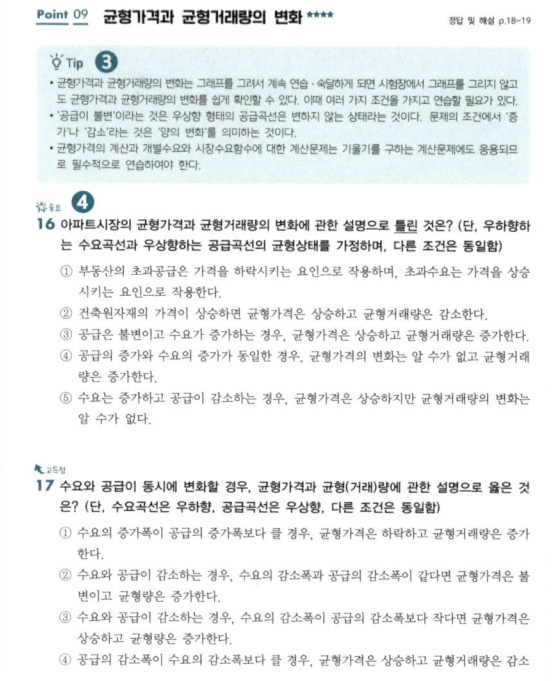

❶ 시험에 나오는 포인트 한눈에 보기

각 단원별로 흩어져 있는 출제포인트를 교재 앞부분에 모아 수록함으로써 시험에 자주 출제되는 포인트와 포인트별 중요도를 한눈에 확인할 수 있도록 하였습니다.

❷ 7개년 출제비중분석

최근 7개년의 공인중개사 기출문제를 심층적으로 분석하여 도출한 편별·장별 출제비중을 각 편 시작 부분에 시각적으로 제시함으로써 단원별 출제경향을 한눈에 파악하고 학습전략을 수립할 수 있도록 하였습니다.

❸ 문제 해결능력을 높이는 Tip

학습방향, 문제풀이 방법 등을 담은 Tip을 수록하여 출제경향에 따라 전략적으로 문제를 해결할 수 있도록 하였습니다.

❹ 다양한 유형의 예상문제

출제예상문제를 중요·고득점·신유형으로 구분하여 전략적인 문제풀이가 가능하도록 하였습니다.

- 중요: 60점 이상을 목표로 한다면 각 포인트에서 꼭 숙지하여야 할 문제
- 고득점: 고득점을 목표로 한다면 풀어봐야 할 문제
- 신유형: 기존에 출제되지 않았지만 출제될 것으로 예상되는 새로운 유형 대비 문제

이해 쏙쏙! 해설

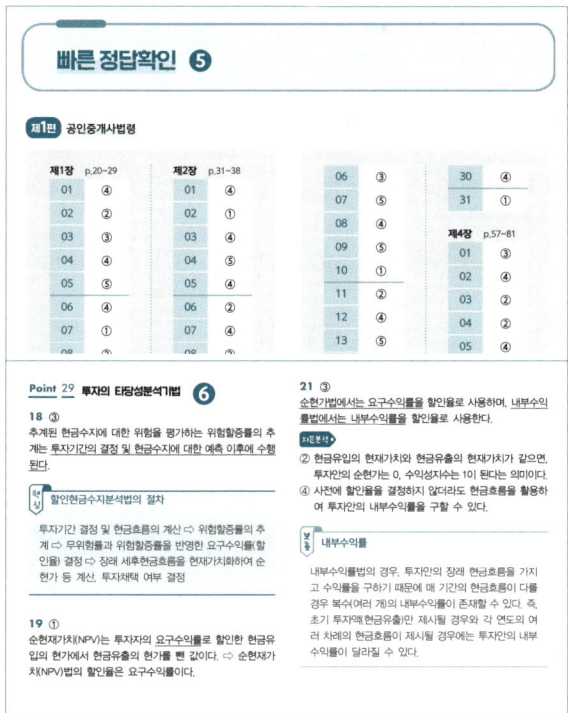

❺ 빠른 정답확인

각 단원별로 제시된 정답박스를 모아 놓은 '빠른 정답확인'을 활용하여 문제풀이 후 간편하게 정답을 확인할 수 있도록 하였습니다.

❻ 이해를 돕는 상세한 해설

문제에 대한 자세하고 친절한 해설뿐만 아니라 '지문분석', '핵심', '보충'과 같은 다양한 학습장치를 수록하여 해설만으로도 관련 이론을 충분히 정리할 수 있도록 하였습니다.

공인중개사 시험안내

응시자격

학력, 나이, 내·외국인을 불문하고 제한이 없습니다.
* 단, 법에 의한 응시자격 결격사유에 해당하는 자는 제외합니다(www.Q-Net.or.kr/site/junggae에서 확인 가능).

원서접수방법

- 국가자격시험 공인중개사 홈페이지(www.Q-Net.or.kr/site/junggae) 및 모바일큐넷(APP)에 접속하여 소정의 절차를 거쳐 원서를 접수합니다.
  * 5일간 정기 원서접수 시행, 2일간 빈자리 추가접수 도입(정기 원서접수 기간 종료 후 환불자 범위 내에서만 선착순으로 빈자리 추가접수를 실시하므로 조기 마감될 수 있음)
- 원서접수시 최근 6개월 이내 촬영한 여권용 사진(3.5cm×4.5cm)을 JPG파일로 첨부합니다.
- 응시수수료는 1차 13,700원, 2차 14,300원, 1·2차 동시 응시의 경우 28,000원(제35회 시험 기준)입니다.

시험과목

차수	시험과목	시험범위
1차 (2과목)	부동산학개론	· 부동산학개론: 부동산학 총론, 부동산학 각론 · 부동산감정평가론
	민법 및 민사특별법	· 민법: 총칙 중 법률행위, 질권을 제외한 물권법, 계약법 중 총칙·매매·교환·임대차 · 민사특별법: 주택임대차보호법, 상가건물 임대차보호법, 집합건물의 소유 및 관리에 관한 법률, 가등기담보 등에 관한 법률, 부동산 실권리자명의 등기에 관한 법률
2차 (3과목)	공인중개사의 업무 및 부동산 거래신고에 관한 법령 및 중개실무	· 공인중개사법 · 부동산 거래신고 등에 관한 법률 · 중개실무(부동산거래 전자계약 포함)
	부동산공법 중 부동산중개에 관련되는 규정	· 국토의 계획 및 이용에 관한 법률 · 도시개발법 · 도시 및 주거환경정비법 · 주택법 · 건축법 · 농지법
	부동산공시에 관한 법령 및 부동산 관련 세법*	· 부동산등기법 · 공간정보의 구축 및 관리 등에 관한 법률(제2장 제4절 및 제3장) · 부동산 관련 세법(상속세, 증여세, 법인세, 부가가치세 제외)

* 부동산공시에 관한 법령 및 부동산 관련 세법 과목은 내용의 구성 편의상 '부동산공시법령'과 '부동산세법'으로 분리하였습니다.
* 답안은 시험시행일 현재 시행되고 있는 법령 등을 기준으로 작성합니다.

시험시간

구분		시험과목 수	입실시간	시험시간
1차 시험		2과목 (과목당 40문제)	09:00까지	09:30~11:10(100분)
2차 시험	1교시	2과목 (과목당 40문제)	12:30까지	13:00~14:40(100분)
	2교시	1과목 (과목당 40문제)	15:10까지	15:30~16:20(50분)

* 위 시험시간은 일반응시자 기준이며, 장애인 등 장애 유형에 따라 편의제공 및 시험시간 연장이 가능합니다(장애 유형별 편의제공 및 시험시간 연장 등 세부내용은 국가자격시험 공인중개사 홈페이지 공지사항 참고).

시험방법

- 1년에 1회 시험을 치르며, 1차 시험과 2차 시험을 같은 날에 구분하여 시행합니다.
- 모두 객관식 5지 선택형으로 출제됩니다.
- 답안작성은 OCR 카드에 작성하며, 전산자동 채점방식으로 채점합니다.

합격자 결정방법

- 1·2차 시험 공통으로 매 과목 100점 만점으로 하여 매 과목 40점 이상, 전 과목 평균 60점 이상 득점자를 합격자로 합니다.
- 1차 시험에 불합격한 사람의 2차 시험은 무효로 합니다.
- 1차 시험 합격자는 다음 회의 시험에 한하여 1차 시험을 면제합니다.

최종 정답 및 합격자 발표

- 최종 정답 발표는 인터넷(www.Q-Net.or.kr/site/junggae)을 통하여 확인 가능합니다.
- 최종 합격자 발표는 시험을 치른 한 달 후에 인터넷(www.Q-Net.or.kr/site/junggae)을 통하여 확인 가능합니다.

학습계획표

학습계획표 이용 Tip
- 본인의 학습 진도와 속도에 적합한 학습계획표를 선택한 후, 매일·매주 단위의 학습량을 확인합니다.
- 목표한 분량을 완료한 후에는 ☑와 같이 체크하거나 '학습 기간'에 기록하여 학습 진도를 스스로 점검합니다.

[학습 Tip]
- '출제비중분석'을 통해 단원별 출제비중과 해당 단원의 출제경향을 파악하고, 포인트별로 문제를 풀어나가며 다양한 출제 유형을 익힙니다.
- 틀린 문제는 해설을 꼼꼼히 읽어보고 '지문분석', '핵심', '보충' 코너에 수록된 내용을 확실히 이해하고 넘어가도록 합니다.
- 시험에 자주 출제되는 포인트와 포인트별 중요도를 확인하고, 문제풀이 전 단원별 주요 이론을 학습합니다.

[복습 Tip]
- 문제집을 학습하면서 어려움을 느낀 부분은 기본서 페이지를 찾아 관련 이론을 확인하고 주요 내용을 확실히 정리합니다.
- 문제집을 다시 풀어볼 때에는 ★의 개수가 많은 '핵심포인트' 위주로 전체 내용을 정리하고, 틀린 문제가 많았던 '핵심포인트'는 포인트별 Tip 에서 강조한 내용을 노트에 정리해 봅니다.
- 다양한 유형과 난이도에 대한 적응력을 높일 수 있도록 고득점·신유형·중요 문제의 지문과 해설을 다시 한 번 꼼꼼히 살펴봅니다.

부동산공시법령 2주 완성 학습계획표
한 과목을 2주에 걸쳐 1회독 할 수 있는 학습계획표로, 한 과목씩 집중적으로 공부하고 싶은 수험생에게 추천합니다.

구분	월	화	수	목	금	토
1주차	Point 01~05	Point 06~08	Point 09~10	Point 11~12	Point 13~15	Point 16~19
2주차	Point 20~25	Point 26~32	Point 33~35	Point 36~39	Point 40~42	Point 43~48

자기주도 학습계획표

자율적으로 일정을 설정할 수 있는 학습계획표로, 자신의 학습속도에 맞추어 공부하고 싶은 수험생에게 추천합니다.

	과목	학습 범위	학습 기간
1			
2			
3			
4			
5			
6			
7			
8			
9			
10			
11			
12			
13			
14			
15			
16			
17			
18			
19			
20			
21			
22			
23			
24			
25			

활용예시

	과목	학습 범위	학습 기간
3	민법	2편 2장	8월 1일 ~ 8월 3일

시험에 나오는 포인트 48개 한눈에 보기

제1편 공간정보의 구축 및 관리 등에 관한 법률

제1장 총칙

Point 01 「공간정보의 구축 및 관리 등에 관한 법률」 총칙 *
Point 02 법상의 용어정의 ***

제2장 토지의 등록

Point 03 토지등록의 원칙 **
Point 04 필지의 성립요건 **
Point 05 토지이동에 따른 지번부여 *****
Point 06 지목 *****
Point 07 경계 ****
Point 08 면적 ****

제3장 지적공부

Point 09 지적공부의 등록사항 *****
Point 10 지적공부의 열람, 등본교부 ***
Point 11 부동산종합공부와 지적공부의 복구 ****

제4장 토지의 이동 및 지적정리

Point 12 토지이동의 종류 ***
Point 13 축척변경 ****
Point 14 토지이동의 신청권자 ***
Point 15 지적정리 등 *****

제5장 지적측량

Point 16 지적측량의 대상과 절차 *****
Point 17 지적측량을 위한 필요한 조치 *
Point 18 지적측량수행자의 의무 *
Point 19 지적위원회 및 지적측량적부심사 절차 *****

제2편 부동산등기법

제1장 총칙

Point 20   등기의 의의 ★★
Point 21   등기의 종류 ★★★★
Point 22   등기의 대상 ★★★★
Point 23   등기의 효력(종국등기의 효력) ★★★
Point 24   등기의 유효요건 ★★★★

제2장 등기기관과 설비

Point 25   등기소와 등기관 ★
Point 26   등기부 등 ★★★
Point 27   인터넷에 의한 등기부의 열람 등 ★★

제3장 등기절차 총론

Point 28   등기신청의 형태 ★★★
Point 29   등기신청적격 ★★★★
Point 30   공동신청 - 등기권리자와 등기의무자의 구별 ★★★★★
Point 31   단독신청 ★★★★
Point 32   제3자에 의한 등기신청 ★★★
Point 33   등기신청의무 ★★★
Point 34   등기신청정보 및 첨부정보 ★★★
Point 35   전자신청 ★★★
Point 36   신청 후의 절차 ★★★★★
Point 37   이의신청 ★★★★

제4장 표시에 관한 등기

Point 38   표시에 관한 등기 ★★
Point 39   경정등기 ★★

제5장 권리에 관한 등기

Point 40   권리등기의 통칙 ★★★
Point 41   소유권보존등기 ★★★★★
Point 42   소유권 일부이전 ★★★★
Point 43   소유권이전등기 ★★★★
Point 44   용익권등기 ★★★★
Point 45   담보권등기 ★★★★
Point 46   집합건물에 관한 등기 ★★★★
Point 47   가등기 ★★★★★
Point 48   처분제한등기 ★★★

7개년 출제비중분석

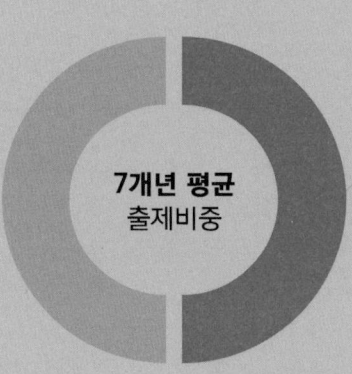

제1편 출제비중 50%

7개년 평균 출제비중

장별 출제비중

장 제목	평균	제35회	제34회	제33회	제32회	제31회	제30회	제29회
제1장 총칙	0.3	0	0	1	1	0	0	0
제2장 토지의 등록	3	5	3	1	2	2	4	4
제3장 지적공부	3	3	1	4	5	3	1	4
제4장 토지의 이동 및 지적정리	3.6	4	4	4	1	5	5	2
제5장 지적측량	2.1	0	4	2	3	2	2	2

*평균: 최근 7개년 동안 출제된 각 장별 평균 문제 수입니다.

제1편
공간정보의 구축 및 관리 등에 관한 법률

제1장　총칙
제2장　토지의 등록
제3장　지적공부
제4장　토지의 이동 및 지적정리
제5장　지적측량

제1장 총칙

Point 01 「공간정보의 구축 및 관리 등에 관한 법률」 총칙 ★

기본서 p.19~26

(1) 지적의 의의

지적의 3요소	① 토지 ② 지적공부 ③ 등록(원칙은 국토교통부장관, 실제 결정은 지적소관청)
토지의 등록	① 국토교통부장관은 모든 토지에 대하여 필지별로 소재·지번·지목·면적·경계 또는 좌표 등을 조사·측량하여 지적공부에 등록하여야 한다. ② 지적공부에 등록하는 토지의 표시는 토지의 이동이 있을 때 토지소유자(법인이 아닌 사단이나 재단의 경우에는 그 대표자나 관리인)의 신청을 받아 지적소관청이 결정한다.
법의 입법목적	이 법은 측량의 기준 및 절차와 지적공부(地籍公簿)·부동산종합공부(不動産綜合公簿)의 작성 및 관리 등에 관한 사항을 규정함으로써 국토의 효율적 관리와 국민의 소유권 보호에 기여함을 목적으로 한다.
지적의 분류	① 역사적 발전과정: 세지적, 법지적, 다목적 지적 ② 경계표시방법: 도해지적, 좌표지적 ③ 등록차원: 2차원 지적, 3차원 지적 ④ 등록의무: 소극적 지적, 적극적 지적
지적의 기본이념	① 지적국정주의 ② 지적형식주의(지적등록주의) ③ 지적공개주의 ④ 실질적 심사주의 ⑤ 직권등록주의

(2) 지적과 등기의 비교

구분	지적제도	등기제도
기능	토지에 대한 표시의 공시	부동산에 대한 권리관계의 공시
기본이념	• 지적국정주의 • 직권등록주의 • 실질적 심사주의 • 공개주의 • 형식주의	• 사적자치의 원칙 • 당사자 신청주의 • 형식적 심사주의 • 공개주의 • 형식주의(성립요건주의)
담당기관	국토교통부	사법부

공부의 편제	동·리별 지번순(물적편성주의)	동·리별 지번순(물적편성주의)
등록필지	약 3,900만 필지	약 3,850만 필지
신청방법	직권등록주의, 단독신청주의	신청주의, 공동신청주의
추정력	부정	인정
대상(객체)	토지(전국의 모든 토지)	건물 + 토지(모든 토지가 아님)

Point 02 법상의 용어정의 ★★★

기본서 p.27~30

용어	정의
지적확정측량	도시개발사업 등에 따른 사업이 끝나 토지의 표시를 새로 정하기 위하여 실시하는 지적측량
연속지적도	지적측량을 하지 아니하고 전산화된 지적도 및 임야도 파일을 이용하여, 도면상 경계점들을 연결하여 작성한 도면으로서 측량에 활용할 수 없는 도면
지적소관청	지적공부를 관리하는 특별자치시장, 시장(「제주특별자치도 설치 및 국제자유도시 조성을 위한 특별법」에 따른 행정시의 시장을 포함하며, 「지방자치법」에 따라 자치구가 아닌 구를 두는 시의 시장은 제외한다)·군수 또는 구청장(자치구가 아닌 구의 구청장을 포함한다)
토지의 표시	지적공부에 토지의 소재·지번·지목·면적·경계 또는 좌표를 등록한 것
지번부여지역	지번을 부여하는 단위지역으로서 동·리 또는 이에 준하는 지역
지목	토지의 주된 용도에 따라 토지의 종류를 구분하여 지적공부에 등록한 것
경계	필지별로 경계점들을 직선으로 연결하여 지적공부에 등록한 선
경계점	필지를 구획하는 선의 굴곡점으로서 지적도나 임야도에 도해(圖解) 형태로 등록하거나 경계점좌표등록부에 좌표 형태로 등록하는 점
토지이동	토지의 표시를 새로이 정하거나 변경 또는 말소하는 것
등록전환	임야대장·임야도에 등록된 토지를 토지대장·지적도에 옮겨 등록하는 것
지목변경	지적공부에 등록된 지목을 다른 지목으로 바꾸어 등록하는 것
축척변경	지적도에 등록된 경계점의 정밀도를 높이기 위하여 작은 축척을 큰 축척으로 변경하여 등록하는 것

제1장 단원별 출제예상문제

🌟중요 출제가능성이 높은 중요 문제 🔥고득점 고득점 목표를 위한 어려운 문제 💡신유형 기존에 출제되지 않은 신유형 대비 문제

Point 01 「공간정보의 구축 및 관리 등에 관한 법률」 총칙 ★

정답 및 해설 p.8

> **Tip**
> - 「공간정보의 구축 및 관리 등에 관한 법률」의 총칙에서는 법률의 목적, 기본원칙 등에 주의하여야 한다.
> - 지적과 등기의 특징을 비교하여 관련 제도인 소유권변경사실의 통지와 등기촉탁제도를 이해하여야 한다.

01 지적에 대한 설명으로 틀린 것은?

① 지적(地籍)이란 대한민국의 모든 토지를 필지단위로 구획하여 일정한 사항(토지의 표시와 소유자)을 국가 또는 지적소관청이 지적공부에 등록하여 관리하는 기록을 말한다.
② 모든 토지는 필지단위로 구획하여 지적공부에 등록한 후 이를 기준으로 소유권보존등기를 신청하여야만 토지등기기록을 개설할 수 있다.
③ 이 법은 측량의 기준 및 절차와 지적공부·부동산종합공부의 작성 및 관리 등에 관한 사항을 규정함으로써 국토의 효율적 관리 및 국민의 소유권 보호에 기여함을 목적으로 한다.
④ 지적사무는 국가사무이므로 등록주체는 국가기관장으로서의 시장·군수·구청장이다.
⑤ 지적은 등록객체인 토지에 대한 물리적 현황 등 그 등록사항을 지적공부에 등록할 때에는 토지이동조사 또는 지적측량을 실시하여 그 결과에 따라 등록하고 있다.

02 지적제도에 관한 설명으로 <u>틀린</u> 것은?

① 세지적은 세액결정을 목적으로 하는 지적으로, 면적을 중심으로 하는 지적제도이다.
② 법지적은 토지소유권이 미치는 경계를 중심으로 하는 지적으로, 현재 대부분의 국가가 채택하는 지적제도이다.
③ 도해지적은 좌표지적에 비하여 경계의 파악이 용이하고 정밀도가 높다.
④ 적극적 지적은 반드시 지적공부에 등록되어야 비로소 국가에 의해 법적인 권리를 보장하는 제도를 말한다.
⑤ 우리나라의 지적은 법지적, 도해지적, 좌표지적, 2차원 지적, 적극적 지적을 채택하고 있다.

03 「공간정보의 구축 및 관리 등에 관한 법률」의 기본이념을 설명한 것으로 <u>틀린</u> 것은?

① 토지를 등록하고 지적사항을 결정하는 것은 국가의 고유업무이며, 오직 국가만이 할 수 있다.
② 모든 토지는 지적공부에 등록되어야만 비로소 물권의 객체와 거래의 대상이 될 수 있다.
③ 전국의 모든 토지는 소유자의 신청 여부에 관계없이 빠짐없이 등록되어야 한다.
④ 지적공부의 등록사항과 실제의 현황이 부합하도록 토지이동조사를 실시하거나 지적측량을 실시하여 등록하여야 한다.
⑤ 지적공부의 열람·등본교부신청, 경계복원측량, 지적측량기준점성과의 열람, 토지이동조사 등은 지적공개주의의 표현이다.

04 지적제도와 등기제도의 특성을 비교한 것 중 <u>틀린</u> 것은?

① 지적은 토지에 대한 사실관계를 공시하고, 등기는 권리관계를 공시한다.
② 심사방법으로 지적은 실질적 심사주의를 취하는데, 등기는 형식적 심사주의를 취한다.
③ 등록방법으로 지적은 직권등록주의와 단독신청주의를 취하는데, 등기는 당사자 신청주의와 공동신청주의를 취한다.
④ 지적의 대상은 토지인데, 등기의 대상은 토지 및 건물이며 사권의 목적에 한한다.
⑤ 토지대장은 동·리별 지번순으로 편제하나, 토지등기기록은 동·리별 등기접수순으로 편철한다.

☆중요
05 지적공부와 등기기록과의 관계에 대한 기술 중 틀린 것은?

① 등기기록의 표제부에 적히는 사항에 대하여 지적공부의 기록을 기초로 하고 등기기록은 이에 따르게 한다.
② 등기명의인의 표시변경등기는 우선 등기기록의 기록을 기초로 하고 지적공부는 이에 따르게 한다.
③ 지적소관청은 토지표시변경에 따라 지적공부를 정리한 경우에는 이를 관할등기소에 그 토지표시변경등기를 촉탁하여야 한다.
④ 소유권보존등기는 우선 지적공부를 기초로 하여 등기기록을 개설하게 된다.
⑤ 권리 그 자체의 변동에 관한 사항은 지적공부의 기록을 기초로 하고 등기기록은 이를 따르게 한다.

Point 02 법상의 용어정의 ★★★

정답 및 해설 p.8~9

> 💡 **Tip**
> 「공간정보의 구축 및 관리 등에 관한 법률」상의 용어정의는 가장 기본적인 사항으로 용어정의를 확실하게 이해하여야 다른 개념을 이해할 수 있다.

☆중요
06 다음 중 「공간정보의 구축 및 관리 등에 관한 법률」이 규정하고 있는 지적용어의 정의로 틀린 것은?

① '지적확정측량'이란 「도시개발법」에 따른 도시개발사업이 끝나 토지의 표시를 새로 정하기 위하여 실시하는 지적측량을 말한다.
② '부동산종합공부'란 토지의 표시와 소유자에 관한 사항, 건축물의 표시와 소유자에 관한 사항, 토지의 이용 및 규제에 관한 사항, 부동산의 가격에 관한 사항 등 부동산에 관한 종합정보를 정보관리체계를 통하여 기록·저장한 것을 말한다.
③ '등록전환'이란 임야대장 및 임야도에 등록된 토지를 토지대장 및 지적도에 옮겨 등록하는 것을 말한다.
④ '연속지적도'란 지적측량하지 아니하고 전산화된 지적도 및 임야도 파일을 이용하여, 도면상 경계점들을 연결하여 작성한 도면으로서 측량에 활용할 수 없는 도면을 말한다.
⑤ '지목'이란 토지의 주된 지형에 따라 토지의 종류를 구분하여 지적공부에 등록한 것을 말한다.

07 「공간정보의 구축 및 관리 등에 관한 법률」상 용어의 정의를 옳게 연결한 것은?

> • (㉠)란 지적측량을 하지 아니하고 전산화된 지적도 및 임야도 파일을 이용하여, 도면상 경계점들을 연결하여 작성한 도면으로서 측량에 활용할 수 없는 도면을 말한다.
> • (㉡)란 필지별로 경계점들을 직선으로 연결하여 지적공부에 등록한 선을 말한다.
> • (㉢)이란 지적도에 등록된 경계점의 정밀도를 높이기 위하여 작은 축척을 큰 축척으로 변경하여 등록하는 것을 말한다.

	㉠	㉡	㉢
①	연속지적도	경계	등록전환
②	일람도	경계	등록전환
③	연속지적도	경계	축척변경
④	일람도	경계점	축척변경
⑤	연속지적도	경계점	축척변경

08 다음 「공간정보의 구축 및 관리 등에 관한 법률」상 용어의 설명 중 옳은 것은?

① '지적소관청'이란 지적공부를 관리하는 특별자치시장, 시장(「제주특별자치도 설치 및 국제자유도시 조성을 위한 특별법」 제10조 제2항에 따른 행정시의 시장을 포함하며, 「지방자치법」 제3조 제3항에 따라 자치구가 아닌 구를 두는 시의 시장은 제외한다)·군수 또는 구청장(자치구가 아닌 구의 구청장을 포함한다)을 말한다.
② '경계'란 필지를 구획하는 선의 굴곡점으로서 지적도나 임야도에 도해(圖解) 형태로 등록하거나 경계점좌표등록부에 좌표 형태로 등록하는 점을 말한다.
③ '합병'은 지적공부에 등록된 2필지 이상을 지적측량을 시행하여 1필지로 합하여 등록하는 것을 말한다.
④ '토지의 이동'이란 토지의 표시와 소유자를 새로이 정하거나 변경 또는 말소하는 것을 말한다.
⑤ '축척변경'이란 지적도 또는 임야도에 등록된 경계점의 정밀도를 높이기 위하여 작은 축척을 큰 축척으로 변경하여 등록하는 것을 말한다.

⭐중요
09 연속지적도의 관리 등에 관한 설명으로 <u>틀린</u> 것은?

① 국토교통부장관은 연속지적도의 관리 및 정비에 관한 정책을 수립·시행하여야 한다.
② 지적소관청은 지적도·임야도에 등록된 사항에 대하여 토지의 이동 또는 오류사항을 정비한 때에는 이를 연속지적도에 반영하여야 한다.
③ 국토교통부장관은 지적소관청의 연속지적도 정비에 필요한 경비의 전부 또는 일부를 지원할 수 있다.
④ 지적소관청은 연속지적도를 체계적으로 관리하기 위하여 연속지적도 정보관리체계를 구축·운영할 수 있다.
⑤ 국토교통부장관 또는 지적소관청은 연속지적도의 관리·정비 및 연속지적도 정보관리체계의 구축·운영에 관한 업무를 대통령령으로 정하는 법인, 단체 또는 기관에 위탁할 수 있다.

제2장 토지의 등록

Point 03 토지등록의 원칙 ★★

기본서 p.33~34

① 토지의 등록: 국토교통부장관
② 토지의 표시결정: 지적소관청
③ 토지이동현황조사 계획 ⇨ 토지이동현황조사 ⇨ 토지이동조사부 작성 ⇨ 토지이동조서 작성
   ⇨ 토지이동정리결의서 첨부 ⇨ 지적공부의 정리

Point 04 필지의 성립요건 ★★

기본서 p.35~37

1필지 성립요건	① 소유자가 동일할 것 ② 지목이 동일할 것 ③ 지번부여지역이 동일할 것(법정동) ④ 토지가 연접할 것 ⑤ 등기 여부가 동일할 것 ⑥ 축척이 동일할 것

양입지	① 양입지의 의의: 주지목 추종의 원칙
	② 양입지의 제한사유
	   ㉠ 종된 토지의 지목이 '대'인 경우
	   ㉡ 종된 토지의 면적이 전체 면적의 10%를 초과하는 경우
	   ㉢ 종된 토지의 면적이 330m²를 초과하는 경우

Point 05 토지이동에 따른 지번부여 ★★★★★

기본서 p.40~43

이동사유	지번의 부여
신규등록· 등록전환	① 원칙: 해당 지번부여지역 안의 인접토지의 본번에 부번 ② 예외(해당 지번부여지역의 최종 본번의 다음 순번의 본번): 토지가 최종 지번의 토지에 인접하거나, 멀리 떨어져있거나, 여러 필지로 되어 있는 경우
분할	① 원칙: 분할 후 필지 중 1필지의 지번 ⇨ 분할 전의 지번, 나머지 필지의 지번 ⇨ 본번의 최종 부번의 다음 순번의 부번 ② 예외: 주거, 사무실 등의 건축물이 있는 필지에 대하여는 분할 전의 지번을 우선하여 부여

합병	① 원칙: 합병대상 지번 중 선순위의 지번 ② 예외: 토지소유자가 합병 전 필지에 건축물이 있어 그 건축물이 위치한 지번을 합병 후의 지번으로 신청하는 때에는 그 지번을 부여	
지적확정측량 시행지역	① 원칙: 다음의 지번을 제외한 본번 　㉠ 사업시행지역 안의 종전 지번과 그 밖에 본번이 같은 지번이 있는 때에는 그 지번 　㉡ 지적확정측량을 실시한 지역의 경계에 걸쳐 있는 지번 ② 예외(부여할 수 있는 지번의 수가 새로 부여할 지번의 수보다 적은 때) 　㉠ 블록 단위로 하나의 본번을 부여한 후 필지별로 부번을 부여 　㉡ 그 지번부여지역의 최종 본번의 다음 순번부터 본번으로 부여	
지적확정측량을 준용	① 도시개발사업 등 시행지역 ② 지번변경을 하는 때(지적소관청이 시·도지사의 승인을 받아서 함) ③ 행정구역 개편에 따라 새로이 지번을 부여하는 때 ④ 축척변경 시행지역 안의 필지에 지번을 부여하는 때	

Point 06 지목 *****

기본서 p.43~52

지목설정기준		① 법정지목주의 ② 단식지목주의(1필 1목의 원칙) ③ 주지목 추종의 원칙 ④ 사용목적 추종의 원칙 ⑤ 영속성의 원칙(일시사용 불변경의 원칙)
지목의 구분	답	물을 상시적으로 직접 이용하여 벼·연·미나리·왕골 등을 재배하는 토지
	주차장	주차에 필요한 독립적 시설을 갖춘 부지와 주차전용건축물·부속건축물 🔍 • 노상주차장, 부설주차장(시설물 부지 인근에 설치된 부설주차장은 주차장)은 제외 　• 자동차 판매 목적의 물류장·야외전시장은 제외
	도로	일반 공중의 교통운수를 위하여 이용되는 토지, 법령에 의해 도로로 개설된 토지, 고속도로 안의 휴게소 부지, 2필지 이상에 진입하는 통로 🔍 • 아파트·공장 등 일정한 단지 안에 설치된 통로 등은 제외 　• 국도 및 지방도로의 휴게소 ⇨ 대
	구거	용수 또는 배수를 위해 일정한 형태를 갖춘 인공적인 수로·둑 및 그 부속시설물의 부지와 자연의 유수가 있거나 있을 것으로 예상되는 소규모 수로부지
	유지	물이 고이거나 상시적으로 물을 저장하고 있는 댐·저수지·소류지·호수·연못 등의 토지와 연·왕골 등이 자생하는 배수가 잘 되지 않는 토지

	공원	「국토의 계획 및 이용에 관한 법률」에 의하여 공원 또는 녹지로 결정, 고시된 토지 🔍 • 「도시공원 및 녹지 등에 관한 법률」의 묘지공원 ⇨ 묘지 　• 「자연공원법」상 공원 ⇨ 임야
	체육용지	종합운동장·실내체육관·야구장·골프장·스키장·승마장·경륜장 등 🔍 • 영속성과 독립성이 미흡한 정구장·골프연습장·실내수영장·체육도장은 제외 　• 유수를 이용한 요트장 및 카누장 등 토지는 제외
	사적지	국가유산으로 지정된 유적·고적·기념물 등을 보존하기 위해 구획된 토지 🔍 학교용지·공원·종교용지에 있는 유적 등을 보존하기 위한 토지는 제외
	묘지	사람의 시체나 유골이 매장된 토지, 「도시공원 및 녹지 등에 관한 법률」에 의한 묘지공원, 봉안시설과 이에 접속된 부속시설물의 부지 🔍 묘지의 관리를 위한 건축물의 부지 ⇨ 대
	잡종지	① 갈대밭, 실외에 물건을 쌓아두는 곳, 돌을 캐내는 곳, 흙을 파내는 곳, 야외시장 및 공동우물 ② 변전소, 송신소, 수신소 및 송유시설 등의 부지 ③ 여객자동차터미널, 자동차운전학원 및 폐차장 등 자동차와 관련된 독립적인 시설물을 갖춘 부지 ④ 공항시설 및 항만시설 부지 ⑤ 도축장, 쓰레기처리장 및 오물처리장 등의 부지 ⑥ 그 밖에 다른 지목에 속하지 않는 토지 🔍 원상회복을 조건으로 돌을 캐내는 곳 또는 흙을 파내는 곳으로 허가된 토지는 제외
지목의 표기		① 토지대장 및 임야대장: 정식명칭과 코드번호를 함께 등록 ② 도면: 지목의 부호만 등록 　㉠ 원칙: 두문자주의 　㉡ 예외: 차문자주의 ⇨ 주차장(차), 유원지(원), 공장용지(장), 하천(천) ③ 지목의 정식명칭: ~용지(체수종, 장학철, 주창목)

Point 07 경계 ★★★★

기본서 p.53~56

구분	내용
경계 설정기준	① 연접되는 토지 사이에 고저가 없는 경우: 중앙 ② 연접되는 토지 사이에 고저가 있는 경우: 하단부 ③ 도로, 구거 등의 토지에 절토된 부분이 있는 경우: 경사면의 상단부 ④ 토지가 바다에 접하는 경우: 최대만조위 또는 최대만수위가 되는 선 ⑤ 공유수면매립지 중 제방 등을 토지에 편입: 바깥쪽 어깨부분 🔍 위 ① 내지 ③의 경우 원칙은 소유권을 기준으로 한다.

지상경계점등록부	① 지적소관청이 작성·관리 ② 지상경계점등록부의 등록사항 　㉠ 토지의 소재와 지번 　㉡ 경계점 좌표(경계점좌표등록부 시행지역에 한정) 　㉢ 경계점 위치 설명도 　㉣ 공부상 지목과 실제 토지이용 지목 　㉤ 경계점의 사진 파일, 경계점표지의 종류 및 경계점 위치	
분할시 경계결정	① 원칙: 토지의 분할시에 건축물이 걸리게 분할할 수 없다. ② 예외: 다음의 경우에는 건축물이 걸리게 분할할 수 있다. 　㉠ 법원의 확정판결이 있는 경우 　㉡ 공공용 지목인 경우(도, 제, 하, 구, 유, 학, 철, 수) 　㉢ 도시개발사업, 도시·군관리계획 결정고시	
경계점표지 설치 후 분할	① 공공용 지목인 경우(도, 제, 하, 구, 유, 학, 철, 수) ② 도시개발사업, 도시·군관리계획 결정고시 ③ 국가의 적법한 인·허가를 받은 경우 ④ 매매를 위하여, 불합리한 지상경계를 시정하기 위한 경우	

Point 08 면적 ★★★★

기본서 p.56~59

면적측정의 대상	면적측정 O	신규등록, 등록전환, 분할, 축척변경, 지적확정측량, 등록사항을 정정하는 경우, 지적공부의 복구, 경계복원측량·지적현황측량에 면적측량이 수반되는 경우 등
	면적측정 ×	합병, 지목변경, 지번변경, 위치정정, 경계복원측량, 지적현황측량

	도면	축척	최소단위	단수처리기준 및 단수처리
면적의 결정	지적도	• 1/600 • 경계점좌표등록부 시행지역	0.1m²	① 0.05 초과: 올림 ② 0.05 　• 앞자리가 홀수 ⇨ 올림 　• 앞자리가 0 또는 짝수 ⇨ 버림 ③ 0.05 미만: 버림
		• 1/1,000 • 1/1,200 • 1/2,400 • 1/3,000 • 1/6,000	1m²	① 0.5 초과: 올림 ② 0.5 　• 앞자리가 홀수 ⇨ 올림 　• 앞자리가 0 또는 짝수 ⇨ 버림 ③ 0.5 미만: 버림
	임야도	• 1/3,000 • 1/6,000		

🔍 지적도의 축척이 1/600인 지역과 경계점좌표등록부에 등록하는 지역의 1필지 면적이 0.1m² 미만일 때에는 0.1m²로 하며, 그 외 지역의 1필지 면적이 1m² 미만일 때에는 1m²로 한다.

제2장 단원별 출제예상문제

☆중요 출제가능성이 높은 중요 문제　고득점 고득점 목표를 위한 어려운 문제　신유형 기존에 출제되지 않은 신유형 대비 문제

Point 03 토지등록의 원칙 ★★

정답 및 해설 p.9

💡 **Tip**
토지등록의 기본원칙은 꾸준히 시험에 출제되는 부분이다. 특히 토지이동조사 절차에서 관련 용어를 주의하여야 한다.

☆중요
01 공간정보의 구축 및 관리 등에 관한 법령상 토지의 조사·등록 등에 관한 내용이다. (　　)에 들어갈 사항으로 옳은 것은?

- (　㉠　)은(는) 모든 토지에 대하여 필지별로 소재·지번·지목·면적·경계 또는 좌표 등을 조사·측량하여 지적공부에 등록하여야 한다.
- 지적공부에 등록하는 지번·지목·면적·경계 또는 좌표는 토지이동이 있을 때 토지소유자의 신청을 받아 (　㉡　)이(가) 결정한다.

	㉠	㉡
①	지적소관청	국토교통부장관
②	국토교통부장관	지적측량수행자
③	시·도지사	지적소관청
④	국토교통부장관	지적소관청
⑤	시·도지사	국토교통부장관

02 공간정보의 구축 및 관리 등에 관한 법령상 토지의 조사·등록에 관한 설명이다. (　)에 들어갈 내용으로 옳은 것은?

제33회

> 지적소관청은 토지의 이동현황을 직권으로 조사·측량하여 토지의 지번·지목·면적·경계 또는 좌표를 결정하려는 때에는 토지이동현황 조사계획을 수립하여야 한다. 이 경우 토지이동현황 조사계획은 (㉠)별로 수립하되, 부득이한 사유가 있는 때에는 (㉡)별로 수립할 수 있다.

	㉠	㉡		㉠	㉡
①	시·군·구	읍·면·동	②	시·군·구	시·도
③	읍·면·동	시·군·구	④	읍·면·동	시·도
⑤	시·도	시·군·구			

03 지적소관청의 직권에 의한 토지의 조사·등록절차로 옳은 것은?

> ㉠ 토지이동현황 조사계획 수립
> ㉡ 토지이동정리 결의서 첨부
> ㉢ 토지이동조사부 작성
> ㉣ 토지이동현황조사
> ㉤ 지적공부의 정리

① ㉠ ⇨ ㉡ ⇨ ㉢ ⇨ ㉣ ⇨ ㉤
② ㉠ ⇨ ㉣ ⇨ ㉢ ⇨ ㉡ ⇨ ㉤
③ ㉢ ⇨ ㉡ ⇨ ㉣ ⇨ ㉠ ⇨ ㉤
④ ㉣ ⇨ ㉢ ⇨ ㉡ ⇨ ㉠ ⇨ ㉤
⑤ ㉤ ⇨ ㉠ ⇨ ㉡ ⇨ ㉢ ⇨ ㉣

Point 04　필지의 성립요건 ★★

정답 및 해설 p.9~10

Tip
1필지 성립요건을 이해하고 양입지의 제한사유를 암기하여야 한다. 숫자를 활용하여 양입지의 제한사유를 출제할 수 있다.

04 다음 중 1필지가 될 수 있는 조건을 갖춘 토지는?

> ㉠ 甲의 토지로서 주된 용도가 대이나 두 개의 법정동에 걸쳐 있는 경우
> ㉡ 甲과 乙이 공동소유하는 토지로서 주된 용도가 전으로 되어 있는 경우
> ㉢ 甲의 토지로서 주된 용도가 목장용지이나 하천으로 양쪽이 분리되어 있는 경우
> ㉣ 甲의 토지로서 주된 용도가 과수원이나 연접된 한 쪽의 토지는 미등기지인 경우

① ㉠
② ㉡
③ ㉡, ㉢
④ ㉡, ㉣
⑤ ㉢, ㉣

05 다음 중 1필지 성립요건에 대한 설명으로 <u>틀린</u> 것은?

① 같은 지번부여지역 안의 토지로서 소유자와 용도가 동일한 토지는 1필지로 할 수 있다.
② 토지가 도로, 구거, 하천, 철도, 제방 등 주요 지형·지물에 의하여 연접하지 못한 경우에는 1필지로 획정할 수 없다.
③ 지번을 부여하는 단위지역으로서 동·리 또는 이에 준하는 지역이 같아야 하며 행정상 동·리가 아니다.
④ 1필의 토지로 획정하기 위해서는 지적도면의 축척이 동일하여야 한다.
⑤ 등기 여부가 동일하여야 1필지로 등록할 수 있으므로 기등기지간에는 1필지가 될 수 있으나, 미등기지간에는 1필지로 될 수 없다.

06 토지의 1필지에 대한 설명 중 <u>틀린</u> 것은?

① 주된 용도의 토지에 접속되거나 주된 용도의 토지로 둘러싸인 토지로서 다른 용도로 일부가 사용되고 있는 토지는 1필지로 할 수 있다.
② 양입지는 주지목 추종의 원칙의 표현이다.
③ 대단위 과수원 내에 주거용 건축물이 있는 경우에도 전체를 1필지로 등록할 수 있다.
④ 지번부여지역이 다른 토지는 1필지로 등록할 수 없다.
⑤ 지적도에 등록된 토지와 임야도에 등록된 토지는 연접하고 있어도 1필지로 할 수 없다.

☆ 중요
07 토지의 조건이 다음과 같을 때 1필지로 할 수 있는 경우는?

> • 지번부여지역 안의 토지로서 소유자가 동일하고 연접된 토지임
> • 주된 용도(과수원)의 토지가 종된 용도(유지)의 토지를 둘러싸고 있음

① 과수원의 면적이 5,000m^2이고, 유지의 면적이 450m^2인 경우
② 과수원의 면적이 4,000m^2이고, 유지의 면적이 331m^2인 경우
③ 과수원의 면적이 3,000m^2이고, 유지의 면적이 301m^2인 경우
④ 과수원의 면적이 2,000m^2이고, 유지의 면적이 220m^2인 경우
⑤ 과수원의 면적이 1,000m^2이고, 유지의 면적이 100m^2인 경우

Point 05 토지이동에 따른 지번부여 ★★★★★

정답 및 해설 p.10~11

💡 Tip
- 토지이동에 따른 지번의 부여방식은 매년 출제되는 부분이었으나 제29회 이후로 최근 5년간 출제가 안 되었기 때문에 출제가 유력한 부분이다.
- 토지이동에 따른 지번부여방식에 관련된 법조문을 정확하게 이해하여야 한다.
- 지적확정측량의 경우에 지번부여방법에 관련되는 사항이 특히 중요하다.

08 공간정보의 구축 및 관리 등에 관한 법령상 지번의 구성 및 부여방법 등에 관한 설명으로 틀린 것은?

제29회

① 지번은 아라비아숫자로 표기하되, 임야대장 및 임야도에 등록하는 토지의 지번은 숫자 앞에 '산'자를 붙인다.
② 지번은 북서에서 남동으로 순차적으로 부여한다.
③ 지번은 본번과 부번으로 구성하되, 본번과 부번 사이에 '-' 표시로 연결한다.
④ 지번은 국토교통부장관이 시·군·구별로 차례대로 부여한다.
⑤ 분할의 경우에는 분할 후의 필지 중 1필지의 지번은 분할 전의 지번으로 하고, 나머지 필지의 지번은 본번의 최종 부번 다음 순번으로 부번을 부여한다.

09 신규등록 및 등록전환의 경우에 지번부여에 관한 설명으로 옳은 것을 모두 고른 것은?

> ㉠ 신규등록의 경우에 해당 지번부여지역의 인접토지의 본번에 부번을 부여한다.
> ㉡ 해당 토지의 인접지가 최종 본번에 해당할 경우에 최종 본번의 다음 번호부터 순차적으로 본번을 부여할 수 있다.
> ㉢ 해당 토지가 이미 등록된 토지와 멀리 떨어져 있는 경우에 최종 본번의 다음 번호의 부번을 부여할 수 있다.
> ㉣ 해당 토지가 여러 필지로 되어 있는 경우에 블록 단위로 하나의 본번을 부여한 후 필지별로 부번을 부여할 수 있다.

① ㉠, ㉡ ② ㉠, ㉢
③ ㉡, ㉢ ④ ㉡, ㉣
⑤ ㉢, ㉣

10 공간정보의 구축 및 관리 등에 관한 법령상 등록전환에 따른 지번부여시 그 지번부여지역의 최종 본번의 다음 순번부터 본번으로 하여 순차적으로 지번을 부여할 수 있는 경우에 해당하는 것을 모두 고른 것은? 제35회

> ㉠ 대상토지가 여러 필지로 되어 있는 경우
> ㉡ 대상토지가 그 지번부여지역의 최종 지번의 토지에 인접하여 있는 경우
> ㉢ 대상토지가 이미 등록된 토지와 멀리 떨어져 있어서 등록된 토지의 본번에 부번을 부여하는 것이 불합리한 경우

① ㉠ ② ㉠, ㉡ ③ ㉠, ㉢
④ ㉡, ㉢ ⑤ ㉠, ㉡, ㉢

11 지번이 17인 토지에서 처음 3필지로 분할된 후 17에서 다시 3필지로 분할할 경우 올바른 지번은? (단, 그 지번부여지역의 최종 본번은 80이다)

① 17, 17-1, 17-2
② 17, 80-1, 80-2
③ 17-1, 17-2, 17-3
④ 17-3, 17-4, 17-5
⑤ 17, 17-3, 17-4

12 동일한 지번부여지역 내의 지번이 70, 70-1, 71, 71-1, 71-2, 72인 여섯 필지의 토지가 합병된 후 토지의 지번이 '71'로 부여되었다. 이 토지를 다시 2필지로 분할하고자 할 때 분할 후에 부여된 지번으로 옳은 것은?

① 71, 71-1
② 71-1, 71-2
③ 71, 71-3
④ 71, 73
⑤ 73, 74

🔖신유형

13 합병 전 지번이 155, 15-4, 38, 87, 328-2이고 15-4 지번상 건축물이 소재하고 있다. 합병 후의 지번은 몇 번이 되는가?

① 155
② 15-4
③ 38
④ 87
⑤ 328-2

⭐중요

14 「공간정보의 구축 및 관리 등에 관한 법률」상 지번부여원칙에 대한 설명으로 틀린 것을 모두 고른 것은?

> ㉠ 분할의 경우에는 분할 후의 필지 중 1필지의 지번은 분할 전의 지번으로 하고, 나머지 필지의 지번은 최종 본번 다음 순서의 본번을 순차적으로 부여하여야 한다.
> ㉡ 토지소유자가 합병 전의 필지에 건축물이 있어서 그 건축물이 위치한 지번을 합병 후의 지번으로 신청하는 경우에는 그 지번을 합병 후의 지번으로 부여하여야 한다.
> ㉢ 분할의 경우 주거·사무실 등의 건축물이 있는 필지에 대해서는 소유자의 신청이 있는 경우 분할 전의 지번을 부여하여야 한다.
> ㉣ 지적소관청은 도시개발사업 등의 준공 전에 사업시행자가 지번대장에 의하여 지번부여 신청을 하는 경우에는 지번을 부여할 수 있다.

① ㉠, ㉡
② ㉡, ㉣
③ ㉢, ㉣
④ ㉠, ㉢, ㉣
⑤ ㉡, ㉢, ㉣

신유형

15 도시개발사업이 완료된 지적확정측량을 실시한 지역 등의 지번부여방법에 대한 설명 중 틀린 것은?

① 지적확정측량을 실시한 지역의 경우에는 종전의 지번 중 본번만으로 지번을 부여한다.
② 해당 사업시행지역 안에 있는 종전의 지번 중 사업시행지역 안의 지번과 본번이 같은 지번이 사업시행지역 밖에 있는 경우에는 그 본번은 제외한다.
③ 부여할 수 있는 종전 지번의 수가 새로이 부여할 지번의 수보다 적은 경우에는 블록 단위로 하나의 본번을 부여한 후 필지별로 부번을 부여할 수 있다.
④ 부여할 수 있는 종전 지번의 수가 새로이 부여할 지번의 수보다 적은 경우에는 해당 지번부여지역의 최종 본번의 다음 순번부터 부번으로 하여 지번을 부여할 수 있다.
⑤ 지적소관청은 도시개발사업 등이 준공되기 전에 지번을 부여하는 때에는 도시개발사업 등 신고에 있어서의 사업계획도에 따르되, 지적확정측량 시행지역의 지번부여방법에 따라 부여하여야 한다.

16 공간정보의 구축 및 관리 등에 관한 법령상 지적확정측량을 실시한 지역의 각 필지에 지번을 새로 부여하는 방법을 준용하는 것을 모두 고른 것은? 제28회

> ㉠ 지번부여지역의 지번을 변경할 때
> ㉡ 행정구역 개편에 따라 새로 지번을 부여할 때
> ㉢ 축척변경 시행지역의 필지에 지번을 부여할 때
> ㉣ 등록사항 정정으로 지번을 정정하여 부여할 때
> ㉤ 바다로 된 토지가 등록 말소된 후 다시 회복등록을 위해 지번을 부여할 때

① ㉠
② ㉠, ㉡
③ ㉠, ㉡, ㉢
④ ㉠, ㉡, ㉢, ㉣
⑤ ㉡, ㉢, ㉣, ㉤

17 지번변경에 관한 설명으로 틀린 것은?

① 지적소관청은 지적공부에 등록된 지번을 변경할 필요가 있다고 인정하는 경우에는 시·도지사 또는 대도시 시장의 승인을 얻어서 지번부여지역 안의 전부 또는 일부에 대하여 지번을 새로이 부여할 수 있다.
② 지번변경시의 지번의 부여는 지적확정측량의 지번부여방법을 준용한다.
③ 지적소관청이 지번을 변경하고자 하는 경우에는 지번변경사유를 적은 승인신청서에 지번변경대상지역의 지번별 조서와 지적도 및 임야도의 사본을 첨부하여 시·도지사 또는 대도시 시장에게 제출하여야 한다.
④ 지번부여지역의 일부가 행정구역의 개편으로 다른 지번부여지역에 속하게 되었으면 지적소관청은 새로 속하게 된 지번부여지역의 지번을 부여하여야 한다.
⑤ 지적소관청은 지번변경으로 지번에 결번이 생긴 때에는 지체 없이 그 사유를 결번대장에 적어 영구히 보존하여야 한다.

Point 06 지목 ★★★★★

> **Tip**
> 토지의 표시 중에서 지목의 종류에 관한 문제와 지목의 표기방법에 관한 문제가 매년 2문제씩 출제되고 있다. 지목의 종류에서는 특히 예외조항을 주의하여야 한다.

18 공간정보의 구축 및 관리 등에 관한 법령상 지목의 정식명칭에 해당하지 않는 것은?

① 주유소용지　　　　② 공원용지
③ 창고용지　　　　　④ 공장용지
⑤ 학교용지

19 공간정보의 구축 및 관리 등에 관한 법령에서 규정하고 있는 지목의 종류를 모두 고른 것은?

제28회

> ㉠ 선로용지 ㉡ 체육용지
> ㉢ 창고용지 ㉣ 철도용지
> ㉤ 종교용지 ㉥ 항만용지

① ㉠, ㉡, ㉢
② ㉡, ㉤, ㉥
③ ㉠, ㉢, ㉣, ㉥
④ ㉠, ㉣, ㉤, ㉥
⑤ ㉡, ㉢, ㉣, ㉤

20 공간정보의 구축 및 관리 등에 관한 법령상 지목의 구분 및 설정방법 등에 관한 설명으로 틀린 것은?

제35회

① 필지마다 하나의 지목을 설정하여야 한다.
② 1필지가 둘 이상의 용도로 활용되는 경우에는 주된 용도에 따라 지목을 설정하여야 한다.
③ 토지가 일시적 또는 임시적인 용도로 사용될 때에는 그 용도에 따라 지목을 변경하여야 한다.
④ 물을 상시적으로 이용하지 않고 닥나무·묘목·관상수 등의 식물을 주로 재배하는 토지의 지목은 "전"으로 한다.
⑤ 물을 상시적으로 직접 이용하여 벼·연(蓮)·미나리·왕골 등의 식물을 주로 재배하는 토지의 지목은 "답"으로 한다.

고득점
21 다음 중 지목이 '대'인 경우를 모두 고르면?

> ㉠ 영구적인 건축물 중 박물관·극장, 미술관 등 문화시설의 부지
> ㉡ 아파트 구역 내의 도로의 부지
> ㉢ 과수원 내에 있는 주거용 건축물의 부지
> ㉣ 목장용지 내에 있는 주거용 건축물의 부지
> ㉤ 「국토의 계획 및 이용에 관한 법률」 등 관계 법령에 의한 택지조성공사가 준공된 토지
> ㉥ 묘지관리를 위한 건축물의 부지
> ㉦ 자동차운전학원 등의 부지

① ㉠, ㉡
② ㉠, ㉡, ㉢
③ ㉠, ㉡, ㉢, ㉣
④ ㉠, ㉡, ㉢, ㉣, ㉤, ㉥
⑤ ㉠, ㉡, ㉢, ㉣, ㉤, ㉥, ㉦

중요
22 지목의 구분에 관한 설명으로 옳은 것을 모두 고른 것은?

> ㉠ 동력으로 바닷물을 끌어들여 소금을 제조하는 공장시설의 부지는 '염전'으로 한다.
> ㉡ 자동차 등의 판매 목적으로 설치된 물류장 및 야외전시장은 '주차장'으로 한다.
> ㉢ 학교용지·공원·종교용지 등 다른 지목으로 된 토지에 있는 유적·고적·기념물을 보호하기 위하여 구획된 토지는 '사적지'에서 제외한다.
> ㉣ 체육시설로서의 영속성과 독립성이 미흡한 정구장·골프연습장·실내수영장 및 체육도장과 유수(流水)를 이용한 요트장 및 카누장 등의 토지는 '체육용지'에서 제외한다.
> ㉤ 자동차·선박·기차 등의 제작 또는 정비공장 안에 설치된 급유·송유시설의 부지는 '주유소용지'에서 제외한다.

① ㉠, ㉡, ㉢
② ㉠, ㉡, ㉤
③ ㉠, ㉣, ㉤
④ ㉡, ㉢, ㉣
⑤ ㉢, ㉣, ㉤

23 공간정보의 구축 및 관리 등에 관한 법령상 지목에 관한 설명으로 틀린 것은?

① 물을 정수하여 공급하기 위한 취수·저수·도수(導水)·정수·송수 및 배수 시설의 부지 및 이에 접속된 부속시설물의 부지는 '수도용지'로 한다.
② 물건 등을 보관하거나 저장하기 위하여 독립적으로 설치된 보관시설물의 부지와 이에 접속된 부속시설물의 부지는 '창고용지'로 한다.
③ 「주차장법」 제19조 제4항에 따라 시설물의 부지 인근에 설치된 부설주차장은 '주차장'으로 한다.
④ 석유·석유제품, 액화석유가스, 전기 또는 수소 등의 판매를 위하여 일정한 설비를 갖춘 시설물의 부지는 '주유소용지'로 한다.
⑤ 교통 운수를 위하여 일정한 궤도 등의 설비와 형태를 갖추어 이용되는 토지와 이에 접속된 역사·차고·발전시설 및 공작창 등 부속시설물의 부지는 '도로'로 한다.

🔖 신유형
24 공간정보의 구축 및 관리 등에 관한 법령상 지목을 옳게 연결한 것은?

> ㉠ 일반 공중의 보건·휴양 및 정서생활에 이용하기 위한 시설을 갖춘 토지로서 「국토의 계획 및 이용에 관한 법률」에 따라 공원 또는 녹지로 결정·고시된 토지
> ㉡ 국민의 건강증진 등을 위한 체육활동에 적합한 시설과 형태를 갖춘 종합운동장·실내체육관·승마장·경륜장 등 체육시설의 토지와 이에 접속된 부속시설물의 부지
> ㉢ 일반 공중의 위락·휴양 등에 적합한 시설물을 종합적으로 갖춘 수영장·유선장·낚시터·어린이놀이터·경마장·야영장 등의 토지와 이에 접속된 부속시설물의 부지

	㉠	㉡	㉢
①	유원지	체육용지	공원
②	공원	유원지	체육용지
③	체육용지	유원지	공원
④	공원	체육용지	유원지
⑤	유원지	공원	체육용지

25 공간정보의 구축 및 관리 등에 관한 법령상 지목의 구분에 관한 설명으로 옳은 것은?

① 육상에 인공으로 조성된 수산생물의 번식 또는 양식을 위한 시설을 갖춘 부지는 '양식장'으로 한다.
② 물건 등을 보관하거나 저장하기 위하여 독립적으로 설치된 보관시설물의 부지와 실외에 물건을 쌓아두는 곳은 '창고용지'로 한다.
③ 지하에서 온수·약수·석유류 등이 용출되는 용출구와 그 유지에 사용되는 부지와 온수·약수·석유류 등을 일정한 장소로 운송하는 송수관·송유관 및 저장시설의 부지는 '광천지'로 한다.
④ 산림 및 원야(原野)를 이루고 있는 수림지(樹林地)·죽림지·암석지·자갈땅·모래땅·습지·황무지 등의 토지는 '임야'로 한다.
⑤ 제조업을 하고 있는 공장시설물의 부지는 '공장용지'로 하지만, 같은 구역에 있는 의료시설 등 부속시설물의 부지는 '대'로 한다.

26 공간정보의 구축 및 관리 등에 관한 법령상 지목의 구분에 관한 설명으로 틀린 것은?

제32회

① 바닷물을 끌어들여 소금을 채취하기 위하여 조성된 토지와 이에 접속된 제염장(製鹽場) 등 부속시설물의 부지는 '염전'으로 한다. 다만, 천일제염 방식으로 하지 아니하고 동력으로 바닷물을 끌어들여 소금을 제조하는 공장시설물의 부지는 제외한다.
② 저유소(貯油所) 및 원유저장소의 부지와 이에 접속된 부속시설물의 부지는 '주유소용지'로 한다. 다만, 자동차·선박·기차 등의 제작 또는 정비공장 안에 설치된 급유·송유시설 등의 부지는 제외한다.
③ 물이 고이거나 상시적으로 물을 저장하고 있는 댐·저수지·소류지(沼溜地)·호수·연못 등의 토지와 물을 상시적으로 직접 이용하여 연(蓮)·왕골 등의 식물을 주로 재배하는 토지는 '유지'로 한다.
④ 일반 공중의 보건·휴양 및 정서생활에 이용하기 위한 시설을 갖춘 토지로서「국토의 계획 및 이용에 관한 법률」에 따라 공원 또는 녹지로 결정·고시된 토지는 '공원'으로 한다.
⑤ 용수(用水) 또는 배수(排水)를 위하여 일정한 형태를 갖춘 인공적인 수로·둑 및 그 부속시설물의 부지와 자연의 유수(流水)가 있거나 있을 것으로 예상되는 소규모 수로부지는 '구거'로 한다.

27 공간정보의 구축 및 관리 등에 관한 법령상 지목의 구분으로 옳은 것은? 제34회

① 온수·약수·석유류 등을 일정한 장소로 운송하는 송수관·송유관 및 저장시설의 부지는 '광천지'로 한다.
② 일반 공중의 종교의식을 위하여 예배·법요·설교·제사 등을 하기 위한 교회·사찰·향교 등 건축물의 부지와 이에 접속된 부속시설물의 부지는 '사적지'로 한다.
③ 자연의 유수(流水)가 있거나 있을 것으로 예상되는 토지는 '구거'로 한다.
④ 제조업을 하고 있는 공장시설물의 부지와 같은 구역에 있는 의료시설 등 부속시설물의 부지는 '공장용지'로 한다.
⑤ 일반 공중의 보건·휴양 및 정서생활에 이용하기 위한 시설을 갖춘 토지로서 「국토의 계획 및 이용에 관한 법률」에 따라 공원 또는 녹지로 결정·고시된 토지는 '체육용지'로 한다.

28 공간정보의 구축 및 관리 등에 관한 법령상 지목을 '잡종지'로 정할 수 있는 기준에 대한 내용으로 **틀린** 것은? (단, 원상회복을 조건으로 돌을 캐내는 곳 또는 흙을 파내는 곳으로 허가된 토지는 제외함) 제35회

① 공항시설 및 항만시설 부지
② 변전소, 송신소, 수신소 및 송유시설 등의 부지
③ 도축장, 쓰레기처리장 및 오물처리장 등의 부지
④ 모래·바람 등을 막기 위하여 설치된 방사제·방파제 등의 부지
⑤ 갈대밭, 실외에 물건을 쌓아두는 곳, 돌을 캐내는 곳, 흙을 파내는 곳, 야외시장 및 공동우물

29 다음 지적도면에 표기된 지목의 부호에 관한 설명으로 틀린 것은?

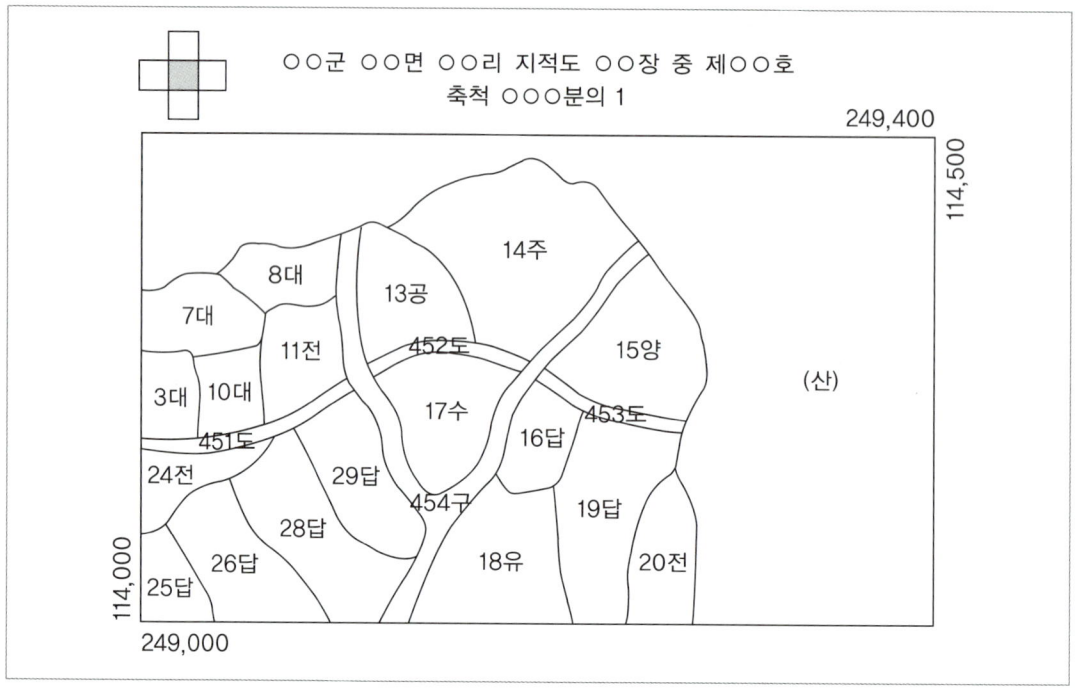

① 지번 13의 지목은 '공원'이다. ② 지번 14의 지목은 '주차장'이다.
③ 지번 15의 지목은 '양어장'이다. ④ 지번 17의 지목은 '수도용지'이다.
⑤ 지번 18의 지목은 '유지'이다.

30 다음 중 지목을 지적도나 임야도에 표시할 때 차(次)문자 지목을 쓰는 것이 아닌 것은?

① 주차장 ② 공장용지
③ 하천   ④ 유원지
⑤ 공원

Point 07 경계 ★★★★

> **Tip**
> - 경계결정의 기준이 자주 출제되므로 정확한 이해가 필요하다.
> - 최근에는 지상경계점등록부에 관한 사항도 출제되었다.
> - 심화문제로는 건축물이 걸리게 분할하는 경우와 경계점표지를 설치하고 분할하는 경우를 비교하는 문제가 출제될 수 있다.

31 토지의 경계에 관한 설명 중 **틀린** 것은?

① 경계란 필지별로 경계점들을 직선으로 연결하여 지적공부에 등록한 선을 말한다.
② 경계는 선이므로 길이와 위치만 존재할 뿐 너비는 존재하지 아니한다는 원칙을 경계불가분의 원칙이라 한다.
③ 지적공부를 작성함에 있어 기지점을 잘못 선택하는 등의 기술적인 착오로 말미암아 지적공부상의 경계가 진실한 경계선과 다르게 잘못 작성되었다는 등의 특별한 사정이 있는 경우에는 그 토지의 경계는 지적공부에 의하지 않고 실제 경계에 의하여 확정하여야 한다.
④ 지적확정측량의 경계는 공사가 완료된 현황대로 결정하되, 공사가 완료된 현황이 사업계획도와 다를 때에는 미리 사업시행자에게 그 사실을 통지하여야 한다.
⑤ 지상구조물 등의 소유자가 다른 경우에 연접되는 토지 사이에 고저가 없는 경우에는 그 구조물의 중앙을 기준으로 지상경계를 결정한다.

32 공간정보의 구축 및 관리 등에 관한 법령상 지상경계의 결정기준으로 옳은 것은? (단, 지상 경계의 구획을 형성하는 구조물 등의 소유자가 다른 경우는 제외함) 제25·32회

① 연접되는 토지간에 높낮이 차이가 있는 경우: 그 구조물 등의 하단부
② 공유수면매립지의 토지 중 제방 등을 토지에 편입하여 등록하는 경우: 그 경사면의 하단부
③ 도로·구거 등의 토지에 절토(땅깎기)된 부분이 있는 경우: 바깥쪽 어깨부분
④ 토지가 해면 또는 수면에 접하는 경우: 최소만조위 또는 최소만수위가 되는 선
⑤ 연접되는 토지간에 높낮이 차이가 없는 경우: 그 구조물 등의 상단부

33 공간정보의 구축 및 관리 등에 관한 법령상 지상경계점등록부의 등록사항으로 **틀린** 것은?

제34회

① 지적도면의 번호
② 토지의 소재
③ 공부상 지목과 실제 토지이용 지목
④ 경계점의 사진 파일
⑤ 경계점표지의 종류 및 경계점 위치

34 공간정보의 구축 및 관리 등에 관한 법령상 지상경계점등록부의 등록사항에 해당하는 것을 모두 고른 것은?

> ㉠ 경계점표지의 종류 및 경계점의 위치
> ㉡ 공부상의 지목과 실제 토지이용 지목
> ㉢ 토지소유자와 인접토지소유자의 서명날인
> ㉣ 경계점 위치 설명도와 경계점의 사진 파일

① ㉠, ㉣
② ㉡, ㉢
③ ㉢, ㉣
④ ㉠, ㉡, ㉣
⑤ ㉠, ㉡, ㉢, ㉣

35 공간정보의 구축 및 관리 등에 관한 법령상 지상경계 및 지상경계점등록부 등에 관한 설명으로 **틀린** 것은?

제35회

① 지적공부에 등록된 경계점을 지상에 복원하는 경우에는 지상경계점등록부를 작성·관리하여야 한다.
② 토지의 지상경계는 둑, 담장이나 그 밖에 구획의 목표가 될 만한 구조물 및 경계점표지 등으로 구분한다.
③ 지상경계의 구획을 형성하는 구조물 등의 소유자가 다른 경우에는 그 소유권에 따라 지상경계를 결정한다.
④ 경계점 좌표는 경계점좌표등록부 시행지역의 지상경계점등록부의 등록사항이다.
⑤ 토지의 소재, 지번, 공부상 지목과 실제 토지이용 지목, 경계점의 사진 파일은 지상경계점등록부의 등록사항이다.

36 분할에 따른 지상경계는 지상건축물을 걸리게 결정할 수 없음이 원칙이나, 다음의 경우에는 그러하지 아니하다. 이 중 **틀린** 것은?

① 법원의 확정판결이 있는 경우
② 공공사업으로 학교용지·도로·철도용지·제방·하천·구거·유지·수도용지 등의 지목으로 되는 토지를 분할하는 경우
③ 도시개발사업 등의 사업시행자가 사업지구의 경계를 결정하기 위하여 분할하고자 하는 경우
④ 「국토의 계획 및 이용에 관한 법률」의 규정에 의한 도시·군관리계획 결정고시와 지형도면고시가 된 지역의 도시·군관리계획선에 따라 토지를 분할하는 경우
⑤ 매매 등 소유권이전을 위하여 토지를 분할하는 경우

37 지상경계점에 경계점표지를 설치한 후 측량할 수 있는 경우에 해당하는 것을 모두 고른 것은?

> ㉠ 도시개발사업 등의 사업시행자가 사업지구의 경계를 결정하기 위하여 분할하려는 경우
> ㉡ 공공사업으로 인하여 학교용지·철도용지·하천·유지·수도용지 등의 지목으로 되는 토지를 사업시행자와 국가기관 또는 지방자치단체의 장이 토지를 취득하기 위하여 분할하려는 경우
> ㉢ 「국토의 계획 및 이용에 관한 법률」에 따른 도시·군관리계획 결정고시와 동법에 따른 지형도면 고시가 된 지역의 도시·군관리계획선에 따라 토지를 분할하려는 경우
> ㉣ 소유권이전, 매매 등을 위하여 또는 토지이용상 불합리한 지상경계를 시정하기 위하여 분할하고자 하는 경우
> ㉤ 관계 법령에 따라 인가·허가 등을 받아 분할하려는 경우

① ㉠, ㉡, ㉢
② ㉠, ㉡, ㉣
③ ㉠, ㉡, ㉤
④ ㉠, ㉡, ㉢, ㉣
⑤ ㉠, ㉡, ㉢, ㉣, ㉤

고득점
38 다음 중 경계에 대한 설명으로 옳은 것을 모두 고른 것은?

> ㉠ 지적소관청은 토지의 이동에 따라 지상 경계를 새로 정한 경우에는 경계점 위치 설명도 등을 등록한 경계점좌표등록부를 작성·관리하여야 한다.
> ㉡ 어떤 토지가 「공간정보의 구축 및 관리 등에 관한 법률」에 의하여 1필지의 토지로 지적공부에 등록되면 그 토지는 특별한 사정이 없는 한 그 등록으로써 특정되고 그 소유권의 범위는 현실의 경계와 관계없이 공부상의 경계에 의하여 확정된다.
> ㉢ 지적확정측량의 경계는 공사가 완료된 현황이 사업계획도와 다를 때에는 공사가 완료된 현황에 따라 결정하여야 한다.
> ㉣ 토지이용상 불합리한 지상경계를 시정하기 위하여 분할하고자 하는 경우 지상건축물을 걸리게 결정할 수 있다.

① ㉠
② ㉡
③ ㉠, ㉢
④ ㉡, ㉢
⑤ ㉢, ㉣

Point 08 면적 ★★★★

정답 및 해설 p.13~14

> 💡 **Tip**
> - 면적측정의 대상과 면적의 결정방법이 출제되고 있다.
> - 면적측정의 대상은 이해 위주로 정리하고, 면적결정의 방법은 정확한 암기가 필요하다.

고득점
39 다음 중 면적측정의 대상에 해당하는 것은 모두 몇 개인가?

> ㉠ 분할　　　　　㉡ 합병　　　　　㉢ 지목변경
> ㉣ 축척변경　　　㉤ 지적공부 복구　㉥ 지적확정측량
> ㉦ 경계정정　　　㉧ 위치정정　　　㉨ 경계복원측량

① 3개
② 4개
③ 5개
④ 6개
⑤ 7개

40 면적의 표시 및 결정방법에 관한 설명으로 옳은 것을 모두 고른 것은?

> ㉠ 면적은 토지대장, 임야대장, 경계점좌표등록부에 m^2 단위로 등록되는 필지의 수평면상의 넓이를 말한다.
> ㉡ 경계점좌표등록부에 등록하는 지역의 토지는 $0.1m^2$까지 표시하고, 1필지의 면적이 $0.1m^2$ 미만인 경우에는 $0.1m^2$로 한다.
> ㉢ 지적도의 축척이 1/1,000인 지역의 토지는 $1m^2$까지 표시하고 1필지의 면적이 $1m^2$ 미만인 경우에는 $1m^2$로 한다.
> ㉣ 경위의측량방법으로 세부측량을 한 지역의 필지별 면적측정은 전자면적측정기에 의한다.

① ㉠, ㉡ ② ㉠, ㉣ ③ ㉡, ㉢
④ ㉡, ㉣ ⑤ ㉢, ㉣

41 공간정보의 구축 및 관리 등에 관한 법령상 지적도의 축척이 600분의 1인 지역에서 신규등록할 1필지의 면적을 측정한 값이 $145.450m^2$인 경우 토지대장에 등록하는 면적의 결정으로 옳은 것은?   제34회

① $145m^2$
② $145.4m^2$
③ $145.45m^2$
④ $145.5m^2$
⑤ $146m^2$

42 공간정보의 구축 및 관리 등에 관한 법령상 지적도의 축척이 600분의 1인 지역에서 신규등록할 1필지의 면적을 계산한 값이 $0.050m^2$이었다. 토지대장에 등록하는 면적의 결정으로 옳은 것은?   제30회

① $0.01m^2$
② $0.05m^2$
③ $0.1m^2$
④ $0.5m^2$
⑤ $1.0m^2$

43 어떤 토지의 고유번호가 4234532244 - 201230012인 경우 이 토지의 면적 측정결과 385.55m²가 산출되었다. 이 경우 토지대장 또는 임야대장에 등록할 면적은?

① 385m²
② 385.4m²
③ 385.55m²
④ 385.6m²
⑤ 386m²

44 다음 면적에 관한 설명 중 괄호 안에 들어갈 내용으로 옳은 것은?

- 1필지 면적이 0.35m²로 측정되면 경계점좌표등록부 시행지역에서 면적은 (㉠)m²로 결정하고, 임야도 지역에서 면적은 (㉡)m²로 결정한다.
- 토지의 면적을 측정한 결과 면적이 234.55m²라면 축척이 1/1,200인 지역에서는 (㉢)m²로 결정한다.

	㉠	㉡	㉢
①	0.1	0.4	234
②	0.1	1	234.5
③	0.4	1	234
④	0.4	1	235
⑤	1	0.4	234.6

45 공간정보의 구축 및 관리 등에 관한 법령상 토지의 등록 등에 관한 설명으로 옳은 것은?

제28회

① 지적공부에 등록하는 지번·지목·면적·경계 또는 좌표는 토지의 이동이 있을 때 토지소유자의 신청을 받아 지적소관청이 결정하되, 신청이 없으면 지적소관청이 직권으로 조사·측량하여 결정할 수 있다.
② 지적소관청은 토지의 이용현황을 직권으로 조사·측량하여 토지의 지번·지목·면적·경계 또는 좌표를 결정하려는 때에는 토지이용계획을 수립하여야 한다.
③ 소유자가 지번을 변경하려면 지번변경사유와 지번변경 대상토지의 지번·지목·면적에 대한 상세한 내용을 기재하여 지적소관청에 신청하여야 한다.
④ 지번부여지역의 일부가 행정구역의 개편으로 다른 지번부여지역에 속하게 되었으면 지적소관청은 기존의 지번부여지역의 지번을 부여하여야 한다.
⑤ 지적도의 축척이 600분의 1인 지역과 경계점좌표등록부에 등록하는 지역의 1필지 면적이 1제곱미터 미만일 때에는 1제곱미터로 한다.

제3장 지적공부

Point 09 지적공부의 등록사항 ★★★★★

기본서 p.61~74

종류	기입사항
토지대장 · 임야대장	① 토지의 소재 ② 지번 ③ 지목(코드번호와 정식명칭) ④ 면적 ⑤ 토지이동의 사유 ⑥ 토지소유자가 변경된 날과 그 원인 ⑦ 소유자의 성명 · 주소 · 주민등록번호 (부동산등기용등록번호) ⑧ 토지의 고유번호 ⑨ 도면번호와 필지별 대장의 장번호 ⑩ 축척 ⑪ 토지등급, 기준수확량등급 ⑫ 개별공시지가와 그 기준일
공유지연명부	① 토지의 소재 ② 지번 ③ 토지의 고유번호 ④ 소유자의 성명 · 주소 · 주민등록번호 ⑤ 토지소유자가 변경된 날과 원인 ⑥ 소유권 지분 등
대지권등록부	① 토지의 소재 ② 지번 ③ 토지의 고유번호 ④ 소유자의 성명 · 주소 · 주민등록번호 ⑤ 토지소유자가 변경된 날과 원인 ⑥ 소유권 지분 ⑦ 집합건물의 명칭 ⑧ 전유부분의 건물의 표시 ⑨ 대지권비율 등
지적도 · 임야도	① 토지의 소재 ② 지번 ③ 지목(부호) ④ 경계 ⑤ 도면의 색인도 ⑥ 도면의 제명 및 축척 ⑦ 도곽선과 그 수치 ⑧ 삼각점 및 지적측량기준점의 위치 ⑨ 적법한 건축물 및 구조물 등의 위치 🔍 1. 경계점좌표등록부 시행지역의 지적도의 특칙 • 도면의 제명 끝에 '(좌표)'라고 표시 • 좌표에 의하여 계산된 경계점간 거리 등록 • 도곽선 오른쪽 아래 끝에 '이 도면에 의하여 측량할 수 없음.'이라고 기재 2. 도곽의 크기와 축척
경계점좌표 등록부	① 의의: 대장형식의 도면 ② 시행지역: 지적소관청이 필요하다고 인정하는 곳(지적확정측량, 축척변경측량) ③ 등록사항: 토지의 소재, 지번, 고유번호, 좌표, 부호도 및 부호, 도면번호 등

축척	도상거리		실제거리		포용면적(m²)
	세로(cm)	가로(cm)	세로(m)	가로(m)	
1/500	30	40	150	200	30,000
1/1,000	30	40	300	400	120,000

Point 10   지적공부의 열람, 등본교부 ★★★

기본서 p.74~79

구분	가시적 지적공부	불가시적 지적공부
보존	지적소관청은 해당 청사에 지적서고를 설치하고 지적공부를 영구히 보존	관할 시·도지사, 시장·군수 또는 구청장은 지적정보관리체계에 영구히 보존
반출	• 천재지변 • 관할 시·도지사 또는 대도시 시장의 승인	반출 없음
열람, 등본의 발급	해당 지적소관청에 신청	시장·군수, 구청장이나 읍·면·동장에게 신청(지적도·임야도는 제외)

지적전산자료의 이용절차	① 관계 중앙행정기관장의 심사
	② 국토교통부장관 등에게 신청
	   ⊙ 전국 단위의 지적전산자료: 국토교통부장관, 시·도지사, 지적소관청
	   ⓒ 시·도 단위의 지적전산자료: 시·도지사, 지적소관청
	   ⓒ 시·군·구 단위의 지적전산자료: 지적소관청
	③ 관계 중앙행정기관의 심사(×): 지방자치단체장이 신청, 소유자가 신청	

지적정보전담 관리기구	① 국토교통부장관은 지적공부의 효율적인 관리 및 활용을 위하여 지적정보전담 관리기구를 설치·운영한다. ② 국토교통부장관은 지적공부를 과세나 부동산정책자료 등으로 활용하기 위하여 주민등록전산자료, 가족관계등록전산자료, 부동산등기전산자료 또는 공시지가전산자료 등을 관리하는 기관에 그 자료를 요청할 수 있으며 요청을 받은 관리기관의 장은 특별한 사정이 없는 한 이에 응하여야 한다.	

Point 11   부동산종합공부와 지적공부의 복구 ★★★★

기본서 p.80~84

부동산종합공부	① 지적소관청은 부동산의 효율적 이용과 부동산과 관련된 정보의 종합적 관리·운영을 위하여 부동산종합공부를 관리·운영한다. ② 부동산종합공부의 등록사항 ③ 부동산종합공부의 열람 등 ④ 부동산종합공부의 정정
지적공부의 복구	① 복구의 의의 ② 복구자료 ③ 복구절차

제3장 단원별 출제예상문제

☆중요 출제가능성이 높은 중요 문제 ↘고득점 고득점 목표를 위한 어려운 문제 ✎신유형 기존에 출제되지 않은 신유형 대비 문제

Point 09 지적공부의 등록사항 ★★★★★

정답 및 해설 p.14~16

> 💡 **Tip**
> - 지적공부의 등록사항은 매년 2문제가 출제되는 부분이다.
> - 최근 각종 지적공부의 등록사항을 물어보는 종합문제가 자주 출제되고 있고, 토지대장(임야대장)의 등록사항에 관한 문제와 지적도면의 등록사항에 관한 문제도 단독문제로 출제되고 있다.
> - 토지대장과 지적도의 장부 양식을 자주 보는 것이 좋은 공부방법이다.

01 「공간정보의 구축 및 관리 등에 관한 법한 법률」에서 규정하고 있는 지적공부로만 나열된 것은?

① 임야대장 · 공유지연명부 · 부동산종합공부
② 지상경계점등록부 · 연속지적도 · 임야도
③ 대지권등록부 · 토지대장 · 경계점좌표등록부
④ 토지대장 · 지적도 · 연속지적도
⑤ 부동산종합공부 · 임야도 · 일람도

☆중요
02 토지대장 및 임야대장의 등록사항에 해당하는 것을 모두 고른 것은?

㉠ 토지의 소재, 지번, 지목, 면적	㉡ 토지소유자의 성명 또는 명칭
㉢ 개별공시지가와 기준일	㉣ 소유권의 지분
㉤ 토지의 고유번호	㉥ 건축물의 위치
㉦ 도면번호와 축척	

① ㉠, ㉡, ㉢, ㉣, ㉤
② ㉠, ㉡, ㉢, ㉣, ㉥
③ ㉠, ㉡, ㉢, ㉤, ㉦
④ ㉠, ㉡, ㉣, ㉤, ㉥
⑤ ㉠, ㉡, ㉣, ㉤, ㉦

03 토지대장과 임야대장의 등록사항에 관한 설명 중 **틀린** 것은?

① 토지대장에 등록된 토지의 소재·지번·지목·면적은 토지등기기록 표제부에 토지의 표시사항을 기록하는 기준이 된다.
② 임야대장에 등록된 소유자가 변경된 날과 소유권 지분은 토지등기기록의 등기원인일을 정리하는 기준이 된다.
③ 토지대장과 임야대장에 토지이동 사유가 등록된다.
④ 토지대장에 지적도의 번호와 필지별 토지대장의 장번호 및 축척을 등록한다.
⑤ 토지대장에 개별공시지가와 그 기준일, 토지등급 또는 기준수확량등급과 그 설정·수정 연월일은 등록한다.

04 다음은 토지대장의 일부이다. 중개대상물인 이 토지에 대한 공인중개사 甲의 설명 중 틀린 것은?

고유번호	1111011900-10001-0000			토지대장
토지소재	서울특별시 종로구 세종로			
지번	1	축척	1 : 600	

토지표시			
지목	면적(m²)	사유	
(01) 전	*100	(02) 1973년 8월 1일 신규등록(매립준공)	
(01) 전	*60	(02) 1980년 2월 2일 분할되어 본번에 -1을 부함	
(08) 대	*60	(40) 2001년 9월 9일에 지목변경	
(08) 대	*80	(30) 2006년 1월 3일 159번과 합병	

등급수정 년 월 일	1991년 1월 1일 수정	1992년 1월 1일 수정
토지등급 (기준수확량등급)	220	220
개별공시지가기준일	2022년 1월 1일	2023년 1월 1일
개별공시지가(원/m²)	1,400,000	1,590,000

토지대장에 의하여 작성한 등본입니다.

2024년 3월 1일
서울특별시 종로구청장

① 토지대장에 의하여 해당 지역의 도면의 축척은 알 수 있으나, 해당 지역의 지적도의 번호는 알 수 없다.
② 158번지 토지는 1973년 8월 1일 토지대장과 지적도에 최초로 등록되었다.
③ 1980년 2월 2일 분할된 158-1번지 토지의 최초면적은 40m²이다.
④ 158번지 토지는 2001년 9월 9일 '전'에서 '대'로 지목이 변경되었다.
⑤ 2006년 1월 3일 합병되어 말소된 159번지 토지의 면적은 20m²이다.

05 공간정보의 구축 및 관리 등에 관한 법령상 공유지연명부의 등록사항이 아닌 것은?

① 토지의 소재와 지번
② 토지의 고유번호
③ 소유자가 변경된 날과 그 원인
④ 소유권 지분
⑤ 대지권 비율

06 공간정보의 구축 및 관리 등에 관한 법령상 대지권등록부의 등록사항만으로 나열된 것이 아닌 것은? 제33회

① 지번, 지목
② 토지의 소재, 토지의 고유번호
③ 대지권 비율, 전유부분(專有部分)의 건물표시
④ 소유권 지분, 토지소유자가 변경된 날과 그 원인
⑤ 건물의 명칭, 집합건물별 대지권등록부의 장번호

07 공간정보의 구축 및 관리 등에 관한 법령상 공유지연명부와 대지권등록부의 공통 등록사항을 모두 고른 것은? 제32회

㉠ 지번
㉡ 소유권 지분
㉢ 소유자의 성명 또는 명칭, 주소 및 주민등록번호
㉣ 토지의 고유번호
㉤ 토지소유자가 변경된 날과 그 원인

① ㉠, ㉡, ㉢
② ㉠, ㉡, ㉣, ㉤
③ ㉠, ㉢, ㉣, ㉤
④ ㉡, ㉢, ㉣, ㉤
⑤ ㉠, ㉡, ㉢, ㉣, ㉤

08 어떤 토지의 고유번호가 4371031022-20023-0003이다. 이에 관한 설명으로 <u>틀린</u> 것은?

① 이 토지는 임야대장과 임야도에 등록되어 있다.
② 이 토지의 지번은 산23-3번지이다.
③ 이 필지의 지목은 임야임을 알 수 있다.
④ 이 토지의 면적을 측정한 결과 550.6m²라면 임야대장에는 551m²로 등록된다.
⑤ 위 토지에 경계점좌표등록부는 존재하지 아니한다.

🍃 신유형
09 다음 토지의 고유번호에 대한 설명 중 <u>틀린</u> 것을 모두 고른 것은?

> ㉠ 토지의 고유번호는 총 19자리로 되어 있으며, 이는 행정구역, 지목종류, 지번을 포함한다.
> ㉡ 토지의 고유번호는 토지대장, 임야대장, 지적도, 임야도, 경계점좌표등록부에는 등록한다.
> ㉢ 지번변경, 등록전환, 축척변경의 경우 토지의 고유번호의 변경원인이 된다.
> ㉣ 토지의 고유번호가 1234567890-10011-0004인 경우에 이 토지는 토지대장과 지적도에 등록되어 있으며, 지번은 11-4이다.

① ㉠, ㉡   ② ㉡, ㉢
③ ㉢, ㉣   ④ ㉠, ㉡, ㉣
⑤ ㉡, ㉢, ㉣

⭐중요
10 지적도 및 임야도의 등록사항만으로 나열된 것은?

① 토지의 소재, 지번, 도면의 색인도, 토지의 고유번호
② 경계, 좌표, 건축물 및 구조물의 위치, 삼각점 및 지적기준점의 위치
③ 토지의 지번, 경계, 도면의 색인도, 삼각점 및 지적기준점의 위치
④ 지목, 부호 및 부호도, 도곽선과 그 수치, 건축물의 번호
⑤ 지목, 도곽선과 그 수치, 토지의 고유번호, 건축물 및 구조물의 위치

11 다음 지적도에 관한 설명으로 <u>틀린</u> 것은?

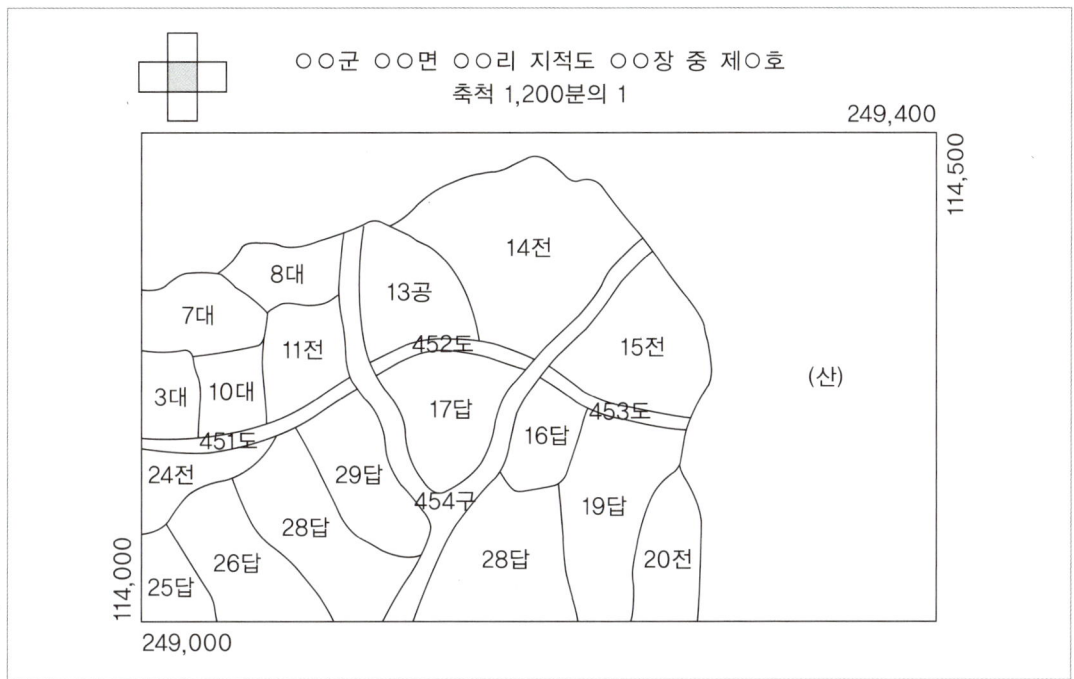

① 도면에 토지의 소재, 지번, 지목, 경계를 등록하며, 지목은 부호로 표기한다.
② 도면의 좌측상단의 일람도는 도면의 연결관계를 나타낸다.
③ 도곽선의 수치를 계산하면 도면에서 가로의 실제거리가 500m임을 알 수 있다.
④ '14전'과 '15전'은 지목이 같은 토지이지만, 연접하지 않으므로 1필지로 합병할 수 없다.
⑤ (산)으로 표시된 부분은 임야도에 등록된 토지이다.

12 공간정보의 구축 및 관리 등에 관한 법령상 지적도의 축척에 해당하는 것을 모두 고른 것은?
제32회 수정

㉠ 1/2,000	㉡ 1/2,400
㉢ 1/3,000	㉣ 1/6,000
㉤ 1/50,000	

① ㉠, ㉢
② ㉢, ㉣
③ ㉠, ㉡, ㉤
④ ㉡, ㉢, ㉣
⑤ ㉡, ㉢, ㉣, ㉤

13 공간정보의 구축 및 관리 등에 관한 법령상 지적도와 임야도의 축척 중에서 공통된 것으로 옳은 것은?

제35회

① 1/1200, 1/2400
② 1/1200, 1/3000
③ 1/2400, 1/3000
④ 1/2400, 1/6000
⑤ 1/3000, 1/6000

14 아래의 지적도에 관한 설명으로 틀린 것은?

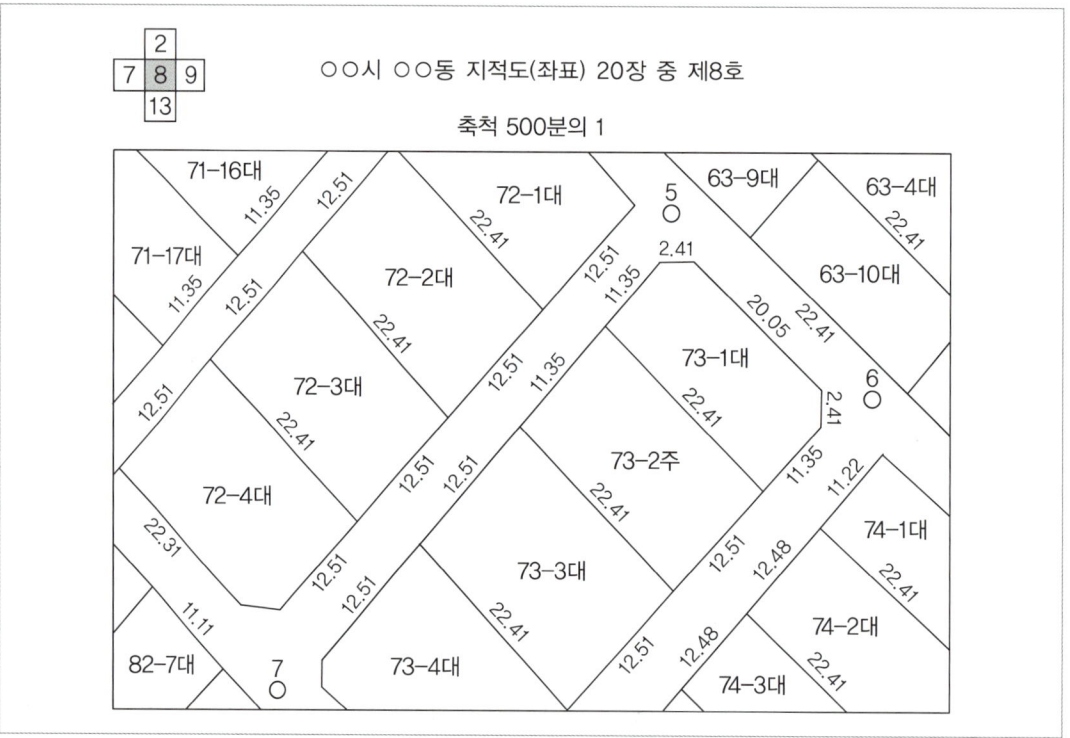

① 위 지역은 지적도가 총 20장인 지역이며 본 도면은 8번 도면이다.
② 위 지역은 경계점좌표등록부 시행지역이다.
③ 위 도면에서 ○는 지적도근점을 나타낸다.
④ 73-2의 경계선상에 등록된 '22.41'은 경계점간의 좌표를 나타낸다.
⑤ 이 지적도의 도곽선 오른쪽 아래 끝에 '이 도면에 의하여 측량을 할 수 없음.'이라고 적혀있다.

15 축척이 1/500인 지적도 안에 가로 3cm, 세로 2cm인 직사각형의 토지를 매매하려고 한다. 이 토지가 포용하는 실제면적은 얼마인가?

① $50m^2$
② $60m^2$
③ $150m^2$
④ $160m^2$
⑤ $300m^2$

🌱신유형

16 도곽선의 규격이 가로 40cm, 세로 30cm인 경우 축척이 1/1,000인 지적도면의 포용면적은 얼마인가?

① $12,000m^2$
② $30,000m^2$
③ $120,000m^2$
④ $200,000m^2$
⑤ $360,000m^2$

17 공간정보의 구축 및 관리 등에 관한 법령상 지적도면 등의 등록사항 등에 관한 설명으로 틀린 것은?

① 지적도면의 색인도, 건축물 및 구조물 등의 위치는 지적도면의 등록한다.
② 지적도면에 도곽선 및 도곽선의 수치, 삼각점 및 지적기준점의 위치를 등록한다.
③ 지적도면에 좌표에 의하여 계산된 경계점 간의 거리를 등록한다.
④ 경계점좌표등록부 시행지역의 지적도에는 해당 도면의 제명 끝에 '(좌표)'라고 표시하고, 도곽선의 오른쪽 아래 끝에 '이 도면에 의하여 측량을 할 수 없음.'이라고 적어야 한다.
⑤ 지적소관청은 지적도면의 관리에 필요한 경우에는 지번부여지역마다 일람도와 지번색인표를 작성하여 갖춰 둘 수 있다.

18 다음 중 경계점좌표등록부에 관한 설명으로 **틀린** 것은?

① 경계점좌표등록부를 갖춰 두는 토지는 지적확정측량 또는 축척변경을 위한 측량을 실시하여 경계점을 좌표로 등록한 지역의 토지로 한다.
② 경계점좌표등록부 시행지역에서는 토지대장·지적도가 함께 비치되어 있어야 한다.
③ 경계점좌표등록부에는 토지의 소재와 지번, 토지의 고유번호, 좌표, 부호 및 부호도 등을 등록한다.
④ 경계점좌표등록부에는 좌표에 의해서 계산된 경계점간의 거리가 등록된다.
⑤ 경계점좌표등록부에는 지적도면의 번호, 필지별 경계점좌표등록부의 장번호를 등록한다.

19 공간정보의 구축 및 관리 등에 관한 법령상 대지권등록부와 경계점좌표등록부의 공통 등록사항을 모두 고른 것은?

제34회

㉠ 지번	㉡ 소유자의 성명 또는 명칭
㉢ 토지의 소재	㉣ 토지의 고유번호
㉤ 지적도면의 번호	

① ㉠, ㉢, ㉣
② ㉢, ㉣, ㉤
③ ㉠, ㉡, ㉢, ㉣
④ ㉠, ㉡, ㉢, ㉤
⑤ ㉠, ㉡, ㉣, ㉤

20 공간정보의 구축 및 관리 등에 관한 법령상 경계점좌표등록부를 갖춰 두는 지역의 지적공부 및 토지의 등록 등에 관한 설명으로 **틀린** 것은?

제28회

① 지적도에는 해당 도면의 제명 앞에 '(수치)'라고 표시하여야 한다.
② 지적도에는 도곽선의 오른쪽 아래 끝에 '이 도면에 의하여 측량을 할 수 없음.'이라고 적어야 한다.
③ 토지면적은 제곱미터 이하 한 자리 단위로 결정하여야 한다.
④ 면적측정방법은 좌표면적계산법에 의한다.
⑤ 경계점좌표등록부를 갖춰 두는 토지는 지적확정측량 또는 축척변경을 위한 측량을 실시하여 경계점을 좌표로 등록한 지역의 토지로 한다.

21 공간정보의 구축 및 관리 등에 관한 법령상 지적공부와 등록사항의 연결이 틀린 것은?

① 토지대장 – 토지의 소재, 토지의 고유번호, 토지등급과 기준수확량등급
② 임야대장 – 지번, 개별공시지가와 그 기준일, 도면번호와 축척
③ 지적도 – 경계, 건축물 및 구조물 등의 위치, 지적기준점의 위치
④ 공유지연명부 – 지번, 지목, 소유권 지분, 소유자가 변경된 날과 그 원인
⑤ 대지권등록부 – 토지의 고유번호, 대지권 비율, 건물의 명칭, 전유부분의 건물표시

22 공간정보의 구축 및 관리 등에 관한 법령상 지적공부와 등록사항의 연결이 옳은 것은?

제35회

① 토지대장 – 지목, 면적, 경계
② 경계점좌표등록부 – 지번, 토지의 고유번호, 지적도면의 번호
③ 공유지연명부 – 지번, 지목, 소유권 지분
④ 대지권등록부 – 좌표, 건물의 명칭, 대지권 비율
⑤ 지적도 – 삼각점 및 지적기준점의 위치, 도곽선(圖郭線)과 그 수치, 부호 및 부호도

☆중요
23 지적공부와 등록사항을 옳게 연결한 것을 모두 고른 것은?

> ㉠ 토지대장 – 토지의 면적, 지적기준점의 위치, 지적도의 번호와 축척
> ㉡ 지적도 – 건축물의 위치, 삼각점 및 지적기준점의 위치
> ㉢ 공유지연명부 – 소유권 지분, 토지의 고유번호
> ㉣ 대지권등록부 – 전유부분 건물의 표시, 소유권의 지분, 대지권의 비율
> ㉤ 경계점좌표등록부 – 지번, 좌표, 색인도

① ㉠, ㉡, ㉢
② ㉠, ㉡, ㉣
③ ㉠, ㉢, ㉤
④ ㉡, ㉢, ㉣
⑤ ㉢, ㉣, ㉤

Point 10 지적공부의 열람, 등본교부 ★★★

> **Tip**
> 지적공부의 열람이나 등본교부에 관한 사항은 자주 출제되는 부분이므로 가시적 지적공부와 불가시적 지적공부를 비교하면서 공부하는 것이 좋다.

24 다음 중 지적공부의 보존 및 관리에 대한 설명으로 틀린 것은?

① 지적공부는 시장·군수 또는 구청장 등 지적소관청이 지적서고에 비치·보관하여 이를 영구히 보존하여야 한다.
② 지적공부를 정보처리시스템을 통하여 기록·저장한 경우 관할 시·도지사나 시장·군수 또는 구청장은 그 지적공부를 지적정보관리체계에 영구히 보존하여야 한다.
③ 지적공부를 정보처리시스템을 통하여 기록·저장한 경우 국토교통부장관은 그 지적공부가 멸실되거나 훼손될 경우를 대비하여 지적공부를 복제하여 관리하는 정보관리체계를 구축하여야 한다.
④ 정보처리시스템을 통하여 기록·저장된 지적공부(지적도 및 임야도는 제외한다)를 열람하거나 그 등본을 발급받으려는 경우에는 관할 시·도지사, 시장·군수 또는 구청장에게 신청할 수 있다.
⑤ 관할 시·도지사 또는 대도시 시장의 승인을 받은 경우에는 지적공부를 지적소관청 청사 밖으로 반출할 수 있다.

25 공간정보의 구축 및 관리 등에 관한 법령상 지적공부의 보존 등에 관한 설명으로 옳은 것을 모두 고른 것은?

제32회

> ㉠ 지적서고는 지적사무를 처리하는 사무실과 연접(連接)하여 설치하여야 한다.
> ㉡ 지적소관청은 천재지변이나 그 밖에 이에 준하는 재난을 피하기 위하여 필요한 경우에는 지적공부를 해당 청사 밖으로 반출할 수 있다.
> ㉢ 지적공부를 정보처리시스템을 통하여 기록·저장한 경우 관할 시·도지사, 시장·군수 또는 구청장은 그 지적공부를 지적정보관리체계에 영구히 보존하여야 한다.
> ㉣ 카드로 된 토지대장·임야대장 등은 200장 단위로 바인더(binder)에 넣어 보관하여야 한다.

① ㉠, ㉢   ② ㉡, ㉣   ③ ㉢, ㉣
④ ㉠, ㉡, ㉢   ⑤ ㉠, ㉡, ㉣

26 공간정보의 구축 및 관리 등에 관한 법령상 지적공부의 보존 또는 열람·증명서 발급 등에 관한 설명으로 틀린 것은?

① 정보처리시스템을 통하여 기록·저장된 지적공부(지적도 및 임야도를 포함한다)를 열람하거나 그 등본을 발급받으려는 경우에는 특별자치시장, 시장·군수 또는 구청장이나 읍·면·동의 장에게 신청할 수 있다.
② 지적공부를 정보처리시스템을 통하여 기록·저장한 경우 관할 시·도지사, 시장·군수 또는 구청장은 그 지적공부를 지적정보관리체계에 영구히 보존하여야 한다.
③ 지적소관청은 관할 시·도지사 또는 대도시시장의 승인을 받은 경우에는 해당 청사 밖으로 지적공부를 반출할 수 있다.
④ 지적공부를 열람하려는 자는 해당 지적소관청에 지적공부 열람·발급 신청서(전자문서로 된 신청서를 포함한다)를 제출하여 그 열람 또는 발급을 신청하여야 한다.
⑤ 국토교통부장관은 정보처리시스템에 따라 보존하는 지적공부가 멸실되거나 훼손될 경우를 대비하여 지적공부를 복제하여 관리하는 정보관리체계를 구축하여야 한다.

27 지적공부에 관한 전산자료를 이용 또는 활용하고자 하는 자는 다음 중 누구의 심사를 거쳐야 하는가? (단, 지방자치단체의 장이 승인을 신청하는 경우는 제외된다)

① 관계 중앙행정기관
② 시·도지사
③ 시장·군수·구청장
④ 지적정보센터장
⑤ 한국전산원장

28 다음 지적전산자료에 대한 설명 중 <u>틀린</u> 것을 모두 고른 것은?

> ㉠ 지적전산자료를 이용하고자 하는 자는 미리 국토교통부장관의 심사를 거쳐야 한다.
> ㉡ 전국 단위의 지적전산자료를 활용하려는 자는 미리 관계 중앙행정기관의 심사를 거친 후 국토교통부장관, 시·도지사 또는 지적소관청에 신청하여야 한다.
> ㉢ 시·도 단위의 지적전산자료를 활용하려는 자는 미리 국토교통부장관의 심사를 거친 후 시·도지사 또는 지적소관청에 신청하여야 한다.
> ㉣ 중앙행정기관장, 그 소속기관장 또는 지방자치단체장이 신청하는 경우에는 관계 중앙행정기관의 심사를 받지 아니한다.

① ㉠, ㉡ ② ㉠, ㉢
③ ㉡, ㉢ ④ ㉡, ㉣
⑤ ㉢, ㉣

29 지적공부의 효율적인 관리 및 활용을 위하여 지적정보 전담 관리기구를 설치·운영하는 자로 옳은 것은?

① 읍·면·동의 장
② 지적소관청
③ 시·도지사
④ 행정안전부장관
⑤ 국토교통부장관

30 국토교통부장관은 지적공부의 효율적인 관리 및 활용을 위하여 지적정보 전담 관리기구를 설치·운영한다. 이 기구에서 관리하고 있는 토지관련 자료가 <u>아닌</u> 것은?

① 가족관계등록전산자료
② 공시지가전산자료
③ 주민등록전산자료
④ 지적위성기준점관측자료
⑤ 부동산등기전산자료

Point 11 부동산종합공부와 지적공부의 복구 ★★★★

정답 및 해설 p.17~18

> **Tip**
> - 부동산종합공부에서는 관리주체를 정확하게 이해하는 것과 부동산종합공부의 정정 절차가 중요하다.
> - 지적공부의 복구에서는 복구자료와 복구절차를 이해하여야 한다.

31 공간정보의 구축 및 관리 등에 관한 법령상 부동산종합공부의 등록사항에 해당하지 <u>않는</u> 것은?

제33회

① 토지의 이용 및 규제에 관한 사항: 「토지이용규제 기본법」 제10조에 따른 토지이용계획확인서의 내용
② 건축물의 표시와 소유자에 관한 사항(토지에 건축물이 있는 경우만 해당한다): 「건축법」 제38조에 따른 건축물대장의 내용
③ 토지의 표시와 소유자에 관한 사항: 「공간정보의 구축 및 관리 등에 관한 법률」에 따른 지적공부의 내용
④ 부동산의 가격에 관한 사항: 「부동산 가격공시에 관한 법률」 제10조에 따른 개별공시지가, 같은 법 제16조, 제17조 및 제18조에 따른 개별주택가격 및 공동주택가격 공시내용
⑤ 부동산의 효율적 이용과 토지의 적성에 관한 종합적 관리 · 운영을 위하여 필요한 사항: 「국토의 계획 및 이용에 관한 법률」 제20조 및 제27조에 따른 토지적성평가서의 내용

32 공간정보의 구축 및 관리 등에 관한 법령상 부동산종합공부에 관한 설명으로 <u>틀린</u> 것은?

제32회

① 지적소관청은 「건축법」 제38조에 따른 건축물대장의 내용에서 건축물의 표시와 소유자에 관한 사항(토지에 건축물이 있는 경우만 해당)을 부동산종합공부에 등록하여야 한다.
② 지적소관청은 「부동산등기법」 제48조에 따른 부동산의 권리에 관한 사항을 부동산종합공부에 등록하여야 한다.
③ 지적소관청은 부동산의 효율적 이용과 부동산과 관련된 정보의 종합적 관리 · 운영을 위하여 부동산종합공부를 관리 · 운영한다.
④ 지적소관청은 부동산종합공부를 영구히 보존하여야 하며, 부동산종합공부의 멸실 또는 훼손에 대비하여 이를 별도로 복제하여 관리하는 정보관리체계를 구축하여야 한다.
⑤ 부동산종합공부를 열람하려는 자는 지적소관청이나 읍 · 면 · 동의 장에게 신청할 수 있으며, 부동산종합공부 기록사항의 전부 또는 일부에 관한 증명서를 발급받으려는 자는 시 · 도지사에게 신청하여야 한다.

⭐ 중요

33 공간정보의 구축 및 관리 등에 관한 법령상 부동산종합공부에 관한 설명으로 **틀린** 것은?

① 지적소관청은 부동산종합공부의 멸실 또는 훼손에 대비하여 이를 별도로 복제하여 관리하는 정보관리체계를 구축하여야 한다.
② 부동산종합증명서를 발급받으려는 자는 지적공부·부동산종합공부 열람·발급 신청서(전자문서로 된 신청서를 포함)를 지적소관청 또는 읍·면·동장에게 제출하여야 한다.
③ 부동산종합공부를 열람하거나 부동산종합증명서를 발급받으려는 자는 지적소관청이나 읍·면·동의 장에게 신청할 수 있다.
④ 토지소유자는 부동산종합공부의 토지의 표시에 관한 사항(지적공부의 내용)의 등록사항에 잘못이 있음을 발견하면 읍·면·동의 장에게 그 정정을 신청할 수 있다.
⑤ 지적소관청은 부동산종합공부의 등록사항 정정을 위하여 부동산종합공부의 등록사항 상호간에 일치하지 아니하는 사항을 확인 및 관리하여야 한다.

34 공간정보의 구축 및 관리 등에 관한 법령상 지적공부의 복구에 관한 관계 자료에 해당하는 것을 모두 고른 것은?

제35회

> ㉠ 측량 결과도
> ㉡ 법원의 확정판결서 정본 또는 사본
> ㉢ 토지(건물)등기사항증명서 등 등기사실을 증명하는 서류
> ㉣ 지적소관청이 작성하거나 발행한 지적공부의 등록내용을 증명하는 서류

① ㉠, ㉡
② ㉡, ㉢
③ ㉢, ㉣
④ ㉡, ㉢, ㉣
⑤ ㉠, ㉡, ㉢, ㉣

35 지적공부의 복구절차로 옳은 것은?

① 복구자료조사 ⇨ 조사서 및 자료도 작성 ⇨ 복구측량 ⇨ 15일 이상 게시 ⇨ 이의신청 ⇨ 지적공부 복구
② 복구자료조사 ⇨ 복구측량 ⇨ 조사서 및 자료도 작성 ⇨ 이의신청 ⇨ 15일 이상 게시 ⇨ 지적공부 복구
③ 복구자료조사 ⇨ 조사서 및 자료도 작성 ⇨ 15일 이상 게시 ⇨ 복구측량 ⇨ 이의신청 ⇨ 지적공부 복구
④ 복구자료조사 ⇨ 복구측량 ⇨ 조사서 및 자료도 작성 ⇨ 15일 이상 게시 ⇨ 이의신청 ⇨ 지적공부 복구
⑤ 복구자료조사 ⇨ 조사서 및 자료도 작성 ⇨ 복구측량 ⇨ 이의신청 ⇨ 15일 이상 게시 ⇨ 지적공부 복구

36 공간정보의 구축 및 관리 등에 관한 법령상 지적공부의 복구 및 복구절차 등에 관한 설명으로 틀린 것은? 제31회

① 지적소관청(정보처리시스템을 통하여 기록·저장한 지적공부의 경우에는 시·도지사, 시장·군수 또는 구청장)은 지적공부의 전부 또는 일부가 멸실되거나 훼손된 경우에는 지체 없이 이를 복구하여야 한다.
② 지적공부를 복구할 때에는 멸실·훼손 당시의 지적공부와 가장 부합된다고 인정되는 관계 자료에 따라 토지의 표시에 관한 사항을 복구하여야 한다. 다만, 소유자에 관한 사항은 부동산등기부나 법원의 확정판결에 따라 복구하여야 한다.
③ 지적공부의 등본, 개별공시지가 자료, 측량신청서 및 측량 준비도, 법원의 확정판결서 정본 또는 사본은 지적공부의 복구자료에 해당한다.
④ 지적소관청은 조사된 복구자료 중 토지대장·임야대장 및 공유지연명부의 등록내용을 증명하는 서류 등에 따라 지적복구자료 조사서를 작성하고, 지적도면의 등록내용을 증명하는 서류 등에 따라 복구자료도를 작성하여야 한다.
⑤ 복구자료도에 따라 측정한 면적과 지적복구자료 조사서의 조사된 면적의 증감이 오차의 허용범위를 초과하거나 복구자료도를 작성할 복구자료가 없는 경우에는 복구측량을 하여야 한다.

37 지적공부 복구에 대한 설명으로 틀린 것은?

㉠ 지적소관청이 지적공부를 복구하려는 경우에는 관할 시·도지사나 대도시 시장의 승인을 요한다.
㉡ 국토교통부장관은 지적공부를 정보처리시스템을 통하여 기록·저장한 경우에 그 지적공부의 전부가 멸실되거나 훼손된 경우에 지체 없이 이를 복구하여야 한다.
㉢ 지적공부의 복구신청을 거부하는 것은 행정소송의 대상이 되는 행정처분에 해당하지 아니한다.
㉣ 지적소관청이 지적공부를 복구하고자 하는 경우에는 복구하고자 하는 토지의 표시 등을 시·군·구의 게시판 및 인터넷 홈페이지에 15일 이상 게시하여야 한다.

① ㉠, ㉡
② ㉠, ㉢
③ ㉡, ㉢
④ ㉡, ㉣
⑤ ㉢, ㉣

제4장 토지의 이동 및 지적정리

Point 12 토지이동의 종류 ★★★

기본서 p.87~99

구분	대상토지	신청의 특징(측량성과도 첨부 ×)
신규 등록	① 새로이 조성된 토지(공유수면매립지) ② 미등록토지의 발견	① 소유권에 관한 서류 첨부 ② 토지의 표시·소유자: 지적소관청이 결정 ③ 등기촉탁사유(×)
등록 전환	①「산지관리법」·「건축법」, 그 밖의 관계 법령에 따른 개발행위 허가 등을 받은 경우 ② 대부분의 토지가 형질변경되어 나머지 토지를 임야도에 존치함이 불합리할 때 ③ 임야도의 토지가 사실상 형질변경되었으나 지목변경할 수 없는 경우 ④ 도시·군관리계획선에 따라 토지를 분할	① 형질변경 등의 공사가 준공되었음을 증명하는 서류의 사본 ② 임야대장과 임야도의 등록말소 ③ 등록전환시의 면적의 증감: 오차허용범위 이내인 경우(등록전환될 면적으로 결정), 초과하는 경우(임야대장과 임야도를 정정하고 옮겨 기록)
분할	① 매매 등을 위하여 필요한 경우 ② 불합리한 지상 경계의 시정 ③ 1필지 일부가 용도변경(의무적 분할)	① 분할사유에 관한 서류 ② 분할 전·후의 면적이 동일할 것 ③ 면적의 증감이 있는 경우
합병	① 소유자가 필요로 하는 경우 ②「주택법」에 의한 공동주택부지 ③ 도로·제방·하천·구거·유지·공장용지·학교용지·철도용지·체육용지·수도용지·공원 등의 지목으로 연접되어 구획 내에 2필지 이상으로 등록된 토지	① 지적측량(×) ⇨ 토지이동조사 ② 합병요건 ③ 합병 후의 도면의 정리는 합병되는 필지 사이의 경계, 지번, 지목을 말소한 후 사용될 지번·지목을 새로이 제도
지목 변경	①「국토의 계획 및 이용에 관한 법률」등 관계 법령에 의한 토지의 형질변경 등의 공사가 준공된 경우 ② 토지, 건축물의 용도가 변경된 경우 ③ 도시개발사업 등의 사업추진을 위하여 사업시행자가 공사 준공 전에 토지의 합병을 신청하는 경우	① 관계 법령에 의해 형질변경 등 공사의 준공을 증명하는 서류 ② 지적측량(×) ⇨ 토지이동조사 ③ 일시적이고 임시적 용도의 변경 ⇨ 지목변경(×)
해면성 말소	지적공부에 등록된 토지가 지형의 변화 등으로 바다로 된 경우로, ① 원상으로 회복할 수 없을 것 ② 다른 지목으로 될 가능성이 없을 것	① 지적소관청이 등록말소신청을 통지 ② 90일 이내에 말소신청을 하지 않으면 지적소관청이 직권으로 말소 ③ 정리결과를 토지소유자 및 공유수면관리청에 통지 ④ 지적소관청이 회복등록

Point 13 축척변경 ★★★★

기본서 p.100~107

구분	내용

요건	① 실체적 요건: 도면의 정밀성과 도면의 통일성
	② 절차적 요건
	    ㉠ 토지소유자의 3분의 2 이상의 동의를 얻을 것
	    ㉡ 축척변경위원회의 의결을 걸칠 것
	    ㉢ 시·도지사 또는 대도시 시장의 승인을 얻을 것(지체 없이)
	🔍 축척변경위원회의 의결, 시·도지사의 승인 ×
	   • 합병 대상토지가 축척이 상이하여 합병하기 위하여 축척변경할 때
	   • 도시개발사업 시행지역에서 사업에서 제외된 토지를 축척변경할 때

축척변경 절차	① 축척변경시행공고: 시·도지사의 승인을 얻어 20일 이상 공고 ② 토지소유자의 경계점표시(30일 이내에 현재의 경계를 지상에 표시) ③ 지적공부정리 등의 정지: 축척변경 확정공고일까지 🔍 예외: 축척변경위원회의 의결, 경계점표지 설치를 위한 경계복원측량 ④ 축척변경측량·토지표시사항의 결정 ⑤ 지번별 조서 작성(증감면적을 기재)

청산절차	① 청산금 산정(축척변경위원회의 의결)
	    ㉠ 지적소관청이 조사하여 축척변경위원회에 제출(증감면적 ×, 지번별 m²당 금액)
	    ㉡ 예외
	       • 증감면적이 허용범위 이내(위원회 의결로 청산 가능)
	       • 소유자 전원이 청산하지 않기로 합의하여 서면을 제출
	② 청산금 공고: 15일 이상
	③ 청산금의 납부고지, 수령통지: 공고 후 20일 이내
	④ 이의신청: 지적소관청에 1개월 이내, 축척변경위원회는 1개월 이내 심의·의결
	⑤ 청산금의 납부 및 지급
	    ㉠ 청산금의 납부: 6개월 이내
	    ㉡ 청산금의 지급: 6개월 이내
	⑥ 차액처리: 지방자치단체(초과액은 수입으로, 부족액은 부담으로)

확정공고	① 청산금의 납부 및 지급완료 후 지체 없이 확정공고 ② 확정공고일에 토지이동이 있는 것으로 간주

Point 14 토지이동의 신청권자 ★★★

기본서 p.107~110

구분	내용
신청권자	① 원칙: 토지소유자가 신청 ② 상속, 공용징수, 판결, 경매에 의하여 등기 없이 소유권을 취득한 자
대위신청	① 사업시행자의 대위신청: 도, 제, 하, 구, 유, 학, 철, 수 ② 행정기관 또는 지방자치단체의 장

	③ 공동주택의 관리인, 사업시행자:「주택법」에 의한 공동주택의 부지 ④ 채권자의 대위신청
토지이동 신청특례	① 대규모 토지조성사업: 사업시행자가 지적소관청에 신청 ② 사업시행자는 도시개발사업 등의 착수, 변경, 완료의 사유가 발생한 날로부터 15일 이내에 지적소관청에 신고하여야 한다.

Point 15 지적정리 등 ★★★★★

기본서 p.111~118

종류	내용
토지표시의 정리	① 신규등록, 등록전환, 분할, 해면성 말소: 지적측량 ⇨ 토지이동정리 결의서 ② 합병, 지목변경: 토지이동조사 ⇨ 토지이동정리 결의서

소유자의 정리	① 신규등록지의 소유자 등록: 지적소관청이 조사·확인하여 등록
	② 기등록지의 소유자 정리
	    ㉠ 관할등기소의 소유권변경사실의 통지에 의한 정리: 등기기록과 대장의 토지의 표시가 일치하면 소유자를 정리, 불일치하면 불부합통지의 대상
	    ㉡ 소유자의 신청에 의한 정리: 등기필정보, 등기사항증명서 등
	    ㉢ 지적소관청의 직권에 의한 정리

지적소관청의 직권정정 (법률의 규정)	① 토지이동정리 결의서의 내용과 다르게 정리된 경우 ② 도면에 등록된 필지가 면적증감 없이 경계의 위치만 잘못 등록된 경우(위치정정) ③ 공부상 면적과 측량면적은 일치하나 도면상의 경계가 접합하지 아니하는 경우 ④ 지적공부의 작성 또는 재작성 당시 잘못 작성된 경우 ⑤ 지적측량성과와 다르게 정리된 경우 ⑥ 지적위원회의 의결에 의하여 지적공부의 등록사항 정정을 요하는 경우 ⑦ 지적공부의 등록사항이 잘못 입력된 경우 ⑧ 토지합필제한에 위반한 등기의 신청을 각하한 경우의 그 사유의 통지(지적소관청의 착오로 잘못 합병한 경우만 해당) ⑨ 면적환산이 잘못된 경우
신청에 의한 토지표시정정	① 경계가 변경될 경우: 인접 토지소유자의 승낙서 또는 판결서 정본을 첨부(경계확정판결, 공유물분할판결, 지상물의 철거 및 토지인도의 판결, 소유권확인판결도 포함) ② 경계 또는 면적변경의 경우: 등록사항 정정 측량성과도를 첨부
소유자의 정정	① 기등기지: 등기필정보, 등기사항증명서에 의하여(신청, 직권) ② 미등기지: 가족관계등록부에 의하여(신청으로만)
등기촉탁	촉탁사유: 토지이동(신규등록은 제외)
지적정리의 통지	① 통지사유: 지적소관청이 직권으로 정리한 경우 ② 통지시기: 변경등기가 필요한 경우 등기완료통지서를 접수한 날로부터 15일 이내, 변경등기가 필요 없는 경우 지적공부에 등록한 날로부터 7일 이내

제4장 단원별 출제예상문제

☆중요 출제가능성이 높은 중요 문제 ↖고득점 고득점 목표를 위한 어려운 문제 🔍신유형 기존에 출제되지 않은 신유형 대비 문제

Point 12 토지이동의 종류 ★★★

정답 및 해설 p.18~20

💡 Tip
- 토지이동의 의의를 정확하게 이해하여야 한다.
- 토지이동의 사유 중에서 등록전환, 합병, 바다로 된 토지의 등록말소 등은 단독문제로, 신규등록, 분할, 지목변경 등은 종합문제로 출제가 예상된다.

☆중요
01 다음 중 토지의 이동사유에 해당하지 <u>않는</u> 것을 모두 고른 것은?

㉠ 신규등록	㉡ 분할
㉢ 합병	㉣ 토지등급변경
㉤ 개별공시지가 변경	㉥ 축척변경
㉦ 토지소유자의 주소변경	㉧ 바다로 된 토지의 등록말소
㉨ 행정구역의 명칭변경	

① ㉣, ㉤, ㉦
② ㉢, ㉤, ㉦, ㉨
③ ㉢, ㉥, ㉦, ㉧
④ ㉠, ㉤, ㉥, ㉦, ㉧
⑤ ㉡, ㉢, ㉣, ㉤, ㉥, ㉦, ㉧

02 토지의 신규등록에 관한 다음 설명 중 <u>틀린</u> 것은?

① 신규등록이란 새로이 조성된 토지 및 등록이 누락되어 있는 토지를 지적공부에 등록하는 것을 말한다.
② 신규등록할 토지가 생긴 경우에 토지소유자는 그 사유가 발생한 날로부터 60일 이내에 신규등록을 신청하여야 한다.
③ 신규등록 대상토지가 그 지번부여지역의 최종 지번의 토지에 인접한 경우에 그 지번부여지역의 최종 본번의 다음 순번부터 본번으로 하여 순차적으로 지번을 부여할 수 있다.
④ 신규등록의 효력이 발생하는 시기는 지적공부에 등록한 때이다.
⑤ 신규등록의 경우에는 소유권을 증명하는 서류를 첨부하므로 등기사항증명서는 이에 해당한다.

03 신규등록에 관한 설명 중 <u>틀린</u> 것은?

① 토지소유자의 신청에 의하여 신규등록을 한 경우 지적소관청은 토지표시에 관한 사항을 지체 없이 등기관서에 그 등기를 촉탁하여야 한다.
② 신규등록할 토지가 있는 경우에는 60일 이내에 지적소관청에 신청하여야 하며, 이를 거짓으로 신청한 자는 1년 이하의 징역 또는 1천만원 이하의 벌금에 처한다.
③ 신규등록의 경우에는 그 지번부여지역에서 인접토지의 본번에 부번을 붙여서 지번을 부여하여야 한다.
④ 공유수면매립에 따라 신규등록을 신청하는 경우에는 신규등록사유를 적은 신청서에 「공유수면 관리 및 매립에 관한 법률」에 의한 준공검사확인증 사본을 첨부하여 지적소관청에 제출하여야 한다.
⑤ 신규등록신청시 첨부해야 하는 서류를 그 지적소관청이 관리하는 경우에는 지적소관청의 확인으로써 그 서류의 제출에 갈음할 수 있다.

☆중요
04 다음 중 등록전환의 대상에 해당하는 것을 모두 고른 것은?

> ㉠ 「산지관리법」에 따른 산지전용허가·신고, 산지일시사용허가·신고, 「건축법」에 따른 건축허가·신고 또는 그 밖의 관계 법령에 따른 개발행위허가 등을 받은 경우
> ㉡ 대부분의 토지가 등록전환되어 나머지 토지를 임야도에 계속 존치하는 것이 불합리한 경우
> ㉢ 임야도에 등록된 토지가 사실상 형질변경되었으나 지목변경을 할 수 없는 경우
> ㉣ 「국토의 계획 및 이용에 관한 법률」 등 관계 법령에 따른 토지의 형질변경 등의 공사가 준공된 경우
> ㉤ 도시개발사업 등의 원활한 추진을 위하여 사업시행자가 공사 준공 전에 토지의 합병을 신청하는 경우

① ㉠, ㉡, ㉢
② ㉠, ㉡, ㉣
③ ㉡, ㉢, ㉣
④ ㉡, ㉢, ㉤
⑤ ㉢, ㉣, ㉤

05 공간정보의 구축 및 관리 등에 관한 법령상 등록전환에 관련된 설명으로 틀린 것은?

① 등록전환이란 임야대장 및 임야도에 등록된 토지를 토지대장 및 지적도에 옮겨 등록하는 것을 말한다.
② 「산지관리법」에 따른 산지전용허가·신고 또는 그 밖의 관계 법령에 따른 개발행위허가 등을 받은 경우에 지목변경을 수반하는 경우에만 등록전환을 신청할 수 있다.
③ 토지소유자는 등록전환사유가 발생한 날부터 60일 이내에 지적소관청에 신청하여야 하며, 대상토지는 기등록된 인접토지와 동일한 축척으로 지적도에 등록한다.
④ 등록전환 대상토지가 그 지번부여지역의 최종 지번의 토지에 인접하여 있는 경우에 그 지번부여지역의 최종 본번의 다음 순번부터 본번으로 하여 순차적으로 지번을 부여할 수 있다.
⑤ 등록전환하여야 할 토지 중 토지대장등록지로부터 거리가 멀어서 등록전환하는 것이 부적당하다고 인정되는 경우에는 임야대장등록지에서 지목변경을 할 수 있다.

☆중요
06 등록전환에 관한 설명으로 틀린 것은?

① 「산지관리법」에 따른 산지전용허가·신고, 산지일시사용허가·신고, 「건축법」에 따른 건축허가·신고 또는 그 밖의 관계 법령에 따른 개발행위 허가 등을 받은 경우에는 등록전환을 신청할 수 있다.
② 임야도에 등록된 토지가 사실상 형질변경되었으나 지목변경을 할 수 없는 경우에는 지목변경 없이 등록전환을 신청할 수 있다.
③ 토지소유자는 등록전환할 토지가 있으면 그 사유가 발생한 날부터 60일 이내에 지적소관청에 등록전환을 신청하여야 한다.
④ 등록전환에 따른 면적을 정할 때 임야대장의 면적과 등록전환될 면적의 차이가 오차의 허용범위 이내인 경우, 임야대장의 면적을 등록전환 면적으로 결정한다.
⑤ 등록전환에 해당하는 서류를 그 지적소관청이 관리하는 경우에는 지적소관청의 확인으로써 그 서류의 제출에 갈음할 수 있다.

07 다음 중 분할에 대한 설명으로 틀린 것은?

① 분할이란 지적공부에 등록된 1필지를 2필지 이상으로 나누어 등록하는 것을 말하며 토지이동사유 중 가장 빈번하게 발생한다.
② 법원의 확정판결에 의하여 분할하는 경우에는 확정판결서 정본 또는 사본을 분할신청 시에 첨부하여야 한다.
③ 소유권이전, 매매 등을 위하여 필요한 경우나 토지이용상 불합리한 지상경계를 시정하기 위한 경우에 토지의 분할을 할 수 있으며, 이 경우 60일 이내에 분할을 신청해야 한다.
④ 지번은 분할 후의 필지 중 1필지의 지번은 분할 전의 지번으로 하고, 나머지 필지의 지번은 본번의 최종 부번의 다음 순번으로 부번을 부여한다.
⑤ 1필지의 일부가 형질변경 등으로 용도가 다르게 되어 의무적으로 분할신청을 하는 때에는 지목변경신청서를 함께 제출하여야 한다.

08 토지의 분할에 관한 설명으로 틀린 것은?

① 관계 법령에 따라 해당 토지에 대한 분할이 개발행위허가 등의 대상인 경우에는 개발행위 허가 등을 받은 이후에 분할을 신청할 수 있다.
② 지적공부에 등록된 1필지의 일부가 관계 법령에 의한 형질변경 등으로 용도가 다르게 된 때에는 지적소관청에 토지의 분할을 신청하여야 한다.
③ 토지를 분할하는 경우 주거·사무실 등의 건축물이 있는 필지에 대하여는 분할 전의 지번을 우선하여 부여하여야 한다.
④ 분할을 위하여 면적을 정함에 있어서 오차가 발생하는 경우 그 오차가 허용범위 이내인 경우에는 지적공부상의 면적 또는 경계를 정정하여야 한다.
⑤ 불합리한 지상경계를 시정하기 위하여 분할측량을 하는 경우에 지상경계점에 경계점표지를 설치한 후 측량할 수 있다.

09 토지합병에 대한 설명 중 틀린 것은?

① 합병이란 지적공부에 등록된 2필지 이상의 토지를 1필지로 합하여 지적공부에 등록하는 것을 말한다.
② 토지의 합병을 신청하고자 하는 토지소유자는 합병사유를 기재한 신청서를 지적소관청에 제출하여야 한다.
③ 지적소관청은 토지를 합병하는 경우 합병요건을 충족하는지 여부를 확인하기 위하여 현지출장하여 토지이동조사를 실시하여야 한다.
④ 「주택법」에 의한 공동주택부지의 경우에 토지소유자는 합병사유가 발생한 날로부터 60일 이내에 합병을 신청하여야 한다.
⑤ 토지의 합병을 하는 경우 경계 또는 좌표는 합병 전의 각 필지의 경계 또는 좌표가 합병으로 인하여 필요 없게 된 부분을 말소하므로 측량을 실시하여 정한다.

10 다음 중 합병의 신청의무가 있는 토지에 해당하지 않는 것은?

① 「주택법」에 의한 공동주택의 부지
② 체육용지, 수도용지, 공원
③ 도로, 구거, 하천, 제방 등의 공공용지
④ 유지, 답, 과수원
⑤ 학교용지, 철도용지, 공장용지

11 공간정보의 구축 및 관리 등에 관한 법령상 토지의 합병 및 지적공부의 정리 등에 관한 설명으로 틀린 것은?
제30회

① 합병에 따른 면적은 따로 지적측량을 하지 않고 합병 전 각 필지의 면적을 합산하여 합병 후 필지의 면적으로 결정한다.
② 토지소유자가 합병 전의 필지에 주거·사무실 등의 건축물이 있어서 그 건축물이 위치한 지번을 합병 후의 지번으로 신청할 때에는 그 지번을 합병 후의 지번으로 부여하여야 한다.
③ 합병에 따른 경계는 따로 지적측량을 하지 않고 합병 전 각 필지의 경계 중 합병으로 필요 없게 된 부분을 말소하여 합병 후 필지의 경계로 결정한다.
④ 지적소관청은 토지소유자의 합병신청에 의하여 토지의 이동이 있는 경우에는 지적공부를 정리하여야 하며, 이 경우에는 토지이동정리 결의서를 작성하여야 한다.
⑤ 토지소유자는 도로, 제방, 하천, 구거, 유지의 토지로서 합병하여야 할 토지가 있으면 그 사유가 발생한 날부터 90일 이내에 지적소관청에 합병을 신청하여야 한다.

12 공간정보의 구축 및 관리 등에 관한 법령상 합병 신청을 할 수 없는 경우에 관한 내용으로 틀린 것은? (단, 다른 조건은 고려하지 아니함)
제35회

① 합병하려는 토지의 지목이 서로 다른 경우
② 합병하려는 토지의 소유자별 공유지분이 다른 경우
③ 합병하려는 토지의 지번부여지역이 서로 다른 경우
④ 합병하려는 토지의 소유자에 대한 소유권이전등기 연월일이 서로 다른 경우
⑤ 합병하려는 토지의 지적도 축척이 서로 다른 경우

13 「공간정보의 구축 및 관리 등에 관한 법률」상 토지의 합병요건에 해당하는 것을 모두 고른 것은?

> ㉠ 합병하려는 토지에 소유권·지상권·전세권 또는 임차권의 등기, 승역지(承役地)에 대한 지역권의 등기 이외의 등기가 있는 경우
> ㉡ 합병하려는 토지 전부에 등기원인 및 그 연월일과 접수번호가 같은 저당권등기가 있는 경우
> ㉢ 합병하려는 토지 전부에 대한 신탁원부의 등기사항이 동일한 신탁등기가 있는 경우
> ㉣ 합병하려는 각 필지의 지목은 같으나 일부 토지의 용도가 다르게 되어 분할 대상토지가 있는 경우
> ㉤ 합병하려는 토지소유자의 주소가 서로 다른 경우에 지적소관청이 행정정보의 공동이용을 통하여 토지소유자가 동일인임을 확인할 수 있는 경우

① ㉠, ㉡, ㉢
② ㉠, ㉢, ㉣
③ ㉡, ㉢, ㉤
④ ㉡, ㉣, ㉤
⑤ ㉢, ㉣, ㉤

14 다음 중 지목변경을 신청할 수 있는 것이 아닌 것은?

① 지목변경이란 지적공부에 등록된 지목을 다른 지목으로 바꾸어 등록하는 것을 말하므로 토지의 실제 용도를 다르게 사용하더라도 지적공부를 등록하기 전에는 지목변경을 할 수 없다.
② 일시적인 사용목적변경으로 토지의 용도가 변경된 경우에도 지목변경을 할 수 있다.
③ 토지 또는 건축물의 용도가 변경된 경우에는 지목변경을 신청할 수 있다.
④ 「국토의 계획 및 이용에 관한 법률」 등 관계 법령에 의한 토지의 형질변경 등의 공사가 준공된 경우는 지목변경의 대상이다.
⑤ 토지소유자는 지목변경할 토지가 있는 경우에는 사유가 발생한 날로부터 60일 이내에 지적소관청에 신청하여야 한다.

15 지목변경의 대상에 대한 설명 중 괄호 안에 들어갈 내용으로 옳은 것은?

- 「국토의 계획 및 이용에 관한 법률」 등 관계 법령에 따른 토지의 형질변경 등의 공사가 (㉠)된 경우
- 도시개발사업 등의 원활한 사업추진을 위해 사업시행자가 공사 (㉡)에 토지의 합병을 신청하는 경우

	㉠	㉡
①	준공	준공 전
②	착수	준공 후
③	준공	착수 전
④	착수	착수 후
⑤	준공	준공 후

16 지목변경신청에 관한 설명으로 틀린 것은?

① 토지소유자는 지목변경을 할 토지가 있으면 그 사유가 발생한 날부터 60일 이내에 지적소관청에 지목변경을 신청하여야 한다.
② 지목변경사유를 적은 신청서에 국유지·공유지의 경우에는 공공용으로 사용되지 아니함을 증명하는 서류의 사본을 첨부하여 지적소관청에 제출하여야 한다.
③ 전·답·과수원 상호간의 지목변경을 신청하는 경우에는 토지의 용도가 변경되었음을 증명하는 서류의 사본첨부를 생략할 수 있다.
④ 지목변경사유를 적은 신청서에 관계 법령에 따라 토지의 형질변경 등의 공사가 준공되었음을 증명하는 서류의 사본을 첨부하여 지적소관청에 제출하여야 한다.
⑤ 지목변경 신청에 따른 첨부서류를 해당 지적소관청이 관리하는 경우에는 시·도지사의 확인으로 그 서류의 제출을 갈음할 수 있다.

★ 중요

17 공간정보의 구축 및 관리 등에 관한 법령상 바다로 된 토지의 등록말소에 관한 설명으로 틀린 것은?

① 지적소관청은 지적공부에 등록된 토지가 일시적인 지형의 변화 등으로 바다로 된 경우에는 토지소유자에게 등록말소신청을 하도록 통지하지 아니한다.
② 지적소관청은 등록말소신청 통지를 받은 자가 통지를 받은 날부터 90일 이내에 등록말소 신청을 하지 아니하면 직권으로 지적공부의 등록사항을 말소하여야 한다.
③ 지적소관청이 직권으로 토지의 등록말소를 하는 경우에는 시·도지사 또는 대도시 시장의 승인을 요한다.
④ 지적소관청은 말소한 토지가 지형의 변화 등으로 다시 토지가 된 경우에는 그 지적측량성과 및 등록말소 당시의 지적공부 등 관계 자료에 따라 토지의 회복등록을 할 수 있다.
⑤ 지적소관청이 지적공부의 등록사항을 말소하거나 회복등록을 하였을 때에는 그 정리결과를 토지소유자 및 그 공유수면관리청에 통지하여야 한다.

18 공간정보의 구축 및 관리 등에 관한 법령상 지적공부에 등록된 토지가 지형의 변화 등으로 바다로 된 토지의 등록말소 및 회복 등에 관한 설명으로 틀린 것은? 제30회

① 지적소관청은 지적공부에 등록된 토지가 지형의 변화 등으로 바다로 된 경우로서 원상(原狀)으로 회복될 수 없는 경우에는 지적공부에 등록된 토지소유자에게 지적공부의 등록말소 신청을 하도록 통지하여야 한다.
② 지적소관청은 바다로 된 토지의 등록말소 신청에 의하여 토지의 표시 변경에 관한 등기를 할 필요가 있는 경우에는 지체 없이 관할 등기관서에 그 등기를 촉탁하여야 한다.
③ 지적소관청이 직권으로 지적공부의 등록사항을 말소한 후 지형의 변화 등으로 다시 토지가 된 경우에 토지로 회복등록을 하려면 그 지적측량성과 및 등록말소 당시의 지적공부 등 관계 자료에 따라야 한다.
④ 지적소관청으로부터 지적공부의 등록말소 신청을 하도록 통지를 받은 토지소유자가 통지를 받은 날부터 60일 이내에 등록말소 신청을 하지 아니하면, 지적소관청은 직권으로 그 지적공부의 등록사항을 말소하여야 한다.
⑤ 지적소관청이 직권으로 지적공부의 등록사항을 말소하거나 회복등록을 하였을 때에는 그 정리 결과를 토지소유자 및 해당 공유수면의 관리청에 통지하여야 한다.

Point 13 축척변경 ★★★★

> **Tip**
> - 축척변경은 절차가 중요하며 특히 숫자를 정확하게 암기하여야 한다.
> - 최근 출제경향에 의하면 축척변경의 절차에 따른 예외조항도 정리할 필요가 있다.

19 축척변경에 관한 설명으로 틀린 것은?

① 지적소관청은 하나의 지번부여지역에 서로 다른 축척의 지적도가 있는 경우에는 토지소유자의 신청 또는 지적소관청의 직권으로 일정한 지역을 정하여 그 지역의 축척을 변경할 수 있다.
② 청산금에 관한 이의신청을 받은 지적소관청은 1개월 이내에 축척변경위원회의 심의·의결을 거쳐 그 인용 여부를 결정한 후 지체 없이 그 내용을 이의신청인에게 통지하여야 한다.
③ 지적소관청은 축척변경을 하려면 축척변경 시행지역의 토지소유자 3분의 2 이상의 동의를 받아 축척변경위원회의 의결을 거친 후 시·도지사 또는 대도시 시장의 승인을 받아야 한다.
④ 청산금의 납부고지를 받은 자는 그 고지를 받은 날부터 6개월 이내에 청산금을 축척변경위원회에 납부하여야 한다.
⑤ 청산금의 납부 및 지급이 완료된 때에는 지적소관청은 지체 없이 축척변경의 확정공고를 하여야 하며 확정공고일에 토지의 이동이 있는 것으로 본다.

20 공간정보의 구축 및 관리 등에 관한 법령상 축척변경에 대한 설명이다. (   )에 들어갈 내용으로 옳은 것은?

> - 지적소관청은 청산금의 결정을 공고한 날부터 (㉠)에 토지소유자에게 청산금의 납부고지 또는 수령통지를 하여야 한다.
> - 이의신청을 받은 지적소관청은 (㉡)에 축척변경위원회의 심의·의결을 거쳐 그 인용(認容) 여부를 결정한 후 지체 없이 그 내용을 이의신청인에게 통지하여야 한다.

	㉠	㉡
①	15일 이내	1개월 이내
②	20일 이내	1개월 이내
③	20일 이내	2개월 이내
④	1개월 이내	1개월 이내
⑤	1개월 이내	3개월 이내

고득점

21 축척변경에 따른 청산방법의 설명 중 옳은 것은?

① 합병하려는 토지가 축척이 다른 지적도에 등록되어 있어 축척변경을 하는 경우에도 축척변경위원회의 의결과 시·도지사 등의 승인을 받아야 한다.
② 지적소관청은 축척변경 시행기간 중에는 지적공부정리 등을 정지하므로 경계점표지 설치를 위한 경계복원측량도 할 수 없다.
③ 지적소관청은 확정공고일 현재를 기준으로 그 축척변경 시행지역 안의 토지에 대하여 지번별 m²당 금액을 미리 조사하여 축척변경위원회에 제출하여야 한다.
④ 필지별 증감면적이 허용범위 이내인 경우 또는 소유자 전원이 청산하지 아니하기로 구두로 합의한 경우에는 청산금을 산출하지 않을 수 있다.
⑤ 축척변경 확정공고에 따라 지적공부에 등록하는 때에는 토지대장은 확정공고된 축척변경 지번별조서에 따라야 한다.

22 공간정보의 구축 및 관리 등에 관한 법령상 축척변경에 관한 설명으로 옳은 것은? 제35회

① 도시개발사업 등의 시행지역에 있는 토지로서 그 사업시행에서 제외된 토지의 축척변경을 하는 경우 축척변경위원회의 심의 및 시·도지사 또는 대도시 시장의 승인을 받아야 한다.
② 지적소관청은 시·도지사 또는 대도시 시장으로부터 축척변경 승인을 받았을 때에는 지체 없이 축척변경의 목적, 시행지역 및 시행기간, 축척변경의 시행에 관한 세부계획, 축척변경의 시행에 따른 청산금액의 내용, 축척변경의 시행에 따른 토지소유자 등의 협조에 관한 사항을 15일 이상 공고하여야 한다.
③ 지적소관청은 축척변경에 관한 측량을 한 결과 측량 전에 비하여 면적의 증감이 있는 경우에는 그 증감면적에 대하여 청산을 하여야 한다. 다만, 토지소유자 3분의 2 이상이 청산하지 아니하기로 합의하여 서면으로 제출한 경우에는 그러하지 아니하다.
④ 지적소관청은 청산금을 내야 하는 자가 납부고지를 받은 날부터 1개월 이내에 청산금에 관한 이의신청을 하지 아니하고, 고지를 받은 날부터 3개월 이내에 지적소관청에 청산금을 내지 아니하면 「지방행정제재·부과금의 징수 등에 관한 법률」에 따라 징수할 수 있다.
⑤ 청산금의 납부 및 지급이 완료되었을 때에는 지적소관청은 지체 없이 축척변경의 확정공고를 하여야 하며, 확정공고 사항에는 토지의 소재 및 지역명, 축척변경 지번별 조서, 청산금 조서, 지적도의 축척이 포함되어야 한다.

23 공간정보의 구축 및 관리 등에 관한 법령상 축척변경위원회의 심의·의결사항을 모두 고른 것은?

㉠ 축척변경 승인에 관한 사항
㉡ 축척변경 시행계획에 관한 사항
㉢ 청산금의 산정에 관한 사항
㉣ 청산금의 이의신청에 관한 사항

① ㉠, ㉡, ㉢
② ㉠, ㉡, ㉣
③ ㉠, ㉢, ㉣
④ ㉡, ㉢, ㉣
⑤ ㉠, ㉡, ㉢, ㉣

24 공간정보의 구축 및 관리 등에 관한 법령상 축척변경에 관한 설명으로 <u>틀린</u> 것은?

제33회

① 축척변경에 관한 사항을 심의·의결하기 위하여 지적소관청에 축척변경위원회를 둔다.
② 축척변경위원회의 위원장은 위원 중에서 지적소관청이 지명한다.
③ 지적소관청은 축척변경에 관한 측량을 완료하였을 때에는 축척변경 신청일 현재의 지적공부상의 면적과 측량 후의 면적을 비교하여 그 변동사항을 표시한 토지이동현황 조사서를 작성하여야 한다.
④ 지적소관청은 청산금의 결정을 공고한 날부터 20일 이내에 토지소유자에게 청산금의 납부고지 또는 수령통지를 하여야 한다.
⑤ 청산금의 납부 및 지급이 완료되었을 때에는 지적소관청은 지체 없이 축척변경의 확정 공고를 하여야 한다.

25 다음 중 축척변경위원회의 구성에 대한 설명으로 <u>틀린</u> 것은?

① 축척변경위원회는 5명 이상 10명 이내의 위원으로 구성하되, 위원의 2분의 1 이상을 토지소유자로 하여야 한다.
② 축척변경 시행지역 안의 토지소유자가 5명 이하인 때에는 토지소유자 전원을 위원으로 위촉하여야 한다.
③ 위원은 축척변경 시행지역 안의 토지소유자로서 지역 사정에 정통한 자 중에서 지적소관청이 위촉한다.
④ 위원장은 축척변경위원회의 회의를 소집할 때에는 회의일시, 장소 및 심의안건을 회의 개최 7일 전까지 각 위원에게 서면으로 통지하여야 한다.
⑤ 위원장은 위원 중에서 지적소관청이 지명한다.

Point 14 토지이동의 신청권자 ★★★

> **Tip**
> - 토지이동의 신청권자는 원칙, 대위신청, 신청특례로 구분하여 공부하는 것이 유용하다.
> - 토지이동 신청특례에 관한 문제가 중요하다.

26 「공간정보의 구축 및 관리 등에 관한 법률」상 토지소유자가 하여야 하는 신청을 대위할 수 있는 자가 <u>아닌</u> 것은?

① 국가 또는 지방자치단체가 취득하는 토지의 경우에는 그 토지를 관리하는 행정기관장 또는 지방자치단체장
② 공공사업 등으로 인하여 학교용지·도로·철도용지·제방 등의 지목으로 되는 토지의 경우에는 그 사업시행자
③ 「주택법」에 의한 공동주택의 부지의 경우에는 「집합건물의 소유 및 관리에 관한 법률」에 의한 관리인
④ 「민법」 제404조의 규정에 의한 채권자와 지상권자
⑤ 「주택법」에 의한 공동주택의 부지의 경우에는 「집합건물의 소유 및 관리에 관한 법률」에 의한 사업시행자

27 토지의 이동신청은 원칙적으로 토지소유자가 하여야 하나, 토지소유자를 대신하여 사업시행자가 신청할 수 있는 토지의 지목으로 <u>틀린</u> 것은?

① 도로, 제방
② 수도용지, 학교용지
③ 유원지, 체육용지
④ 구거, 유지
⑤ 하천, 철도용지

28 공간정보의 구축 및 관리 등에 관한 법령상 도시개발사업 등의 시행자가 그 사업의 착수·변경 및 완료 사실을 지적소관청에 신고하여야 하는 사업으로 <u>틀린</u> 것은? 제34회

① 「공공주택 특별법」에 따른 공공주택지구 조성사업
② 「도시 및 주거환경정비법」에 따른 정비사업
③ 「택지개발촉진법」에 따른 택지개발사업
④ 「지역 개발 및 지원에 관한 법률」에 따른 지역개발사업
⑤ 「지적재조사에 관한 특별법」에 따른 지적재조사사업

29 공간정보의 구축 및 관리 등에 관한 법령상 토지이동 신청에 관한 설명으로 옳은 것은?

① 토지소유자는 신규등록할 토지가 있으면 그 사유가 발생한 날부터 15일 이내에 지적소관청에 신규등록을 신청하여야 한다.
② 주차전용 건축물 및 이에 접속된 부속시설물의 부지인 경우는 해당 토지를 관리하는 관리인의 토지이동의 대위신청이 허용된다.
③ 「도시개발법」에 따른 도시개발사업의 시행자는 그 사업의 착수·변경 및 완료사실을 시·도지사 또는 대도시 시장에게 신고하여야 한다.
④ 도시개발사업 등의 사업의 착수 또는 변경의 신고가 된 토지의 경우에는 토지소유자가 해당 토지의 이동을 원하는 경우에는 지적소관청에 그 토지이동을 신청할 수 있다.
⑤ 도시개발사업의 사업시행자가 토지의 이동을 신청한 경우 토지의 이동은 토지의 형질변경 등의 공사가 준공된 때에 이루어진 것으로 본다.

30 다음은 공간정보의 구축 및 관리 등에 관한 법령상 도시개발사업 등 시행지역의 토지이동 신청 특례에 관한 설명이다. (   )에 들어갈 내용으로 옳은 것은?   제31회

> - 「도시개발법」에 따른 도시개발사업, 「농어촌정비법」에 따른 농어촌정비사업 등의 사업시행자는 그 사업의 착수·변경 및 완료 사실을 (㉠)에(게) 신고하여야 한다.
> - 도시개발사업 등의 착수·변경 또는 완료 사실의 신고는 그 사유가 발생한 날부터 (㉡) 이내에 하여야 한다.

	㉠	㉡
①	시·도지사	15일
②	시·도지사	30일
③	시·도지사	60일
④	지적소관청	15일
⑤	지적소관청	30일

🌱신유형

31 다음 도시개발사업 등 토지개발사업으로 인한 토지이동의 신청특례에 관한 기술 중 **틀린** 것은?

① 도시개발사업·농어촌정비사업, 그 밖에 관계 법령에 의한 토지개발사업 등으로 인하여 토지의 이동이 있는 때에는 그 사업시행자가 지적소관청에 그 토지이동을 신청하여야 한다.
② 도시개발사업 등의 착수 또는 변경의 신고를 하려는 자는 도시개발사업 등의 착수·변경·완료 신고서에 사업인가서, 지번별 조서, 사업계획도의 서류를 첨부하여야 한다.
③ 도시개발사업 등의 완료 신고를 하려는 자는 신청서에 확정될 토지의 지번별 조서 및 종전 토지의 지번별 조서, 환지처분과 같은 효력이 있는 고시된 환지계획서 등을 첨부하여야 한다.
④ 도시개발사업의 착수 또는 변경의 신고가 된 토지의 소유자가 해당 토지의 이동을 원하는 경우에는 해당 사업의 시행자를 대위하여 그 토지의 이동을 신청할 수 있다.
⑤ 「주택법」에 따른 주택건설사업의 시행자가 파산 등의 이유로 토지의 이동 신청을 할 수 없을 때에는 그 주택의 시공을 보증한 자 또는 입주예정자 등이 신청할 수 있다.

Point 15 지적정리 등 ★★★★★

> **Tip**
> - 지적정리는 지적공부의 정리와 등록사항의 정정을 비교하는 것이 중요하며, 토지의 표시에 관한 사항인지 또는 토지소유자에 관한 사항인지를 비교하면 쉽게 이해할 수 있다.
> - 등기촉탁의 사유와 지적정리의 통지 사유를 이해하여야 한다.

32 지적공부의 정리에 관한 설명으로 틀린 것은?

① 지적소관청은 신규등록·등록전환·분할·합병·지목변경 등 토지의 이동이 있는 경우에는 지적공부를 정리하여야 한다.
② 지적소관청은 토지의 이동이 있는 경우에 지적공부를 정리하려는 경우에는 토지이동정리 결의서를 작성하여야 한다.
③ 지적소관청은 토지소유자의 변동 등에 따른 신규등록을 제외한 토지소유자의 변경사항은 등기관서에서 등기한 것을 증명하는 등기필증, 등기완료통지서, 등기사항증명서, 등기전산정보자료 등에 의하여 정리한다.
④ 지적소관청은 등기기록을 열람하여 지적공부와 등기기록이 일치하지 아니하는 사항을 발견하면 지적공부를 직권으로 정리할 수 있지만, 소유자에게 신청을 하도록 요구할 수 없다.
⑤ 「국유재산법」에 따른 총괄청이나 중앙관서의 장이 소유자 없는 부동산에 대한 소유자 등록을 신청하는 경우 지적소관청은 지적공부에 해당 토지의 소유자가 등록되지 아니한 경우에만 등록할 수 있다.

33 공간정보의 구축 및 관리 등에 관한 법령상 토지소유자의 정리에 관한 설명이다. ( )에 들어갈 내용으로 옳은 것은?

제33회

> 지적공부에 등록된 토지소유자의 변경사항은 등기관서에게 등기한 것을 증명하는 등기필증, 등기완료통지서, 등기사항증명서 또는 등기관서에서 제공한 등기전산정보자료에 따라 정리한다. 다만, (㉠)하는 토지의 소유자는 (㉡)이(가) 직접 조사하여 등록한다.

	㉠	㉡
①	축척변경	등기관
②	축척변경	시·도지사
③	신규등록	등기관
④	신규등록	지적소관청
⑤	등록전환	시·도지사

34 공간정보의 구축 및 관리 등에 관한 법령상 토지소유자의 변경에 관한 지적공부의 정리 절차를 설명한 것으로 옳은 것을 모두 고른 것은?

> ㉠ 지적소관청은 신규등록을 제외하고 등기필증, 등기완료통지서, 등기사항증명서 등에 의하여 토지소유자를 정리하여야 한다.
> ㉡ 지적소관청은 소유권변경사실의 통지의 경우에 등기부에 적혀 있는 토지의 표시가 지적공부와 일치하지 아니하여도 토지소유자를 정리한다.
> ㉢ ㉡의 경우 토지의 표시와 지적공부가 일치하지 아니하다는 사실을 관할 등기관서에 통지하여야 한다.
> ㉣ 소유자정리 결의서를 작성하는 경우에 토지이동신청서 또는 도시개발사업 등의 완료신고서 등을 첨부하여야 한다.

① ㉡
② ㉢
③ ㉠, ㉢
④ ㉡, ㉢
⑤ ㉢, ㉣

35 공간정보의 구축 및 관리 등에 관한 법령상 지적소관청이 직권으로 조사·측량하여 등록사항을 정정할 수 있는 경우에 해당하는 경우를 모두 고른 것은?

> ㉠ 지적도 및 임야도에 등록된 필지가 면적의 증감 없이 경계의 위치만 잘못된 경우
> ㉡ 「부동산등기법」 제37조 제2항에 따른 등기관의 통지가 있는 경우(지적소관청의 착오로 잘못 합병한 경우만 해당)
> ㉢ 토지이동에 따른 토지이동정리 결의서의 내용과 다르게 정리된 경우
> ㉣ 등기기록과 지적공부의 토지의 표시가 불일치하는 경우

① ㉠, ㉡, ㉢
② ㉠, ㉡, ㉣
③ ㉠, ㉢, ㉣
④ ㉡, ㉢, ㉣
⑤ ㉠, ㉡, ㉢, ㉣

36 공간정보의 구축 및 관리 등에 관한 법령상 지적소관청이 지적공부의 등록사항을 직권으로 조사·측량하여 정정할 수 있는 경우로 **틀린** 것은? 제35회

① 연속지적도가 잘못 작성된 경우
② 지적공부의 작성 또는 재작성 당시 잘못 정리된 경우
③ 토지이동정리 결의서의 내용과 다르게 정리된 경우
④ 지적도 및 임야도에 등록된 필지가 면적의 증감 없이 경계의 위치만 잘못된 경우
⑤ 지방지적위원회 또는 중앙지적위원회의 의결서 사본을 받은 지적소관청이 그 내용에 따라 지적공부의 등록사항을 정정하여야 하는 경우

37 다음은 공간정보의 구축 및 관리 등에 관한 법령상 등록사항 정정 대상토지에 대한 대장의 열람 또는 등본의 발급에 관한 설명이다. (   )에 들어갈 내용으로 옳은 것은? 제31회

> 지적소관청은 등록사항 정정 대상토지에 대한 대장을 열람하게 하거나 등본을 발급하는 때에는 (㉠)라고 적은 부분을 흑백의 반전(反轉)으로 표시하거나 (㉡)(으)로 적어야 한다.

	㉠	㉡
①	지적부불합지	붉은색
②	지적부불합지	굵은 고딕체
③	지적부불합지	담당자의 자필(自筆)
④	등록사항 정정 대상토지	붉은색
⑤	등록사항 정정 대상토지	굵은 고딕체

38 지적공부의 등록사항 정정에 관한 설명으로 틀린 것은?

① 토지소유자의 신청에 의한 정정으로 인하여 경계의 변경을 가져오는 경우에는 인접지 소유자의 승낙서 또는 대항할 수 있는 확정판결서 정본을 첨부하여야 한다.
② 토지소유자가 경계 또는 면적의 변경을 가져오는 등록사항 정정신청을 하는 때에는 신청서에 등록사항 정정 측량성과도를 첨부하여 지적소관청에 제출하여야 한다.
③ 지적측량성과와 다르게 정리된 경우에 지적소관청이 직권으로 조사하여 정정할 수 있다.
④ 등록사항 정정 신청에 따른 서류를 해당 지적소관청이 관리하는 경우에는 지적소관청의 확인으로 해당 서류의 제출을 갈음할 수 있다.
⑤ 미등기토지로서 토지소유자의 성명, 주민등록번호, 주소 등에 관한 사항이 명백히 잘못 기록된 경우에는 지적소관청은 가족관계 기록사항에 관한 증명서 등 관계 서류에 의하여 직권으로 정정하여야 한다.

39 공간정보의 구축 및 관리 등에 관한 법령상 지적소관청은 토지의 이동 등으로 토지의 표시변경에 관한 등기를 할 필요가 있는 경우에는 지체 없이 관할 등기관서에 그 등기를 촉탁하여야 한다. 이 경우 등기촉탁의 대상이 아닌 것은?

제28 · 35회

① 지목변경
② 지번변경
③ 신규등록
④ 축척변경
⑤ 합병

40 공간정보의 구축 및 관리 등에 관한 법령상 지적소관청은 토지의 표시변경에 관한 등기를 할 필요가 있는 경우에는 지체 없이 관할 등기관서에 그 등기를 촉탁하여야 하는데 이 중 등기촉탁대상이 아닌 것은?

① 축척변경
② 행정구역 개편
③ 지목변경
④ 등록전환
⑤ 토지소유자의 변경

41 「공간정보의 구축 및 관리 등에 관한 법률」에 따라 지적정리를 할 때 지적소관청이 토지소유자에게 통지하여야 하는 경우가 아닌 것은?

① 바다로 된 토지에 대하여 토지소유자의 말소신청이 없어 지적소관청이 직권으로 지적공부의 등록사항을 말소한 때
② 지적소관청이 지적공부의 전부 또는 일부가 멸실 · 훼손되어 이를 복구한 때
③ 지적소관청이 지번부여지역의 일부가 행정구역의 개편으로 다른 지번부여지역에 속하게 되어 새로이 지번을 부여하여 지적공부에 등록한 때
④ 등기관서의 소유권 변경사실의 통지에 의하여 지적공부에 등록된 토지소유자의 변경사항을 정리한 때
⑤ 지적소관청이 토지표시의 변경에 관한 등기를 할 필요가 있는 경우로서 토지표시의 변경에 관한 등기촉탁을 한 때

42 공간정보의 구축 및 관리 등에 관한 법령상 지적소관청이 토지소유자에게 지적정리 등을 통지하여야 하는 시기에 대한 설명이다. (   )에 들어갈 내용으로 옳은 것은? 제34회

- 토지의 표시에 관한 변경등기가 필요하지 아니한 경우: (㉠)에 등록한 날부터 (㉡) 이내
- 토지의 표시에 관한 변경등기가 필요한 경우: 그 (㉢)를 접수한 날부터 (㉣) 이내

① ㉠: 등기완료의 통지서, ㉡: 15일, ㉢: 지적공부, ㉣: 7일
② ㉠: 등기완료의 통지서, ㉡: 7일, ㉢: 지적공부, ㉣: 15일
③ ㉠: 지적공부, ㉡: 7일, ㉢: 등기완료의 통지서, ㉣: 15일
④ ㉠: 지적공부, ㉡: 10일, ㉢: 등기완료의 통지서, ㉣: 15일
⑤ ㉠: 지적공부, ㉡: 15일, ㉢: 등기완료의 통지서, ㉣: 7일

고득점
43 토지이동에 따른 지적공부정리 및 등기촉탁에 관한 설명 중 **틀린** 것은?

① 지적소관청은 등기관서에 토지표시의 변경에 관한 등기를 촉탁하려는 때에는 토지표시 변경등기 촉탁서에 그 취지를 적고, 토지대장등본과 지적도등본 또는 임야대장등본과 임야도등본을 첨부하여야 한다.
② 지적소관청은 토지의 표시에 잘못이 있음을 발견한 때에는 토지이동정리 결의서를 작성한 후 대장의 사유란에 등록사항 정정 대상토지라고 기록하고, 토지소유자에게 등록사항 정정 신청을 할 수 있도록 그 사유를 통지하여야 한다.
③ 대위신청권자의 신청에 의하여 지적소관청이 지적정리를 한 경우에도 해당 소유자에게 통지하여야 한다.
④ 도시개발사업과 관련하여 해당 사업의 시행자가 지적소관청에 토지의 이동을 신청하는 경우에 지적소관청이 지적공부를 정리하면 해당 토지소유자에게 통지하여야 한다.
⑤ 지적소관청이 지적정리를 한 경우에는 그 토지소유자에게 통지하여야 한다. 다만, 통지받는 자의 주소를 알 수 없는 경우에는 해당 시·도의 공보 또는 인터넷 홈페이지에 공고하여야 한다.

44 토지의 이동 및 지적정리 등에 관한 설명으로 옳은 것을 모두 고른 것은?

> ㉠ 지적소관청은 지적공부를 정리하여야 할 토지의 이동이 있는 경우에는 토지이동정리 결의서를 작성하여야 한다.
> ㉡ 지적소관청은 토지소유자를 정리한 경우에 지체 없이 관할 등기관서에 그 등기를 촉탁하여야 한다.
> ㉢ 지적소관청은 등록전환으로 토지의 표시에 관한 변경등기가 필요한 경우에는 등기를 접수한 날부터 15일 이내에 토지소유자에게 지적정리를 통지하여야 한다.
> ㉣ 지적소관청은 지적공부를 복구하였으나 지적공부 정리 내용을 통지받을 자의 주소나 거소를 알 수 없는 경우에는 일간신문, 해당 시·군·구의 공보 또는 인터넷 홈페이지에 공고하여야 한다.

① ㉠, ㉡
② ㉠, ㉣
③ ㉡, ㉢
④ ㉡, ㉣
⑤ ㉢, ㉣

제5장 지적측량

Point 16 지적측량의 대상과 절차 ★★★★★

기본서 p.121~129

지적측량의 대상	① 지적공부의 복구 ② 신규등록 ③ 토지의 분할 ④ 축척변경 ⑤ 등록사항 정정 ⑥ 등록전환 ⑦ 해면성 말소 ⑧ 지적재조사사업에 따라 토지의 이동이 있는 경우 ⑨ 지적기준점을 정하는 경우(기초측량) ⑩ 지적측량성과를 검사하는 경우(검사측량) ⑪ 도시개발사업 등의 시행지역에서 토지의 이동이 있는 경우(지적확정측량) ⑫ 경계점을 지상에 복원하는 경우(경계복원측량) ⑬ 지상건축물 등의 현황을 지적도 및 임야도에 등록된 경계와 대비하여 표시하는 데에 필요한 경우(지적현황측량) 🔍 지적측량(×): 합병, 지목변경, 지번변경, 위치정정

지적측량의 절차	① 지적측량의 의뢰
	   ㉠ 소유자 등 이해관계인은 지적측량수행자에게 지적측량의뢰서를 제출
	   ㉡ 지적측량수행자는 지적측량수행계획서를 그 다음 날까지 지적소관청에 제출
	② 지적측량의 측량기간 및 검사기간
	   ㉠ 당사자의 신청에 의한 경우: 측량기간은 5일, 검사기간은 4일
	   ㉡ 지적측량기준점을 설치하는 경우(측량 또는 검사기간): 15점 이하인 경우에는 4일, 15점을 초과하면 4점마다 1일을 가산
	   ㉢ 당사자의 협의에 의한 경우: 측량기간은 전체기간의 4분의 3, 검사기간은 전체기간의 4분의 1

지적측량 성과의 검사	① 측량성과의 검사
	   ㉠ 지적측량수행자는 지적측량을 한 때에는 측량부·측량결과도·면적측정부 등 측량성과를 지적소관청에 제출하여 검사
	   ㉡ 지적삼각측량, 경위의로 실시한 지적확정측량(일정면적 이상인 경우)은 시·도지사가 검사측량
	② 측량성과검사를 요하지 않는 측량: 경계복원측량, 지적현황측량
	③ 측량성과의 검사방법 등
	   ㉠ 검사측량은 지적측량수행자가 한 방법과 가급적 다른 방법으로 함
	   ㉡ 지적소관청은 측량성과가 정확하면 지적측량성과도를 지적측량수행자에게 교부

Point 17 지적측량을 위한 필요한 조치 ★

타인의 토지 등에 출입	① 타인의 토지 등에 출입하려는 자는 관할 특별자치시장, 특별자치도지사, 시장·군수 또는 구청장의 허가를 받아야 한다. ② 출입하려는 날의 3일 전까지 해당 토지 등의 소유자 등에게 그 일시와 장소를 통지하여야 한다(행정청은 허가를 요하지 않음).
타인의 토지 등을 일시 사용, 장애물을 변경 또는 제거	① 타인의 토지 등을 일시 사용하거나 장애물을 변경 또는 제거하려는 자는 그 소유자 등의 동의를 받아야 한다. ② 소유자 등의 동의를 받을 수 없는 경우 행정청인 자는 관할 특별자치시장, 특별자치도지사, 시장·군수 또는 구청장에게 그 사실을 통지하여야 한다(행정청이 아닌 자는 미리 허가를 요함).

Point 18 지적측량수행자의 의무 ★

기본서 p.129~131

성실의무	① 지적측량수행자는 신의와 성실로써 공정하게 지적측량을 하여야 하며, 정당한 사유 없이 지적측량신청을 거부하여서는 아니 된다. ② 지적측량수행자는 본인, 배우자 또는 직계 존·비속이 소유한 토지에 대한 지적측량을 하여서는 아니 된다. ③ 지적측량수행자는 지적측량수수료 외에는 업무와 관련된 대가를 받으면 아니 된다.
손해배상 책임	① 의의: 지적측량수행자가 고의, 과실로 지적측량을 부실하게 함으로써 지적측량의 뢰인이나 제3자에게 재산상의 손해를 발생하게 한 때 ② 보증보험 가입금액: 지적측량업자는 보장기간이 10년 이상이고 보증금액이 1억원 이상, 한국국토정보공사는 보증금액이 20억원 이상인 보증보험에 가입 ③ 보증보험 가입시기: 지적측량업자는 지적측량업 등록증을 발급받은 날부터 10일 이내에 보증보험에 가입

Point 19 지적위원회 및 지적측량적부심사 절차 ★★★★★

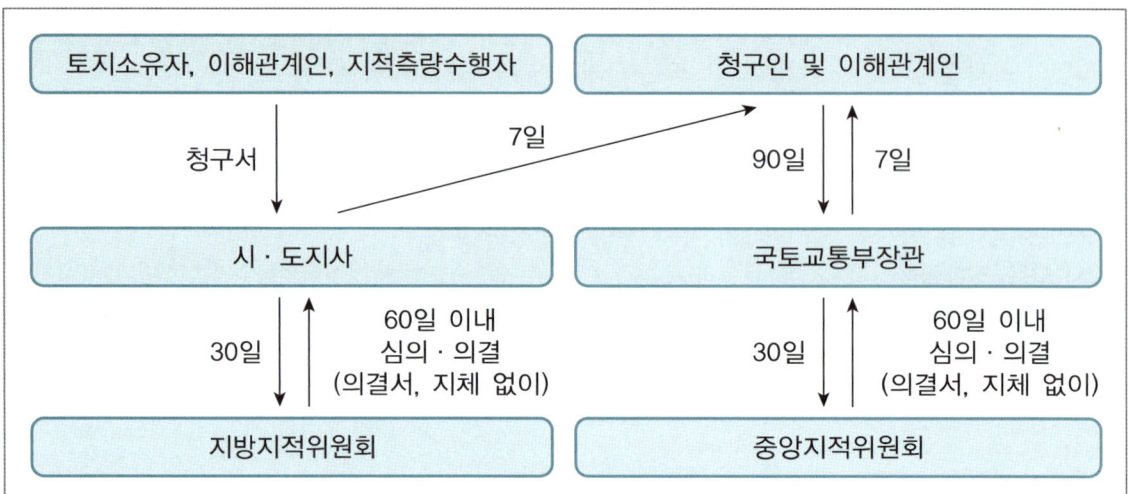

제5장 단원별 출제예상문제

☆중요 출제가능성이 높은 중요 문제 ↘고득점 고득점 목표를 위한 어려운 문제 ✎신유형 기존에 출제되지 않은 신유형 대비 문제

Point 16 지적측량의 대상과 절차 ★★★★★

정답 및 해설 p.23~25

💡 Tip
- 지적측량은 매년 2~3문항이 출제되는 부분으로 지적측량의 대상을 정확하게 이해하여야 한다.
- 지적측량의 절차에서는 전반적인 흐름을 이해하여야 하고 측량기간과 검사기간에 대한 암기가 필요하다.
- 지적위원회와 지적측량적부심사절차에 대한 정확한 이해가 필요하다.

01 지적측량을 하여야 하는 경우를 모두 고른 것은?

> ㉠ 공유수면매립 등으로 토지를 신규등록하는 경우
> ㉡ 위성기준점 및 공공기준점을 설치하는 경우
> ㉢ 「지적재조사에 관한 특별법」에 따른 지적재조사사업에 따라 토지의 이동이 있는 경우로서 측량을 할 필요가 있는 경우
> ㉣ 지상건축물 등의 현황을 지적도 및 임야도에 등록된 경계와 대비하여 표시하는 데에 필요한 경우
> ㉤ 연속지적도의 경계를 지상에 복원하기 위한 경우

① ㉠, ㉡, ㉢
② ㉠, ㉢, ㉣
③ ㉡, ㉢, ㉣
④ ㉡, ㉣, ㉤
⑤ ㉢, ㉣, ㉤

02 공간정보의 구축 및 관리 등에 관한 법령상 지적측량을 하여야 하는 경우가 아닌 것은?

① 지적측량성과를 검사하는 경우
② 경계점을 지상에 복원하는 경우
③ 건축물의 현황과 담장과의 관계를 대비하는 경우
④ 도시개발사업 시행지역에서 토지의 이동이 있는 경우로서 측량을 할 필요가 있는 경우
⑤ 바다가 된 토지의 등록을 말소하는 경우로서 지적측량을 할 필요가 있는 경우

03 공간정보의 구축 및 관리 등에 관한 법령상 지적측량을 실시하여야 하는 경우로 틀린 것은?

제33회

① 지적기준점을 정하는 경우
② 경계점을 지상에 복원하는 경우
③ 지상건축물 등의 현황을 지형도에 표시하는 경우
④ 바다가 된 토지의 등록을 말소하는 경우로서 측량을 할 필요가 있는 경우
⑤ 지적공부의 등록사항을 정정하는 경우로서 측량을 할 필요가 있는 경우

04 다음 지적측량기간에 관한 내용 중 (   )에 들어갈 내용으로 옳은 것은?

> 지적측량의 측량기간은 5일로 하며, 측량검사기간은 (㉠)로 한다. 다만, 지적기준점을 설치하여 측량 또는 측량검사를 하는 경우 지적기준점이 15점 이하인 경우에는 4일을, 15점을 초과하는 경우에는 (㉡)마다 1일을 가산한다. 이와 같은 기준에도 불구하고, 지적측량의뢰인과 지적측량수행자가 서로 합의하여 따로 기간을 정하는 경우에는 그 기간에 따르되, 전체 기간의 (㉢)은(는) 측량기간으로, 전체 기간의 (㉣)은(는) 측량검사기간으로 본다.

	㉠	㉡	㉢	㉣
①	4일	5점	4분의 3	4분의 1
②	4일	4점	5분의 4	5분의 1
③	4일	4점	4분의 3	4분의 1
④	5일	4점	5분의 4	5분의 1
⑤	5일	5점	5분의 3	5분의 2

05 공간정보의 구축 및 관리 등에 관한 법령상 다음의 예시에 따를 경우 지적측량의 측량기간과 측량검사기간으로 옳은 것은?
                                                                              제28회

> - 지적기준점의 설치가 필요 없는 경우
> - 지적측량의뢰인과 지적측량수행자가 서로 합의하여 측량기간과 측량검사기간을 합쳐 40일로 정함

	측량기간	측량검사기간
①	33일	7일
②	30일	10일
③	26일	14일
④	25일	15일
⑤	20일	20일

06 공간정보의 구축 및 관리 등에 관한 법령상 지적측량의 측량기간 및 검사기간에 대한 설명이다. (   )에 들어갈 내용으로 옳은 것은? (단, 지적측량 의뢰인과 지적측량수행자가 서로 합의하여 따로 기간을 정하는 경우는 제외함)
                                                                              제34회

> 지적측량의 측량기간은 (㉠)일로 하며, 측량검사기간은 (㉡)일로 한다. 다만, 지적기준점을 설치하여 측량 또는 측량검사를 하는 경우 지적기준점이 15점 이하인 경우에는 (㉢)일을, 15점을 초과하는 경우에는 (㉣)일에 15점을 초과하는 (㉤)점마다 1일을 가산한다.

① ㉠: 4, ㉡: 4, ㉢: 4, ㉣: 4, ㉤: 3
② ㉠: 5, ㉡: 4, ㉢: 4, ㉣: 4, ㉤: 4
③ ㉠: 5, ㉡: 4, ㉢: 4, ㉣: 5, ㉤: 3
④ ㉠: 5, ㉡: 4, ㉢: 5, ㉣: 5, ㉤: 4
⑤ ㉠: 6, ㉡: 5, ㉢: 5, ㉣: 5, ㉤: 3

07 토지소유자인 甲이 자신 소유의 토지에 대하여 지적기준점 16점을 설치하여 경계복원측량을 지적측량수행자에게 의뢰하였다. 검사기간을 제외한 측량기간의 계산으로 옳은 것은?

① 5일
② 7일
③ 10일
④ 12일
⑤ 14일

08 공간정보의 구축 및 관리 등에 관한 법령상 지적측량 수행자가 지적측량 의뢰를 받은 때 그 다음 날까지 지적소관청에 제출하여야 하는 것으로 옳은 것은? 제34회

① 지적측량 수행계획서
② 지적측량 의뢰서
③ 토지이동현황 조사계획서
④ 토지이동 정리결의서
⑤ 지적측량 결과서

09 공간정보의 구축 및 관리 등에 관한 법령상 토지소유자 등 이해관계인이 지적측량수행자에게 지적측량을 의뢰하여야 하는 경우가 아닌 것을 모두 고른 것은? (단, 지적측량을 할 필요가 있는 경우임) 제32회

㉠ 지적측량성과를 검사하는 경우
㉡ 토지를 등록전환하는 경우
㉢ 축척을 변경하는 경우
㉣ 「지적재조사에 관한 특별법」에 따른 지적재조사사업에 따라 토지의 이동이 있는 경우

① ㉠, ㉡
② ㉠, ㉣
③ ㉢, ㉣
④ ㉠, ㉡, ㉢
⑤ ㉡, ㉢, ㉣

10 공간정보의 구축 및 관리 등에 관한 법령상 지적측량에 관한 설명으로 옳은 것은?

① 토지소유자 등 이해관계인은 지적측량을 하여야 할 필요가 있는 때에는 지적소관청에 해당 지적측량을 의뢰하여야 한다.
② 토지소유자 등은 필요한 경우에 검사측량을 지적측량수행자에게 지적측량을 의뢰할 수 있다.
③ 기초측량은 계획수립, 준비 및 현지답사, 관측 및 계산, 선점 및 조표와 성과표의 작성 순으로 실시한다.
④ 지적측량수행자는 지적측량 의뢰를 받은 때에는 측량기간, 측량일자 및 측량수수료 등을 기록한 지적측량 수행계획서를 그 다음 날까지 지적소관청에 제출하여야 한다.
⑤ 지적측량수행자가 경계복원측량을 실시한 때에는 시·도지사 또는 지적소관청에게 측량성과에 대한 검사를 받아야 한다.

11 지적측량수행자가 실시한 지적측량성과에 대하여 시·도지사, 대도시 시장 또는 지적소관청으로부터 측량성과 검사를 받지 않아도 되는 측량은?

① 신규등록측량
② 경계복원측량
③ 분할측량
④ 등록전환측량
⑤ 지적확정측량

12 지적측량성과에 대해서는 지적소관청이 검사하나 시·도지사 또는 대도시 시장이 검사하는 측량성과로 맞게 연결된 것은?

① 지적위성측량성과 및 지적삼각측량성과
② 경계복원측량성과 및 지적현황측량성과
③ 지적삼각측량성과 및 경위의측량방법으로 실시한 지적확정측량성과(일정면적 이상인 경우)
④ 지적삼각보조측량성과 및 지적도근측량성과
⑤ 지적도근측량성과 및 등록전환측량성과

🌟중요
13 지적측량에 관한 설명으로 옳은 것을 모두 고른 것은?

> ㉠ 지적측량수행자가 지적측량 의뢰를 받은 때에는 지적측량 수행계획서를 그 다음 날까지 지적소관청에 제출하여야 한다.
> ㉡ 검사측량, 지적재조사측량은 지적측량수행자에게 측량을 의뢰할 수 있다.
> ㉢ 지적삼각측량성과 및 경위의측량방법으로 실시한 지적확정측량성과의 경우(일정면적 이상인 경우)에도 측량성과에 관한 자료를 시·도지사 또는 대도시 시장에게 제출하여 검사를 받아야 한다.
> ㉣ 지적측량을 위하여 지적측량기준점 21점을 설치하고자 할 경우 지적기준점 설치에 대한 측량 및 검사기간은 각각 6일이다.

① ㉠, ㉡, ㉢
② ㉠, ㉡, ㉣
③ ㉠, ㉢, ㉣
④ ㉡, ㉢, ㉣
⑤ ㉠, ㉡, ㉢, ㉣

🌟중요
14 지적측량성과의 결정 및 검사에 관한 다음 설명 중 틀린 것은?

① 지적소관청은 지적측량수행자가 제출한 지적측량 수행계획서에 따라 지적측량을 하려는 지역의 지적공부와 부동산종합공부에 관한 전산자료를 지적측량수행자에게 제공하여야 한다.
② 지적측량수행자는 측량성과에 관한 자료를 지적소관청에 제출하여 검사를 받아야 한다.
③ 지적삼각측량성과 및 경위의측량방법으로 실시한 지적현황측량성과의 경우(일정면적 이상인 경우)에도 측량성과에 관한 자료를 시·도지사, 대도시 시장에게 제출하여 검사를 받아야 한다.
④ 경계복원측량, 지적현황측량은 검사를 필요로 하지 않는다.
⑤ 지적소관청은 측량성과를 검사하여 측량성과가 정확하다고 인정되는 때에는 지적측량성과도를 지적측량수행자에게 교부하여야 한다.

15 지적측량성과의 검사방법에 대한 설명으로 틀린 것은?

① 지적소관청은 측량성과를 검사하여 측량성과가 정확하다고 인정되는 때에는 지적측량성과도를 지적측량수행자에게 발급하여야 한다.
② 지적측량수행자는 측량의뢰인에게 그 측량성과도를 지체 없이 송부하여야 한다.
③ 지적측량수행자가 지적측량의뢰인에게 측량성과도를 송부하고자 하는 때에는 지체 없이 등기우편으로 송달하거나 직접 교부한다.
④ 지적측량수행자는 검사기간이 경과된 후에는 지적소관청의 검사를 받지 아니한 지적측량성과도를 측량의뢰인에게 발급할 수 있다.
⑤ 토지소유자가 신청할 사항으로서 토지소유자의 신청이 없어 지적소관청이 직권으로 조사·측량하여 지적공부를 정리한 때에는 측량수수료는 지적소관청이 토지소유자로부터 징수한다. 다만, 지적소관청이 직권으로 바다로 된 토지의 등록말소를 한 경우에는 그러하지 아니하다.

16 공간정보의 구축 및 관리 등에 관한 법령상 지적측량의 의뢰, 지적기준점성과의 보관·열람 및 등본 발급 등에 관한 설명으로 옳은 것은? 제33회

① 지적삼각보조점성과 및 지적도근점성과를 열람하거나 등본을 발급받으려는 자는 지적측량수행자에게 신청하여야 한다.
② 지적측량을 의뢰하려는 자는 지적측량 의뢰서에 의뢰 사유를 증명하는 서류를 첨부하여 지적소관청에 제출하여야 한다.
③ 시·도지사나 지적소관청은 지적기준점성과와 그 측량기록을 보관하고 일반인이 열람할 수 있도록 하여야 한다.
④ 지적소관청이 지적측량 의뢰를 받은 때에는 측량기간, 측량일자 및 측량 수수료 등을 적은 지적측량 수행계획서를 그 다음 날까지 지적측량수행자에게 제출하여야 한다.
⑤ 지적측량 의뢰인과 지적측량수행자가 서로 합의하여 따로 기간을 정하는 경우에는 그 기간에 따르되, 전체 기간의 4분의 1은 측량기간으로, 전체 기간의 4분의 3은 측량검사기간으로 본다.

17 지적기준점성과와 그 측량기록의 보관 및 열람 등에 관한 설명으로 틀린 것은?

① 지적소관청이 지적삼각점을 설치하거나 변경한 때에는 그 측량성과를 시·도지사에게 통보하여야 한다.
② 지적소관청은 연 1회 이상 지적기준점표지의 이상 유무를 조사하여야 한다. 이 경우 멸실되거나 훼손된 지적기준점표지를 계속 보존할 필요가 없을 때에는 폐기할 수 있다.
③ 지적삼각점성과를 열람하거나 등본을 발급받으려는 자는 시·도지사 또는 지적소관청에 신청하여야 한다.
④ 지적삼각보조점성과를 열람하거나 등본을 발급받으려는 자는 지적소관청에게 신청하여야 한다.
⑤ 지적기준점성과의 등본이나 그 측량기록의 사본을 발급받으려는 자는 시·도지사에게 그 발급을 신청하여야 한다.

Point 17 지적측량을 위한 필요한 조치 *

정답 및 해설 p.25

> 💡 **Tip**
> 지적측량을 위한 필요한 조치는 제18회 시험까지는 출제가 되었으나 그 이후로는 출제가 되지 않고 있으므로 기본적인 사항만 확인하면 충분하다.

18 지적측량에 따른 출입 및 손실보상에 관한 기술 중 틀린 것은?

① 지적측량을 실시하려는 자는 그 측량 등에 필요한 경우에는 타인의 토지에 출입하거나 일시 사용할 수 있으며, 필요한 경우에는 장애물을 변경하거나 제거할 수 있다.
② 타인의 토지에 출입하려는 자는 시장·군수 또는 구청장의 허가를 받아야 하며, 출입하려는 날의 7일 전까지 해당 토지의 소유자 등에게 그 일시와 장소를 통지하여야 한다.
③ ②의 경우에 행정청인 자는 허가를 받지 아니하고 타인의 토지 등에 출입할 수 있다.
④ 타인의 토지를 일시 사용하거나 장애물을 변경 또는 제거하려는 자는 그 소유자 등의 동의를 받아야 한다.
⑤ 토지·건물 등의 점유자는 정당한 사유 없이 토지 등에의 출입, 물건의 변경, 제거 등에 따른 행위를 방해하거나 거부하지 못한다.

19 지적측량에 관한 출입 및 손실보상에 대한 다음 설명 중 **틀린** 것은?

① 타인의 토지에 출입 등에 따른 행위로 인해 손실을 받은 자가 있는 때에는 그 행위를 한 자는 그 손실을 보상해야 한다.
② 손실보상은 토지·건물·죽목, 그 밖의 공작물 등의 임대료·거래가격·수익성 등을 고려한 적정가격으로 하여야 한다.
③ 손실을 보상하여야 할 자는 손실을 입은 자와 협의하여 보상액을 결정한다.
④ 손실을 보상하여야 할 자 또는 손실을 입은 자는 손실보상에 관하여 협의가 성립되지 아니하거나 협의를 할 수 없는 때에는 국토교통부장관에 재결(裁決)을 신청할 수 있다.
⑤ 재결에 대하여 불복이 있는 자는 재결서 정본의 송달을 받은 날부터 30일 이내에 중앙토지수용위원회에 이의를 신청할 수 있다. 이 경우 그 이의신청은 해당 지방토지수용위원회를 거쳐야 한다.

Point 18 지적측량수행자의 의무 ★

정답 및 해설 p.25~26

> **Tip**
> 지적측량수행자에 관한 사항은 제17회까지는 출제되었다. 그 후에 한국국토정보공사에 관한 규정이 타 법률로 이전되었으나, 지적측량업자에 관한 법률은 남아 있으므로 업무범위와 지적측량업자의 의무에 관한 사항은 간단하게 확인할 필요가 있다.

20 지적측량업자의 업무범위에 해당하지 <u>않는</u> 것은?

① 지적재조사사업에 따라 실시하는 지적확정측량(경계점좌표등록부에 토지의 표시를 새로 등록하기 위한 측량)
② 경계점좌표등록부가 비치된 지역에서의 경계복원측량
③ 도시개발사업 등이 끝남에 따라 실시하는 지적확정측량
④ 도해지적지역에서의 경계복원측량
⑤ 지적전산자료를 활용한 정보화사업

21 지적측량수행자의 의무 등에 관한 설명 중 틀린 것은?

① 지적측량수행자는 신의와 성실로써 공정하게 지적측량을 하여야 한다.
② 지적측량수행자는 본인·배우자 또는 직계존·비속의 소유토지에 대하여는 지적측량을 하여서는 아니 된다.
③ 지적측량수행자는 지적측량수수료 외에는 어떠한 명목으로도 그 업무와 관련된 대가를 받아서는 아니 된다.
④ 지적측량수행자는 정당한 사유 없이 지적측량신청을 거부하여서는 아니 된다.
⑤ 지적측량수행자가 타인의 의뢰에 의하여 지적측량을 함에 있어서 고의 또는 과실로 지적측량을 부실하게 함으로써 지적측량의뢰인이나 제3자에게 재산상 및 정신상의 손해를 발생하게 한 때에는 지적측량수행자는 그 손해를 배상할 책임이 있다.

Point 19 지적위원회 및 지적측량적부심사 절차 ★★★★★

정답 및 해설 p.26

> **Tip**
> - 최근 지적위원회의 기능에 대하여 자주 출제가 되었다.
> - 지적측량 적부심사에 따른 날짜를 정확하게 암기하여야 한다.

22 공간정보의 구축 및 관리 등에 관한 법령상 중앙지적위원회의 심의·의결사항으로 틀린 것은?

제31회

① 측량기술자 중 지적기술자의 양성에 관한 사항
② 지적측량기술의 연구·개발 및 보급에 관한 사항
③ 지적재조사 기본계획의 수립 및 변경에 관한 사항
④ 지적 관련 정책 개발 및 업무 개선 등에 관한 사항
⑤ 지적기술자의 업무정지 처분 및 징계요구에 관한 사항

23 공간정보의 구축 및 관리 등에 관한 법령상 중앙지적위원회의 구성 및 회의 등에 관한 설명으로 틀린 것은?

① 중앙지적위원회는 위원장 1명과 부위원장 1명을 포함하여 5명 이상 10명 이하의 위원으로 구성한다.
② 위원장은 국토교통부의 지적업무 담당 국장이, 부위원장은 국토교통부의 지적업무 담당 과장이 된다.
③ 중앙지적위원회는 지적측량에 관한 적부의 재심사 사항 등을 심의·의결한다.
④ 중앙지적위원회의 위원장 및 부위원장을 제외한 위원의 임기는 2년으로 한다.
⑤ 위원장이 중앙지적위원회의 회의를 소집할 때에는 회의 일시·장소 및 심의 안건을 회의 7일 전까지 각 위원에게 서면으로 통지하여야 한다.

24 공간정보의 구축 및 관리 등에 관한 법령상 중앙지적위원회의 구성 및 회의 등에 관한 설명으로 옳은 것을 모두 고른 것은?　　　　　　　　　　　　　　　　　　　　　제34회

> ㉠ 중앙지적위원회의 간사는 국토교통부의 지적업무 담당 공무원 중에서 지적업무 담당 국장이 임명하며, 회의 준비, 회의록 작성 및 회의 결과에 따른 업무 등 중앙지적위원회의 서무를 담당한다.
> ㉡ 중앙지적위원회의 회의는 재적위원 과반수의 출석으로 개의(開議)하고, 출석위원 과반수의 찬성으로 의결한다.
> ㉢ 중앙지적위원회는 관계인을 출석하게 하여 의견을 들을 수 있으며, 필요하면 현지조사를 할 수 있다.
> ㉣ 위원장이 중앙지적위원회의 회의를 소집할 때에는 회의 일시·장소 및 심의 안건을 회의 7일 전까지 각 위원에게 서면으로 통지하여야 한다.

① ㉠, ㉡　　　　　　　　　　　　　　　② ㉡, ㉢
③ ㉠, ㉡, ㉢　　　　　　　　　　　　　④ ㉠, ㉢, ㉣
⑤ ㉡, ㉢, ㉣

중요

25 지적측량의 적부심사 등에 관한 설명 중 (   ) 안에 들어갈 내용을 옳게 연결한 것은?

- 지적측량 적부심사청구를 받은 시 · 도지사는 (㉠) 이내에 지방지적위원회에 회부하여야 한다.
- 지적측량 적부심사청구를 회부받은 지방지적위원회는 그 심사청구를 회부받은 날부터 (㉡) 이내에 심의 · 의결하여야 한다.
- 의결서를 받은 자가 지방지적위원회의 의결에 불복하는 경우에는 그 의결서를 받은 날부터 (㉢) 이내에 국토교통부장관을 거쳐 중앙지적위원회에 재심사를 청구할 수 있다.

	㉠	㉡	㉢
①	30일	60일	90일
②	30일	30일	90일
③	60일	30일	90일
④	60일	30일	60일
⑤	30일	60일	60일

26 공간정보의 구축 및 관리 등에 관한 법령상 지적측량의 적부심사 등에 관한 설명으로 틀린 것은?

① 토지소유자, 이해관계인 또는 지적측량수행자는 지적측량성과에 대하여 다툼이 있는 경우에는 관할 시 · 도지사를 거쳐 지방지적위원회에 지적측량 적부심사를 청구할 수 있다.
② 지적측량 적부심사청구를 회부받은 지방지적위원회는 그 심사청구를 회부받은 날부터 60일 이내에 심의 · 의결하여야 한다.
③ 지방지적위원회는 지적측량 적부심사를 의결하였으면 의결서를 작성하여 시 · 도지사에게 30일 이내에 송부하여야 한다.
④ 지적측량 적부심사청구를 받은 시 · 도지사는 30일 이내에 지적측량적부심사 청구서를 지방지적위원회에 회부하여야 한다.
⑤ 시 · 도지사는 의결서를 받은 날부터 7일 이내에 지적측량 적부심사 청구인 및 이해관계인에게 그 의결서를 통지하여야 한다.

27 공간정보의 구축 및 관리 등에 관한 법령상 지적측량의 적부심사 등에 관한 설명으로 옳은 것은?

제32회

① 지적측량 적부심사청구를 받은 지적소관청은 30일 이내에 다툼이 되는 지적측량의 경위 및 그 성과, 해당 토지에 대한 토지이동 및 소유권 변동 연혁, 해당 토지 주변의 측량기준점, 경계, 주요 구조물 등 현황 실측도를 조사하여 지방지적위원회에 회부하여야 한다.
② 지적측량 적부심사청구를 회부받은 지방지적위원회는 부득이한 경우가 아닌 경우 그 심사청구를 회부받은 날부터 90일 이내에 심의·의결하여야 한다.
③ 지방지적위원회는 부득이한 경우에 심의기간을 해당 지적위원회의 의결을 거쳐 60일 이내에서 한 번만 연장할 수 있다.
④ 시·도지사는 지방지적위원회의 지적측량 적부심사 의결서를 받은 날부터 7일 이내에 지적측량 적부심사 청구인 및 이해관계인에게 그 의결서를 통지하여야 한다.
⑤ 의결서를 받은 자가 지방지적위원회의 의결에 불복하는 경우에는 그 의결서를 받은 날부터 90일 이내에 시·도지사를 거쳐 중앙지적위원회에 재심사를 청구할 수 있다.

28 공간정보의 구축 및 관리 등에 관한 법령상 지적측량 적부재심사에 관한 사항으로 <u>틀린</u> 것은?

① 지적측량 적부심사 의결서를 받은 자가 지방지적위원회의 의결에 불복하는 경우에는 그 의결서를 받은 날부터 90일 이내에 국토교통부장관을 거쳐 중앙지적위원회에 재심사를 청구할 수 있다.
② 국토교통부장관은 의결서를 받은 날부터 7일 이내에 지적측량 적부심사 청구인 및 이해관계인에게 그 의결서를 통지하여야 한다.
③ 중앙지적위원회로부터 의결서를 받은 국토교통부장관은 그 의결서를 관할 시·도지사에게 송부하여야 한다.
④ 시·도지사는 중앙지적위원회의 의결서를 받은 경우에는 그 의결서 사본에 지방지적위원회의 의결서 사본을 첨부하여 청구인 및 이해관계인에게 보내야 한다.
⑤ 중앙지적위원회의 의결서 사본을 송부받은 지적소관청은 그 내용에 따라 직권으로 지적공부 등록사항을 정정하거나 측량성과를 수정하여야 한다.

7개년 출제비중분석

제2편 출제비중 50%

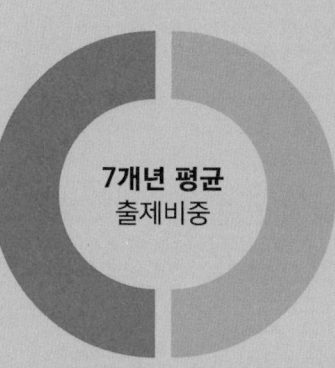

7개년 평균 출제비중

장별 출제비중

장 제목	평균	제35회	제34회	제33회	제32회	제31회	제30회	제29회
제1장 총칙	0.9	0	2	1	1	0	1	1
제2장 등기기관과 설비	0.1	0	0	1	0	0	0	0
제3장 등기절차 총론	3.9	4	5	3	4	4	4	3
제4장 표시에 관한 등기	0.1	0	0	0	0	0	0	1
제5장 권리에 관한 등기	7	8	5	7	7	8	7	7

*평균: 최근 7개년 동안 출제된 각 장별 평균 문제 수입니다.

제2편
부동산등기법

제1장 총칙
제2장 등기기관과 설비
제3장 등기절차 총론
제4장 표시에 관한 등기
제5장 권리에 관한 등기

제1장 총칙

Point 20 등기의 의의 ★★

기본서 p.141

용어정의	① 등기부란 전산정보처리조직에 의하여 입력·처리된 등기정보자료를 대법원규칙으로 정하는 바에 따라 편성한 것을 말한다. ② 등기기록이란 1필의 토지 또는 1개의 건물에 관한 등기정보자료를 말한다. ③ 등기부부본자료란 등기부와 동일한 내용으로 보조기억장치에 기록된 자료를 말한다. ④ 등기필정보란 등기부에 새로운 권리자가 기록되는 경우에 그 권리자를 확인하기 위하여 등기관이 작성한 정보를 말한다.
등기의 접수시기	등기신청은 등기신청정보가 전산정보처리조직에 저장된 때 접수된 것으로 본다.
등기의 효력발생시기	등기관이 등기를 마친 경우 그 등기는 접수한 때부터 효력을 발생한다.

Point 21 등기의 종류 ★★★★

기본서 p.145~151

분류	내용
대상	① 표시에 관한 등기 ② 권리에 관한 등기
내용	① 기입등기: 새로운 등기원인에 의하여 기입하는 등기(보존, 이전, 설정) ② 변경등기: 등기완료 후 등기의 일부가 후발적으로 실체관계와 불일치 ③ 경정등기: 등기완료 후 등기의 일부가 원시적으로 실체관계와 불일치 ④ 말소등기: 등기에 대응하는 실체관계가 부존재하여 등기의 전부가 부적법하게 된 경우(계약의 무효, 취소, 해제 등) ⑤ 멸실등기: 부동산의 전부가 멸실된 경우(일부 멸실은 변경등기) ⑥ 말소회복등기: 등기의 전부 또는 일부가 부적법하게 말소된 경우
효력	① 종국등기(본등기): 물권변동의 효력을 발생하게 하는 등기 ② 예비등기: 물권변동에는 관련이 없고 예비적으로 하는 등기 　㉠ 가등기 　㉡ 처분제한등기

형식	① 주등기(독립등기) ② 부기등기: 주등기의 순위번호에 가지번호를 붙여서 행하여지는 등기 　㉠ 소유권 이외의 권리의 이전등기(처분제한등기) 　㉡ 소유권 이외의 권리를 목적으로 하는 등기, 권리질권등기 　㉢ 등기명의인의 표시변경·경정등기 　㉣ 권리변경·경정등기(이해관계인이 없거나 이해관계인의 승낙서 등을 첨부하면 부기등기, 승낙서의 첨부가 없으면 주등기) 　㉤ 일부말소회복등기(전부말소회복등기는 주등기) 　㉥ 환매권설정등기(환매권이전등기는 부기등기의 부기등기) 　㉦ 공유물불분할약정, 권리소멸의 약정등기

Point 22 등기의 대상 ★★★★

기본서 p.151~158

일물일권주의 원칙과 예외

구분	용익권의 설정	처분행위(소유권 이전, 저당권 설정, 가등기, 처분제한등기)
부동산의 일부	○	×
권리의 일부(지분)	×	○

등기할 수 있는 물건	등기할 수 없는 물건
① 「하천법」상의 하천 ② 「도로법」상의 도로, 방조제 ③ 유류저장탱크, 사일로, 비각 ④ 농업용 고정식 (유리)온실 ⑤ 집합건물의 전유부분 ⑥ 규약상 공용부분 ⑦ 조적조·컨테이너구조 슬레이트지붕 주택 ⑧ 경량철골조 경량패널지붕 건축물 ⑨ 개방형 축사	① 터널, 교량, 토굴 ② 방조제의 부대시설물(배수갑문, 양수기) ③ 농지개량시설의 공작물(방수문, 잠관) ④ 가설건축물(가건물) ⑤ 견본주택(모델하우스) ⑥ 구조상 공용부분 ⑦ 지붕이 없는 공작물(양어장, 옥외 풀장) ⑧ 경량철골조 또는 조립식 패널구조의 건축물

〈「하천법」상의 하천〉
① 「하천법」상의 하천으로서, 등기부상의 지목이 하천 또는 제방으로 등기된 토지
② 「하천법」상의 하천은 소유권, 저당권, 권리질권은 등기할 수 있다(용익권등기 ×).

Point 23 등기의 효력(종국등기의 효력) ★★★

기본서 p.159~163

권리변동적 효력	법률행위로 인한 부동산물권변동은 등기하여야 효력이 발생한다.
대항적 효력	환매권, 부동산임차권, 임의적 기재사항 등은 등기를 하여야 제3자에게 효력을 주장할 수 있다.

추정적 효력	① 의의: 학설·판례상 인정(법률에 명문조항이 없음)
	② 추정력의 범위
	    ㉠ 등기목적·등기원인 및 등기절차: 적법추정
	    ㉡ 저당권설정등기는 피담보채권에도 추정력이 미침
	    ㉢ 제3자 및 전 소유자에게도 적법한 등기원인에 의하여 취득한 것으로 추정
	③ 추정력의 정도와 입증책임
	    ㉠ 소유권이전등기는 강한·법률상 추정력 ⇨ 무효를 주장하는 자
	    ㉡ 소유권보존등기는 약한·사실상 추정력 ⇨ 등기명의인
	    ㉢ 특별법상 등기는 강한·법률상 추정력 ⇨ 무효를 주장하는 자
	④ 추정력의 부정: 가등기, 부동산표시등기, 사자명의 등기, 허무인명의의 등기
	⑤ 등기된 부동산에 대하여 점유의 추정력이 배제된다(다수설, 판례).

순위확정적 효력	① 등기한 권리의 순위는 등기의 전후 또는 선후에 의한다. (동구의 등기 ⇨ 순위번호, 별구의 등기 ⇨ 접수번호) ② 부기등기 순위는 주등기의 순위, 부기등기 상호간은 부기등기의 전후 ③ 가등기에 기한 본등기를 하면 본등기순위는 가등기순위 ④ 말소회복등기는 종전의 등기와 동일한 순위와 효력을 회복 ⑤ 대지권등기와 대지권의 목적인 토지의 등기기록에 한 등기의 순서는 접수번호
형식적 확정력 (후등기 저지력)	등기가 존재하는 이상은 그 유·무효를 막론하고 법정의 요건과 절차에 따라 기존의 등기를 말소하지 않고는 그것과 양립할 수 없는 등기의 기재를 막는 효력을 말한다.
점유적 효력	등기부취득시효의 등기는 점유시효취득에 있어서 점유와 같은 효력을 지닌다.

Point 24 　등기의 유효요건 ★★★★

기본서 p.164~170

구분	내용
형식적 유효요건	① 「부동산등기법」 제29조 위반이 아닐 것 ② 등기가 존재할 것 ③ 등기가 부적법 말소된 경우: 권리는 존속(말소회복등기의 대상) ④ 이중등기(판례) 　㉠ 표제부의 이중등기: 실체법설 　㉡ 사항란의 이중등기: 절차법설
실질적 유효요건	① 유효한 물권행위 존재 ② 물권행위와 등기가 일치할 것 　㉠ 질적 불일치(등기주체, 등기목적, 등기목적물): 무효 　㉡ 양적 불일치: 적은 부분 한도로 유효 　　• 법률행위 < 등기 　　• 법률행위 > 등기 　㉢ 시간적 불일치: 등기 후에 대응하는 물권행위 있으면 유효 ③ 원칙의 완화 　㉠ 중간생략등기: 인정 　㉡ 실제와 다른 등기원인에 의한 등기(증여 ⇨ 매매): 유효 　㉢ 무효등기의 유용 　　• 표제부등기의 유용은 불인정 　　• 권리등기의 경우는 이해관계인이 없는 한 유효성을 인정

제1장 단원별 출제예상문제

 중요 출제가능성이 높은 중요 문제 　고득점 고득점 목표를 위한 어려운 문제 　신유형 기존에 출제되지 않은 신유형 대비 문제

Point 20 등기의 의의 ★★

정답 및 해설 p.26~27

> **Tip**
> 「부동산등기법」에 관련되는 원칙을 살펴보는 것이 중요하다. 주로 등기의 접수시기와 등기의 효력발생시기가 출제된다.

01 등기에 관한 설명으로 옳은 것을 모두 고른 것은?

> ㉠ 등기신청은 등기신청정보가 전산정보처리조직에 저장된 때 접수된 것으로 본다.
> ㉡ 등기관이 등기를 마친 경우 그 등기는 그때부터 효력을 발생한다.
> ㉢ "등기관이 등기를 마친 경우"란 등기사무를 처리한 등기관이 누구인지 알 수 있는 조치를 하였을 때를 말한다.
> ㉣ 등기사무를 처리한 등기관이 누구인지 알 수 있도록 하는 조치는 각 등기관이 미리 부여받은 식별부호를 기록하는 방법으로 한다.

① ㉠, ㉡, ㉢
② ㉠, ㉡, ㉣
③ ㉠, ㉢, ㉣
④ ㉡, ㉢, ㉣
⑤ ㉠, ㉡, ㉢, ㉣

02 「부동산등기법」상 용어의 정의에 관한 설명 중 (   ) 안에 들어갈 내용으로 옳은 것은?

- (㉠)(이)란 전산정보처리조직에 의하여 입력·처리된 등기정보자료를 대법원규칙으로 정하는 바에 따라 편성한 것을 말한다.
- (㉡)(이)란 1필의 토지 또는 1개의 건물에 관한 등기정보자료를 말한다.
- (㉢)란 등기부와 동일한 내용으로 보조기억장치에 기록된 자료를 말한다.

	㉠	㉡	㉢
①	등기기록	등기부	등기필정보
②	등기기록	등기부	등기부부본자료
③	등기부	등기기록	등기부부본자료
④	등기부	등기기록	등기필정보
⑤	등기부	등기부	등기부부본자료

03 부동산등기제도에 관한 다음 설명 중 틀린 것은? (다툼이 있는 경우 판례 및 예규·선례에 의함)

① 공동신청주의는 등기가 법률에 다른 규정이 없는 한 당사자의 신청 또는 관공서의 촉탁에 따라 하고, 등기권리자와 등기의무자가 공동으로 신청하는 것을 말한다.
② 형식적 심사주의는 등기관은 등기신청에 대하여 그 등기신청이 실체법상 권리관계와 일치하는지 여부를 심사할 실질적 심사권한은 없다는 것이다.
③ 부동산에 관한 법률행위로 인한 물권의 득실변경은 등기하여야 그 효력이 생긴다.
④ 우리나라는 토지와 건물을 별개의 부동산으로 취급하므로 등기부도 토지등기부와 건물등기부로 이원화되어 있다.
⑤ 현행 「부동산등기법」에는 예고등기, 멸실회복등기에 관한 규정이 있다.

Point 21 등기의 종류 ★★★★

> **Tip**
> - 등기의 종류에서는 각종 등기의 용어정의를 정확하게 이해하여야 한다.
> - 최근에는 부기등기를 중심으로 한 문제가 출제되고 있다.

04 다음 등기의 종류에 관한 설명 중 틀린 것은?

① 등기는 그 내용에 따라 기입등기, 변경등기, 경정등기, 말소등기, 멸실등기, 말소회복등기로 분류한다.
② 등기는 그 효력에 따라 종국등기와 예비등기로 구분한다.
③ 등기는 그 형식에 따라 주등기(독립등기)와 부기등기로 구분되며, 부기등기의 경우에는 법률에 규정이 있는 것에만 할 수 있다.
④ 등기가 완료된 후 그 내용에 착오 또는 빠뜨림이 있어 원시적으로 등기의 일부와 실체관계 사이에 불일치가 생긴 경우에 이를 시정하기 위한 등기는 변경등기이다.
⑤ 부동산이 전부가 멸실된 경우에는 멸실등기를 하고 일부가 멸실한 경우에는 변경등기를 한다.

05 「부동산등기법」상 등기의 종류에 관한 설명으로 틀린 것은?

① 현행 「부동산등기법」상 표시의 등기를 독립된 등기로 인정한다.
② 등기가 완료된 후에 등기사항의 일부에 변경이 생겨서 후발적으로 등기와 실체관계의 사이에 불일치가 생긴 경우에 이를 일치시키기 위한 등기를 변경등기라 한다.
③ 말소등기란 기존의 등기사항의 전부가 원시적 또는 후발적 사유로 부적법하게 된 경우에 그 등기사항 전부를 소멸하는 등기이다.
④ 처분제한의 등기인 이전금지가처분등기가 경료된 경우에 해당 부동산을 제3자에게 처분할 수 없다.
⑤ 말소회복등기는 등기사항의 전부 또는 일부가 부적법하게 말소된 경우에 이를 말소 전의 등기로서의 효력을 회복하게 하는 등기이고, 말소회복등기가 되면 그 등기는 말소 전의 등기와 동일한 효력을 갖게 된다.

06 부기등기에 관한 설명으로 틀린 것을 모두 고른 것은?

> ㉠ 지상권설정등기는 부기등기로 실행한다.
> ㉡ 공유물을 분할하지 않기로 하는 약정의 등기는 부기등기로 실행한다.
> ㉢ 권리변경등기는 등기상 이해관계인의 승낙을 얻으면 부기등기로 실행할 수 있다.
> ㉣ 환매권의 이전등기는 부기등기의 부기등기로 실행한다.
> ㉤ 소유권처분제한의 등기는 부기등기로 실행한다.

① ㉠, ㉡
② ㉠, ㉤
③ ㉡, ㉢
④ ㉢, ㉣
⑤ ㉣, ㉤

07 부기로 하는 등기로 옳은 것은? 제33회

① 부동산멸실등기
② 공유물 분할금지의 약정등기
③ 소유권이전등기
④ 토지분필등기
⑤ 부동산의 표시변경등기 등 표제부의 등기

08 등기상 이해관계 있는 제3자가 있는 경우에 그 제3자의 승낙이 없으면 부기등기로 할 수 없는 것은? 제29회

① 환매특약등기
② 지상권의 이전등기
③ 등기명의인표시의 변경등기
④ 지상권 위에 설정한 저당권의 이전등기
⑤ 근저당권에서 채권최고액 증액의 변경등기

09 다음 중 항상 부기등기의 형식에 의하는 것을 모두 고른 것은?

> ㉠ 환매권등기
> ㉡ 권리질권등기
> ㉢ 등기명의인 표시변경등기
> ㉣ 말소회복등기
> ㉤ 권리변경등기
> ㉥ 저당권실행에 의한 경매개시결정등기

① ㉠, ㉡
② ㉠, ㉡, ㉢
③ ㉠, ㉡, ㉢, ㉣
④ ㉠, ㉡, ㉢, ㉣, ㉤
⑤ ㉠, ㉡, ㉢, ㉣, ㉤, ㉥

10 주등기(독립등기)와 부기등기에 관한 다음 설명 중 틀린 것은?

① 등기관이 부기등기를 할 때에는 주등기 또는 부기등기의 순위번호에 가지번호를 붙여서 하여야 한다.
② 「부동산등기법」에 따라 환매특약등기와 신탁등기는 부기등기로 실행한다.
③ 「부동산등기법」에 따른 권리소멸약정등기나 공유물불분할약정등기는 부기등기로 하여야 한다.
④ 부속건물을 신축한 경우의 변경등기는 주등기에 의하여 한다.
⑤ 전세권변경등기는 등기상 이해관계 있는 제3자의 승낙서 또는 이에 대항할 수 있는 재판의 등본을 첨부하지 못한 때에는 주등기 방법에 의한다.

Point 22 등기의 대상 ★★★★

> **Tip**
> - 등기의 대상에서는 등기할 물건으로 토지와 건물에 대한 이해가 필요하다.
> - 등기의 대상은 등기신청의 각하사유와 관련되므로 정확한 이해가 필요한 부분이다.

11 부동산의 일부나 권리의 일부에 대하여 등기할 수 있는 사항끼리 짝지은 것은?

① 토지의 일부에 대한 소유권이전, 토지의 일부에 대한 전세권설정등기
② 권리의 일부에 대한 소유권이전, 권리의 일부에 대한 저당권설정등기
③ 권리의 일부에 대한 가압류설정, 토지의 일부에 대한 소유권이전등기
④ 건물의 일부에 대한 가처분등기, 건물의 일부에 대한 임차권설정등기
⑤ 건물의 일부에 대한 가등기, 권리의 일부에 대한 전세권설정등기

12 등기의 대상에 관한 설명으로 틀린 것은?

① 1필지 토지의 특정된 일부분에 대한 소유권이전등기는 허용되지 아니한다.
② 1필지 토지의 특정된 일부분에 대하여 분할을 선행하지 않으면 지상권을 설정하지 못한다.
③ 건물의 공유지분에 대하여는 전세권등기를 할 수 없다.
④ 1동의 건물을 구분 또는 분할의 절차를 밟기 전에도 건물 일부에 대한 전세권설정등기가 가능하다.
⑤ 사권(私權)의 목적이 되는 부동산이면 공용제한을 받고 있다 하더라도 등기의 대상이 된다.

13 「부동산등기법」상 등기할 수 없는 것을 모두 고른 것은? 제34회

㉠ 분묘기지권	㉡ 전세권저당권
㉢ 주위토지통행권	㉣ 구분지상권

① ㉠, ㉢ ② ㉡, ㉣ ③ ㉠, ㉡, ㉢
④ ㉠, ㉢, ㉣ ⑤ ㉡, ㉢, ㉣

14 등기에 관한 설명으로 옳은 것을 모두 고른 것은?

㉠ 특례법에 따른 개방형 축사는 등기할 수 있다.
㉡ 「하천법」상의 하천으로 편입된 토지에 대해서는 소유권이전등기나 저당권설정등기를 할 수 없다.
㉢ 공작물대장에 등재된 해상관광용 호텔선박은 건물등기부에 등기할 수 있다.
㉣ 주위토지통행권의 확인판결을 받았더라도, 이 통행권은 등기할 수 없다.
㉤ 아파트 분양약관상의 일정기간 전매금지특약은 등기할 수 없다.

① ㉠, ㉢ ② ㉠, ㉣ ③ ㉡, ㉣
④ ㉠, ㉣, ㉤ ⑤ ㉡, ㉢, ㉤

15 다음 중 등기할 수 있는 것을 모두 고른 것은?

㉠ 농업용 고정식 유리온실
㉡ 호텔로 수선되고, 해안가 해저면에 있는 암반에 앵커로 고정된 폐유조선
㉢ 실외수영장, 주유소 캐노피
㉣ 구분건물의 규약상 공용부분
㉤ 임시로 지은 견본주택
㉥ 조적조 및 컨테이너구조 슬레이트지붕 주택

① ㉠, ㉡, ㉣ ② ㉠, ㉢, ㉥ ③ ㉠, ㉣, ㉥
④ ㉡, ㉣, ㉤ ⑤ ㉢, ㉣, ㉥

16 등기의 대상과 관련한 다음 설명 중 틀린 것은?

① 판례에 따르면, 계약을 해제한 경우 이전등기를 말소하지 않더라도 소유권은 매도인에게 당연히 복귀한다고 한다.
② 공유물의 분할을 제한하는 약정은 등기하여야 지분의 양수인에게 대항할 수 있다.
③ 판례에 따르면, 형성판결의 경우 판결의 확정으로 권리의 변동이 일어난다고 한다.
④ 등기는 부동산의 표시와 권리의 보존, 이전, 설정, 변경, 처분의 제한 또는 소멸에 대하여 할 수 있다.
⑤ 「공익사업을 위한 토지 등의 취득 및 보상에 관한 법률」에 의한 수용의 경우 등기하여야 물권변동의 효력이 생긴다.

Point 23 등기의 효력(종국등기의 효력) ★★★

정답 및 해설 p.28

> **Tip**
> 등기의 효력에서는 각종 효력에 관련되는 용어가 중요하며 추정력에 관련되는 판례까지 이해하여야 한다.

☆중요

17 등기의 효력에 관한 설명으로 옳은 것을 모두 고른 것은?

> ㉠ 등기된 권리는 제3자에게는 물론 거래의 상대방에게도 추정력을 주장할 수 있다.
> ㉡ 등기된 부동산에 대하여 점유의 추정력을 인정하는 것이 판례의 입장이다.
> ㉢ 대지권등기와 대지권의 목적인 토지등기기록의 해당구에 한 등기의 전후는 접수번호에 의한다.
> ㉣ 소유권에 대한 이전금지가처분등기가 경료되면 부동산의 소유자는 부동산을 제3자에게 처분할 수 없다.
> ㉤ 등기기록에 기록이 있으면 유·무효를 막론하고 기존의 등기를 말소하지 않고는 그것과 양립할 수 없는 등기의 기재를 막는 효력을 형식적 확정력이라 한다.

① ㉠, ㉡, ㉢
② ㉠, ㉡, ㉣
③ ㉠, ㉢, ㉤
④ ㉡, ㉢, ㉣
⑤ ㉢, ㉣, ㉤

☆중요

18 부동산등기의 효력에 관한 다음 설명 중 옳은 것은?

① 등기관이 등기를 마치면 그 등기는 그 등기가 완료된 시점에 효력이 발생한다.
② 구「부동산소유권 이전등기 등에 관한 특별조치법」에 의한 소유권이전등기는 추정력이 인정되지 않는다.
③ 어떠한 등기가 있으면 그에 대응하는 실체적 권리관계가 존재하는 것으로 추정되는 효력을 법이 명문으로 규정하고 있으므로 등기된 권리에 대하여 권리의 부존재나 무효를 주장하는 자는 스스로 그것을 입증하여야 한다.
④ 존속기간의 만료로 지상권이 소멸하여도 그 지상권설정등기를 말소하지 않는 한 제3자를 위한 지상권설정등기는 수리될 수 없는데, 이는 후등기 저지력 때문이다.
⑤ 소유권이전등기가 경료되어 있는 경우 그 등기명의자는 그 전(前) 소유자에 대해서는 적법한 원인에 의하여 소유권을 취득한 것으로 추정되지 아니한다.

19 등기한 권리의 순위에 관한 설명으로 <u>틀린</u> 것은? (다툼이 있으면 판례에 따름) 제34회

① 부동산에 대한 가압류등기와 저당권설정등기 상호간의 순위는 접수번호에 따른다.
② 2번 저당권이 설정된 후 1번 저당권 일부이전의 부기등기가 이루어진 경우, 배당에 있어서 그 부기등기가 2번 저당권에 우선한다.
③ 위조된 근저당권해지증서에 의해 1번 근저당권등기가 말소된 후 2번 근저당권이 설정된 경우, 말소된 1번 근저당권등기가 회복되더라도 2번 근저당권이 우선한다.
④ 가등기 후에 제3자 명의의 소유권이전등기가 이루어진 경우, 가등기에 기한 본등기가 이루어지면 본등기는 제3자 명의 등기에 우선한다.
⑤ 집합건물 착공 전의 나대지에 대하여 근저당권이 설정된 경우, 그 근저당권등기는 집합건물을 위한 대지권등기에 우선한다.

20 등기에 관한 설명으로 <u>틀린</u> 것은? (다툼이 있으면 판례에 의함)

① 등기의 추정력은 갑구 또는 을구의 등기에 인정되며, 표제부의 등기에는 인정되지 않는다.
② 소유권이전등기가 있는 이상, 일응 그 절차가 정당한 것이라는 추정을 받게 되고 그 절차원인의 부당은 이를 주장하는 당사자가 입증하여야 한다.
③ 가등기권리자는 중복된 소유권보존등기의 말소를 청구할 권리가 있다.
④ 상속인이 자기 명의로 소유권이전등기를 하지 않고 그 부동산을 양도하여 피상속인으로부터 직접 양수인 앞으로 소유권이전등기를 한 경우 그 등기는 유효이다.
⑤ 무효인 매매계약을 원인으로 이전등기가 된 경우, 그 등기의 말소등기를 하지 않고 매도인 명의로의 소유권이전등기를 할 수 있다.

21 등기의 효력에 관한 설명으로 <u>틀린</u> 것은? (다툼이 있으면 판례에 의함) 제32회

① 등기관이 등기를 마친 경우 그 등기는 접수한 때부터 효력이 발생한다.
② 소유권이전등기청구권 보전을 위한 가등기에 기한 본등기가 된 경우 소유권이전의 효력은 본등기시에 발생한다.
③ 사망자 명의의 신청으로 마쳐진 이전등기에 대해서는 그 등기의 무효를 주장하는 자가 현재의 실체관계와 부합하지 않음을 증명할 책임이 있다.
④ 소유권이전등기청구권 보전을 위한 가등기권리자는 그 본등기를 명하는 판결이 확정된 경우라도 가등기에 기한 본등기를 마치기 전 가등기만으로는 가등기된 부동산에 경료된 무효인 중복소유권보존등기의 말소를 청구할 수 없다.
⑤ 폐쇄된 등기기록에 기록되어 있는 등기사항에 관한 경정등기는 할 수 없다.

Point 24 등기의 유효요건 ★★★★

정답 및 해설 p.28~29

💡 Tip
- 등기의 유효요건에서는 「민법」과 관련되는 판례내용에 대한 정확한 이해가 필요하다.
- 중간생략등기, 모두생략등기, 다른 원인에 의한 등기, 무효등기의 유용 등에 관한 판례를 이해하여야 한다.

☆중요
22 등기의 효력에 관한 설명으로 옳은 것은? (다툼이 있으면 판례에 의함)

① 甲 소유 미등기부동산을 乙이 매수하여 乙 명의로 한 소유권보존등기는 무효이다.
② 부동산을 증여하였으나 등기원인을 매매로 기록한 소유권이전등기는 무효이다.
③ 건물멸실로 무효인 소유권보존등기라도 이해관계 있는 제3자가 있기 전 신축건물에 유용하기로 합의한 경우에는 유효하다.
④ 실체적 권리관계의 소멸로 인하여 무효가 된 담보가등기라도 이해관계 있는 제3자가 있기 전에 다른 채권담보를 위하여 유용하기로 합의하였다면 그 등기는 유효하다.
⑤ 토지거래허가구역 내의 토지에 관하여, 중간생략등기의 합의하에 최초매도인과 최종매수인을 당사자로 하는 토지거래허가를 받아 최초매도인으로부터 최종매수인 앞으로 한 소유권이전등기는 유효하다.

23 등기의 실체적 유효요건에 대한 설명으로 <u>틀린</u> 것은?

① 물권행위와 등기는 반드시 물권행위가 먼저 행하여지고 이어서 그에 대응하는 등기가 행하여져야 유효한 것은 아니다.
② 이중(중복)의 소유권보존등기의 경우 후에 이루어진 소유권보존등기는 무효이다. 따라서 무효인 후등기에 터 잡은 소유권이전등기를 하여도 소유권을 취득할 수 없다.
③ 甲이 자기 소유의 건물이 멸실되어 다시 신축하였는데, 甲이 기존 건물의 보존등기를 유용한 경우 그 등기는 무효이다.
④ 등기된 권리내용의 양이 물권행위상 그것보다 큰 경우에는 등기된 권리내용의 한도에서 효력이 생기는 것으로 본다.
⑤ 등기된 권리내용의 양이 물권행위상의 그것보다 적은 경우에는 원칙적으로 그 전부를 무효로 하나, 그럼에도 물권행위를 하였을 것이라고 인정되었을 경우에는 등기기록부분만 유효성을 인정한다.

24 「부동산등기법」상 중복등기에 관한 설명으로 **틀린** 것은? 제25회 수정

① 같은 건물에 관하여 중복등기기록을 발견한 등기관은 대법원규칙에 따라 그중 어느 하나의 등기기록을 폐쇄하여야 한다.
② 중복등기기록의 정리는 실체의 권리관계에 영향을 미치지 않는다.
③ 선·후 등기기록에 등기된 최종 소유권의 등기명의인이 같은 경우로서 후등기기록에 소유권 이외의 권리가 등기되고 선등기기록에 그러한 등기가 없으면, 선등기기록을 폐쇄한다.
④ 중복등기기록 중 어느 한 등기기록의 최종 소유권의 등기명의인은 그 명의의 등기기록의 폐쇄를 신청할 수 있다.
⑤ 토지의 동일성은 지번·지목·지적을 종합하여 판단하여야 하는데, 지번이 일치하더라도 지목과 지적이 전혀 상이한 경우에는 동일한 토지로 볼 수 없다.

▶ 고득점
25 「부동산등기규칙」에 따른 중복등기의 정리와 관련한 다음 설명 중 **틀린** 것은?

① 「부동산등기규칙」에 따른 중복등기의 정리는 토지에 관한 중복등기에만 적용된다.
② 중복등기의 정리는 1개의 등기기록만 존치시키고 나머지는 등기기록을 폐쇄하는 방법에 의한다.
③ 중복등기기록의 최종 소유권의 등기명의인이 동일한 경우에는 후등기기록을 폐쇄하나, 후등기기록에만 이해관계 있는 등기가 있는 경우에는 선등기기록을 폐쇄한다. 이 경우에는 지방법원장의 허가를 받을 필요가 없다.
④ 중복등기기록의 최종 소유권의 등기명의인이 서로 다른 경우로서 1등기기록만 원시취득의 등기가 있는 경우에는 나머지 등기기록을 폐쇄하나, 이 경우에는 지방법원장의 허가를 받아야 한다.
⑤ 중복등기기록 중 1등기기록의 최종 소유권의 등기명의인은 자기 명의의 등기기록을 폐쇄하여 중복등기를 정리하도록 신청할 수 없다.

제2장 등기기관과 설비

Point 25 등기소와 등기관 ★

기본서 p.173~177

등기소	① 관할등기소 ② 관할등기소의 지정 ③ 관할의 변경 ④ 등기사무의 위임: 대법원장 ⑤ 등기사무의 정지: 대법원장 ⑥ 관할의 특례

등기관	① 등기관의 지정권자: 지방법원장 또는 지원장
	② 등기관의 업무처리의 제한
	    ㉠ 제한사유: 자기, 배우자, 4촌 이내의 친족(배우자 등의 관계가 끝난 후에도 같다)
	    ㉡ 등기관이 등기를 하는 경우 성년자 2인 이상의 참여조서를 작성
	    ㉢ 제한사유에 위반한 등기가 실체관계에 부합하면 유효
	③ 등기관의 책임: 국가배상책임

Point 26 등기부 등 ★★★

기본서 p.177~184

구분	기록내용
토지등기기록 표제부	표시번호란, 접수란, 소재지번란, 지목란, 면적란, 등기원인 및 기타사항란
갑구·을구의 양식	순위번호란, 등기목적, 접수, 등기원인, 권리자 및 기타 사항란
갑구의 등기사항	① 소유권에 관한 사항: 소유권보존, 이전, 말소등기, 처분제한등기, 가등기, 환매등기, 신탁등기 등 ② 저당권의 실행에 의한 경매등기 ③ 피보전권리가 지상권설정청구권인 처분제한의 등기

구분건물의 등기기록	① 1동의 건물의 표제부
	    ㉠ 윗부분은 1동의 건물의 표시
	    ㉡ 아랫부분은 대지권의 목적인 토지의 표시(토지의 일련번호, 소재, 지번, 지목, 면적 등)
	② 각 구분건물의 표제부
	    ㉠ 윗부분은 전유부분의 건물의 표시(소재와 지번은 제외)
	    ㉡ 아랫부분은 대지권의 표시(토지의 일련번호, 대지권의 종류와 비율 등)
	③ 규약상 공용부분은 전유부분 표제부만을 둔다.

Point 27 인터넷에 의한 등기부의 열람 등 ★★

기본서 p.188~190

서비스의 종류	① 등기기록 열람 ② 등기사항증명서의 발급 ③ 등기신청사건 진행상태 확인 ④ 등기사건 접수 및 처리사실 전자우편 고지 ⑤ 등기기록 발급 확인 ⑥ 인감증명서 발급예약
신청의 특칙	① 인터넷에 의한 등기기록의 열람 및 등기사항증명서의 발급예약의 경우에는 신청서의 제출을 요하지 아니한다. ② 수수료의 결제가 끝난 경우에는 수수료를 결제한 당일에 전부에 대해서만 철회할 수 있다. 다만, 예약에 따라 등기소에서 인감증명서 작성이 완료된 후에는 당일에도 철회할 수 없다.
사건이 계류 중	① 신청사건이 계류 중인 등기기록을 열람하는 경우에 그 사실을 알려준다. ② 등기사항증명서는 발급하지 아니한다. 다만, 그 등기기록에 등기신청사건이 접수되어 처리 중에 있다는 뜻을 표시하여 발급할 수 있다.
열람의 종류	① 등기사항전부증명 형태의 열람: 등기기록에 기록되어 있는 모든 내용을 볼 수 있다(현재 유효사항 등기사항증명의 열람은 열람 당시 효력이 있는 등기사항 및 그와 관련된 사항만을 볼 수 있다). ② 등기사항일부증명 형태의 열람: 특정인 지분·현재소유현황·지분취득이력 등 등기사항증명의 특정부분의 내용만을 볼 수 있다.
등기사항증명서의 발급	① 등기사항전부증명(말소사항 포함), 등기사항전부증명(현재 유효사항) ② 등기사항일부증명(특정인지분), 등기사항일부증명(현재 소유현황), 등기사항일부증명(지분취득이력)

제2장 단원별 출제예상문제

☆중요 출제가능성이 높은 중요 문제   ↖고득점 고득점 목표를 위한 어려운 문제   신유형 기존에 출제되지 않은 신유형 대비 문제

Point 25 등기소와 등기관 ★

정답 및 해설 p.29

> 💡 **Tip**
> 등기소와 등기관에 관한 사항은 기본 용어 위주로 학습하여야 한다.

01 등기소의 관할에 관한 설명으로 틀린 것은?

① 등기사무는 등기할 권리의 목적인 부동산의 소재지를 관할하는 지방법원, 그 지원이나 등기소가 관할하는 것이 원칙이다.
② 부동산이 여러 개의 관할구역에 걸쳐 있을 경우에는 신청을 받아 상급법원의 장으로부터 관할의 지정을 받은 등기소만이 관할권을 갖는다.
③ 관할 등기소가 다른 여러 개의 부동산과 관련하여 등기목적과 등기원인이 동일하거나 그 밖에 대법원규칙으로 정하는 등기신청이 있는 경우에는 그 중 하나의 관할 등기소에서 해당 신청에 따른 등기사무를 담당할 수 있다.
④ 동일한 채권에 관하여 여러 개의 부동산에 관한 권리를 목적으로 하는 저당권설정(공동저당)등기의 신청은 그 중 하나의 관할 등기소에서 해당 신청에 따른 등기사무를 담당할 수 없다.
⑤ 여러 개의 부동산에 관한 전세권설정 또는 전전세 등기의 신청은 그 중 하나의 관할 등기소에서 해당 신청에 따른 등기사무를 담당할 수 있다.

02 다음의 설명 중 <u>틀린</u> 것은?

① 상속 또는 유증으로 인한 등기신청의 경우에는 부동산의 관할 등기소가 아닌 등기소도 그 신청에 따른 등기사무를 담당할 수 있다.
② 소유자가 다른 여러 부동산에 대한 공동저당등기의 신청은 그 중 하나의 관할 등기소에서 해당 신청에 따른 등기사무를 담당할 수 있다.
③ 지방법원장은 등기소에서 정상적인 등기사무의 처리가 어려운 경우에는 기간을 정하여 등기사무의 정지를 명령하거나 등기사무의 처리를 위하여 필요한 처분을 명령할 수 있다.
④ 대법원장은 어느 등기소의 관할에 속하는 사무를 다른 등기소에 위임하게 할 수 있다.
⑤ 등기사무 정지기간 중에 등기신청을 간과하고 완료된 등기는 실체관계에 일치하여도 무효이다.

03 등기관에 관한 다음 설명 중 <u>틀린</u> 것은?

① 등기관이란 등기사무를 현실적으로 처리하는 국가공무원을 말하며 법원서기관, 등기사무관, 등기주사, 등기주사보 중에서 지방법원장이나 지원장이 지정한다.
② 등기관은 자기, 배우자 또는 4촌 이내의 친족(이하 '배우자 등'이라 한다)이 등기신청인인 때에는 그 등기소에서 소유권등기를 한 성년자로서 등기관의 배우자 등이 아닌 자 2명 이상의 참여가 없으면 등기를 할 수 없다.
③ ②의 경우에 배우자 등의 관계가 끝난 후에는 적용하지 아니한다.
④ 등기관이 업무처리의 제한에 관한 규정에 위반하여 참여인 없이 또는 조서를 작성하지 않고 등기를 한 경우에도 실체관계에 부합하면 유효한 등기이다.
⑤ 등기관은 업무에 대하여 자기책임하에 처리하고 위법부당한 사건처리에 대하여 책임을 진다.

Point 26 등기부 등 ★★★

> **Tip**
> 등기부의 구성과 각 부분의 기록사항을 이해하여야 한다. 특히 구분건물등기부의 양식에서 각 부분의 명칭과 기록사항을 정확하게 이해하여야 한다.

04 등기기록의 기록사항에 대한 다음 설명 중 틀린 것은?

① 등기기록을 개설할 때에는 1필의 토지 또는 1개의 건물마다 부동산고유번호를 부여하고 이를 등기기록에 기록하여야 한다.
② 구분건물의 대지권의 표시는 갑구나 을구가 아니라 전유부분 건물의 표제부에 행하여지는 등기이다.
③ 표제부에 등기를 할 경우에는 신청서 접수의 연월일, 신청정보에 적힌 사항으로서 부동산의 표시에 관한 사항을 기록하여야 한다.
④ 토지등기기록 표제부는 순위번호란, 접수란, 소재·지번란, 지목란, 면적란, 등기원인 및 기타사항란으로 구성되어 있다.
⑤ 갑구에는 신청서접수의 연월일, 접수번호, 등기권리자에 관한 사항, 등기목적, 등기원인과 그 연월일, 기타 신청서에 적힌 사항으로서 등기할 권리에 관한 것을 기록한다.

05 다음 중 갑구 또는 을구에 기록할 등기사항이 아닌 것은?

⑴ 신청정보의 접수연월일과 접수번호
⑵ 구분건물에 대지권이 있는 경우 그 권리의 표시에 관한 사항
⑶ 토지등기기록에 등기하는 대지권 뜻의 등기
⑷ 건물의 종류, 구조에 관한 사항
⑸ 등기권리자가 법인 아닌 재단인 경우 그 대표자의 성명·주소·주민등록번호

① ㉠, ㉢ ② ㉠, ㉣
③ ㉡, ㉣ ④ ㉢, ㉤
⑤ ㉣, ㉤

고득점

06 등기기록의 구성과 기록에 관한 다음 설명 중 옳은 것은?

① 전세권의 실행인 임의경매개시결정등기는 을구에 기록한다.
② 피보전권리가 지상권설정등기청구권인 경우 소유권에 관한 처분금지가처분등기는 을구에 기록한다.
③ 표제부에 행하는 사실의 등기에는 부기등기 및 가등기는 허용되지 않는다.
④ 가처분의 등기는 갑구에만 기록한다.
⑤ 소유권이 대지권인 경우에 대지권 뜻의 등기는 을구에 기록한다.

중요

07 구분건물의 등기기록에 대한 설명으로 틀린 것은?

① 1동의 건물을 구분한 건물에 있어서는 1동의 건물에 속하는 전부에 대하여 1등기기록을 사용한다.
② 구분건물에 대하여는 1동의 건물에 대하여 부동산고유번호를 부여한다.
③ 구분한 건물의 등기사항증명서의 발급 및 열람에 관해서는 1동의 건물의 표제부와 해당 구분건물에 관한 기록을 1등기기록으로 본다.
④ 구분건물의 등기기록에 있어서 1동 건물의 표제부에는 1동 건물의 표시 및 대지권의 목적인 토지의 표시를 기록한다.
⑤ 전유부분은 표제부·갑구·을구를 두고 있지만, 규약상 공용부분은 표제부만을 둔다.

중요

08 구분건물등기기록의 양식에 관한 기록사항을 설명한 것 중에서 틀린 것은?

① 구분건물등기기록에는 1동의 건물에 대한 표제부를 두고 전유부분마다 표제부, 갑구, 을구를 둔다.
② 1동의 건물의 표제부에는 표시번호란, 접수란, 소재지번·건물명칭 및 번호란, 건물내역란, 등기원인 및 기타사항란을 둔다.
③ 전유부분의 표제부에는 표시번호란, 접수란, 건물번호란, 건물내역란, 등기원인 및 기타사항란을 둔다.
④ 1동의 건물의 표제부에는 대지권 뜻의 등기를 위한 표시번호란, 소재지번란, 지목란, 면적란, 등기원인 및 기타사항란을 둔다.
⑤ 전유부분의 표제부에는 대지권의 표시를 위한 표시번호란, 대지권종류란, 대지권비율란, 등기원인 및 기타사항란을 둔다.

09 폐쇄등기기록에 대한 다음 설명 중 틀린 것은?

① 1동에 속하는 구분건물 중 일부만에 관하여 보존등기를 말소하는 경우에는 그 구분건물의 표시에 관한 등기는 존치하여야 하므로 그 등기를 폐쇄하지 아니한다.
② 등기기록을 폐쇄사유에 따라서 새 등기기록에 옮겨 적을 경우에는 현재 효력 있는 사항만 옮겨 적는다.
③ 甲지의 일부를 乙지로 분필등기한 경우 甲지의 등기기록을 폐쇄한다.
④ 구분건물이 아닌 甲건물을 구분하여 이를 乙건물로 한 경우에는 甲건물의 등기기록을 폐쇄한다.
⑤ 甲지를 乙지로 합필한 경우에 甲지의 등기기록을 폐쇄한다.

10 전산이기된 등기부 등에 관한 설명으로 틀린 것은? 제33회

① 등기부는 영구(永久)히 보존해야 한다.
② 등기부는 법관이 발부한 영장에 의하여 압수하는 경우에는 대법원규칙으로 정하는 보관·관리 장소 밖으로 옮길 수 있다.
③ 등기관이 등기를 마쳤을 때는 등기부부본자료를 작성해야 한다.
④ 등기원인을 증명하는 정보에 대하여는 이해관계 있는 부분만 열람을 청구할 수 있다.
⑤ 등기관이 등기기록의 전환을 위해 등기기록에 등기된 사항을 새로운 등기기록에 옮겨 기록한 때에는 종전 등기기록을 폐쇄해야 한다.

🌱 신유형

11 등기부의 손상과 복구에 관한 설명 중 괄호 안에 들어갈 내용으로 옳은 것은?

- 등기부의 전부 또는 일부가 손상되거나 손상될 염려가 있을 때에는 (㉠)은 등기부의 복구·손상방지 등 필요한 처분을 명령할 수 있다.
- (㉠)은 등기부의 손상방지 또는 손상된 등기부의 복구 등의 처분명령에 관한 권한을 (㉡)에게 위임한다.
- 등기부의 전부 또는 일부가 손상된 경우에 전산운영책임관은 (㉢)에 의하여 그 등기부를 복구하여야 한다.

	㉠	㉡	㉢
①	대법원장	지방법원장	등기부부본자료
②	대법원장	법원행정처장	등기부부본자료
③	대법원장	법원행정처장	종전 등기기록
④	지방법원장	관할등기소장	종전 등기기록
⑤	지방법원장	관할등기소장	등기부부본자료

Point 27 인터넷에 의한 등기부의 열람 등 ★★

> **Tip**
> 등기부의 열람에 관련되는 사항 중에서 인터넷에 의한 등기부의 열람 등에 관한 사항을 정확하게 이해하여야 한다.

12 등기부와 등기기록에 관한 다음 설명 중 틀린 것은?

① 대리인이 신청서나 그 밖의 부속서류의 열람을 신청할 때에는 신청서에 그 권한을 증명하는 서면을 첨부하지 아니한다.
② 등기가 이루어진 경우 그 신청정보 및 첨부정보는 보조기억장치에 저장하여 보존하여야 한다. 보조기억장치에 저장한 정보의 보존기간은 5년으로 하고, 해당 연도의 다음 해부터 기산한다.
③ 신청서나 그 밖의 부속서류를 인터넷을 이용하여 열람하는 경우 또는 등기소에 방문하여 전자문서를 열람하는 경우에는 전자적 방법으로 그 내용을 보게 하거나 그 내용을 기록한 서면을 교부하는 방법으로 한다.
④ 등기부의 부속서류는 전쟁·천재지변이나 그 밖에 이에 준하는 사태를 피하기 위한 경우 외에는 등기소 밖으로 옮기지 못한다.
⑤ 등기부가 아닌 신청서나 그 밖의 부속서류는 법원의 명령 또는 촉탁이 있거나 법관이 발부한 영장에 의하여 압수하는 경우에 등기소 밖으로 옮길 수 있다.

13 등기기록의 공개에 관한 설명으로 틀린 것은?

① 신탁원부, 공동담보(전세)목록, 도면 또는 매매목록은 그 사항의 증명도 함께 신청하는 뜻의 표시가 있는 경우에만 이를 포함하여 열람한다.
② 신용카드의 결제 등으로 수수료를 결제한 경우에는 등기기록의 열람 및 등기사항증명서 발급 신청과 인감증명 발급예약은 수수료를 결제한 당일에 한하여 전부에 대해서만 그 결제를 취소할 수 있다.
③ 등기기록의 부속서류에 대하여는 이해관계 있는 부분만 열람을 청구할 수 있다.
④ 등기기록의 열람 및 등기사항증명서의 발급 청구는 관할 등기소가 아닌 등기소에 대하여도 할 수 있다.
⑤ 등기신청이 접수된 부동산에 관하여는 등기관이 그 등기를 마칠 때까지 등기사항증명서를 발급하지 못한다. 다만, 그 부동산에 등기신청사건이 접수되어 처리 중에 있다는 뜻을 등기사항증명서에 표시하여 발급할 수 있다.

14 다음 중 등기사항증명서의 공개에 관한 설명으로 **틀린** 것을 모두 고른 것은?

> ㉠ 등기기록의 부속서류에 대하여는 누구나 열람을 청구할 수 있다.
> ㉡ 대리인이 등기기록 또는 신청서나 그 밖의 부속서류의 열람을 신청할 때에는 신청서에 그 권한을 증명하는 서면을 첨부하여야 한다.
> ㉢ 등기사항증명서의 발급은 등기사항전부증명서(말소사항 포함), 등기사항전부증명서(현재 유효사항), 등기사항일부증명서(특정인 지분), 등기사항일부증명서(현재 소유현황), 등기사항일부증명서(지분취득 이력)의 형태로 제공한다.

① ㉠
② ㉡
③ ㉠, ㉡
④ ㉡, ㉢
⑤ ㉠, ㉡, ㉢

15 인터넷을 이용한 등기기록 등의 열람에 관한 설명으로 **틀린** 것은?

① 누구든지 자신의 등기신청사건에 대하여 그 진행상태를 인터넷을 통하여 확인할 수 있다.
② 신청사건이 계류 중인 등기기록을 열람하고자 하는 경우에는 그 사실을 알려 주고 등기사항증명서도 발급하여 준다.
③ 누구든지 타인으로부터 발급받은 등기사항증명서의 진위 여부를 인터넷을 통하여 확인할 수 있다.
④ 인터넷에 의한 등기기록의 열람 및 등기사항증명서의 발급은 신청서의 제출을 필요로 하지 않는다.
⑤ 인터넷에 의한 등기기록의 열람 및 등기사항증명서의 발급의 경우 수수료 면제에 관한 규정은 적용되지 아니한다.

제3장 등기절차 총론

Point 28 등기신청의 형태 ★★★

기본서 p.193~197

(1) 신청주의

신청주의의 원칙	당사자의 신청
	관공서의 촉탁
신청주의의 예외	등기관의 직권
	법원의 명령

(2) 관공서의 촉탁

- 등기촉탁을 할 수 있는 관공서의 범위: 원칙은 국가, 지방자치단체
- 우편에 의한 등기촉탁 가능 여부: 허용된다.
- 관공서가 촉탁에 의하지 아니하고 공동신청에 의하여 등기를 할 수 있는지 여부
- 관공서의 촉탁시 등기의무자의 권리에 관한 등기필정보를 첨부하는지 여부
- 등기의무자의 주소를 증명하는 서면의 첨부 여부
- 관공서의 촉탁시 등기기록과 대장의 표시가 불일치하는 경우에 촉탁 수리 여부

(3) 등기관의 직권에 의한 등기

등기의 종류	유형
직권보존등기	① 미등기부동산에 대한 집행법원의 처분제한등기 촉탁시(압류는 제외) ② 미등기부동산에 대한 법원의 주택임차권명령등기 촉탁시
직권변경등기	소유권이전등기를 신청하는 경우에 주소증명서면에 의하여 주소변경사실이 명백한 경우 등기명의인 표시변경등기
직권경정등기	① 등기의 착오 또는 빠트림이 등기관 자신의 잘못으로 인한 경우 ② 이해관계인의 승낙, 지방법원장에게 보고사항
직권말소등기	① 환매권 행사에 의하여 권리취득등기를 한 경우 환매특약의 말소 ② 수용으로 인한 소유권이전등기를 함에 있어 수용일 이후의 소유권이전등기 및 소유권 이외의 권리의 말소등기 ③ 각하사유를 간과하고 등기가 실행된 경우(「부동산등기법」 제29조 제1호·제2호) ④ 가등기 후 본등기 전의 양립불가능한 중간처분의 등기 ⑤ 말소등기시 말소할 권리를 목적으로 하는 제3자의 권리의 등기

직권말소회복 등기	가등기에 기한 본등기로 인해 중간처분의 등기가 직권말소된 후 그 본등기가 말소된 때에는 말소된 중간처분의 등기는 직권으로 말소회복
요역지의 지역권 등기	등기관이 승역지의 등기기록에 지역권등기를 하는 경우에 요역지의 등기기록에 하는 지역권등기
대지권 뜻의 등기	등기관이 대지권 등기시 대지권 뜻의 등기(토지등기기록의 해당구)

Point 29 등기신청적격 ★★★★

기본서 p.197~200

(1) 등기신청적격 여부

등기신청적격 O	등기신청적격 ×
• 자연인(외국인) • 법인(국가, 지자체, 특별법상의 조합) • 권리능력이 없는 사단·재단(종중, 문중, 교회, 사찰, 자연부락, 비법인사단으로 실체를 갖추고 있으나 주무관청에게 인가가 취소된 주택조합)	• 사자 명의, 태아 • 읍·면·동·리 • 학교 • 「민법」상 조합(조합원 전원 명의로 등기)

(2) 법인 아닌 사단의 등기신청

신청정보의 기록사항	비법인사단의 대표자 또는 관리인의 성명, 주소 및 주민등록번호를 기재(등기권리자일 경우 비법인사단의 부동산등기용등록번호)
첨부정보	① 정관 기타의 규약 ② 대표자 또는 관리인을 증명하는 서면 ③ 사원총회의 결의서(비법인사단이 등기의무자로서 등기신청) ④ 인감증명: 위 ② 및 ③의 서면에 그 사실을 확인하는 2인 이상의 성년자가 사실과 상위 없다는 취지와 성명을 기재하고 인감을 날인(날인한 인감증명을 제출) ⑤ 대표자 또는 관리인의 주민등록표등본 ⑥ 부동산등기용등록번호 증명서면(비법인사단이 등기권리자인 경우)
등기의 허용 여부	① '계' 명의의 등기: O(비법인사단으로서 성격을 갖춘 경우) ② '학교' 명의의 등기: × ③ '동' 명의의 등기: O(동민이 비법인사단을 구성하는 경우)

Point 30 공동신청 - 등기권리자와 등기의무자의 구별 ★★★★★

기본서 p.201~202

구분	등기권리자	등기의무자
소유권이전등기	매수인	매도인
소유권이전등기의 말소등기	매도인	매수인
환매특약등기	매도인	매수인
전세권설정등기	전세권자	전세권설정자
전세권말소등기	전세권설정자	전세권자
전세권변경(전세금 증액, 기간 연장)	전세권자	전세권설정자
전세권변경(전세금 감액, 기간 감축)	전세권설정자	전세권자
저당권이전등기	저당권의 양수인	저당권자
저당권이전등기 후의 말소등기	저당권설정자	저당권의 양수인
저당권설정 후 소유권이 이전된 경우 저당권말소등기	저당권설정자 또는 현재의 소유자	저당권자
채무자변경의 경우 저당권변경등기	저당권자	저당권설정자
가등기에 기한 본등기	가등기권자	원래의 가등기의무자
가등기의 말소등기	가등기의무자, 제3취득자	가등기권자

Point 31 단독신청 ★★★★

기본서 p.203~207

(1) 단독신청 가능 여부 정리

구분	단독신청이 가능한 경우	단독신청할 수 없는 경우
당사자가 1인만 존재	• 보존등기, 보존등기의 말소 • 상속등기 • 혼동으로 인한 말소등기 • 사망으로 소멸한 권리의 말소등기 • 등기의무자가 소재불명인 경우 말소등기	• 각종 권리의 등기 • 포괄승계인에 의한 등기 • 유증으로 인한 등기
표시의 등기	• 등기명의인 표시변경등기 • 토지(건물)표시변경등기 • 멸실등기	• 권리의 변경·경정등기 • 말소등기, 말소회복등기
등기진정성 보장	• 판결에 의한 등기 • 토지수용으로 인한 소유권이전등기	• 공정증서에 의한 등기 • 수용실효에 의한 말소등기

| 기타 | • 신탁등기
• 가등기의 신청 또는 가등기말소등기 (예외)
• 규약상 공용부분 뜻의 등기
• 가처분권리자가 본안사건에서 승소한 경우 | • 가등기
• 가등기의 말소등기 |

(2) 판결에 의한 등기(등기예규 제1786호)

① 「부동산등기법」 제23조 제4항 판결의 요건
  ㉠ **이행판결**: 등기신청절차의 이행을 명하는 이행판결이어야 한다. 다만, 공유물분할판결의 경우에는 예외로 한다.
  ㉡ **확정판결**: 확정되지 아니한 가집행선고가 붙은 판결에 의해 등기를 신청한 경우 등기관은 그 신청을 각하한다.
  ㉢ **판결에 준하는 집행권원**: 화해조서·인낙조서, 민사조정조서·조정에 갈음하는 결정 등은 포함된다(공정증서에 의하여 단독으로 등기를 신청할 수 없다).
  ㉣ **판결의 확정시기**: 등기절차의 이행을 명하는 확정판결을 받았다면 그 확정시기에 관계없이, 즉 확정 후 10년이 경과하였다 하더라도 그 판결에 의한 등기신청을 할 수 있다.
  ㉤ **판결에 해당하지 않는 경우**: 근저당권설정등기를 명하는 판결주문에 필수적 기재사항인 채권최고액이나 채무자가 명시되지 아니한 경우, 전세권설정등기를 명하는 판결주문에 필수적 기재사항인 전세금이나 전세권의 목적인 범위가 명시되지 아니한 경우

② 신청인
  ㉠ 승소한 등기권리자 또는 승소한 등기의무자는 단독으로 등기신청을 할 수 있다.
  ㉡ 패소한 등기의무자는 그 판결에 기하여 직접 등기권리자 명의의 등기신청을 하거나 승소한 등기권리자를 대위하여 등기신청을 할 수 없다.
  ㉢ 공유물분할판결이 확정되면 그 소송 당사자는 원·피고인지 여부에 관계없이 그 확정판결을 첨부하여 단독으로 공유물분할을 원인으로 한 지분이전등기를 신청할 수 있다.

③ 등기원인과 그 연월일
  ㉠ **이행판결**: 그 판결주문에 명시된 등기원인과 그 연월일을 기재한다(불분명하면 등기원인은 '확정판결'로, 그 연월일은 '판결선고일'을 기재).
  ㉡ **형성판결**: 등기원인은 '판결에서 행한 형성처분'을 기재, 그 연월일은 '판결확정일'을 기재한다.

④ **첨부정보**: 판결정본 및 확정증명서를 첨부한다(송달증명서는 첨부하지 아니한다).

Point 32 제3자에 의한 등기신청 ★★★

기본서 p.207~211

구분	내용		
포괄승계인에 의한 등기	구분	상속등기	포괄승계인에 의한 등기
	신청방식	단독신청	공동신청
	등기원인	상속	법률행위
	등기원인정보	가족관계등록부	~계약서
	등기필정보의 첨부	첨부하지 않음	첨부함
채권자대위 등기신청	① 채권자가 자기 이름으로 채무자명의의 등기를 신청 ② 채권자가 신청할 등기는 채무자가 등기권리자로 신청할 등기 또는 채무자의 권리에 영향이 없는 등기에 한함 ③ 대위원인 증명정보를 첨부(사서증서도 가능) ④ 채권자의 채권자도 채권자의 대위권을 대위하여 등기신청 가능 ⑤ 등기필정보는 작성하지 않음		
구분소유자의 대위신청	구분소유자 중의 일부가 소유권보존등기를 신청하는 경우에 동시에 타인 소유의 미등기 구분건물의 표시에 관한 등기를 대위신청 가능		
건물대지소유자의 대위신청	건물의 멸실 후 1개월 이내에 건물소유자가 멸실등기를 신청하지 아니하는 경우 토지소유자가 건물의 멸실등기를 대위신청 가능		
수용, 신탁	대위신청 가능		

Point 33 등기신청의무 ★★★

기본서 p.211

「부동산등기법」	① 토지표시변경, 멸실등기: 토지소유자는 1개월 이내에 신청 ② 건물표시변경, 멸실등기: 건물소유자는 1개월 이내에 신청
「부동산등기 특별조치법」	① 소유권이전등기: 쌍무계약의 경우에 반대급부의 이행이 완료된 날로부터, 편무계약의 경우에 그 계약의 효력이 발생한 날로부터 60일 이내에 신청 ② 소유권보존등기: 신청할 수 있음에도 하지 아니한 채 계약을 체결한 경우에는 그 계약을 체결한 날로부터, 계약을 체결한 후에 등기를 신청할 수 있게 된 경우에는 등기를 신청할 수 있게 된 날로부터 60일 이내에 신청

Point 34　등기신청정보 및 첨부정보 ★★★

기본서 p.212~237

(1) 등기신청정보

작성방법	① 신청정보의 작성: 원칙은 1건 1신청정보주의, 예외적으로 일괄신청 ② 신청정보에 신청인이 기명날인(서명도 가능) ③ 신청정보가 여러 장일 때에는 간인(신청인이 다수 ⇨ 각각 1인이 간인) ④ 신청정보의 정정: 신청인이 다수인 ⇨ 신청인 전원이 정정인을 날인
일괄신청	① 같은 채권의 담보를 위하여 소유자가 다른 여러 개의 부동산에 대한 저당권설정 등기를 신청하는 경우(○) ② 공유자 甲과 乙이 丙과 丁에게 권리를 이전하는 경우(×)
일반적 필요적 기록사항	① 부동산의 표시 ② 신청인에 관한 사항 　㉠ 법인: 법인의 명칭, 사무소, 부동산등기용등록번호(대표자의 성명과 주소) 　㉡ 비법인사단·재단: 단체의 명칭, 사무소, 부동산등기용등록번호 외 대표자 또는 관리인의 성명, 주소, 주민등록번호 　㉢ 신청인이 2인 이상: 공유인 경우 그 지분을, 합유인 경우 합유인 뜻을 기재 ③ 등기원인과 연월일(소유권보존등기: 등기원인과 연월일은 기재 ×) ④ 등기의 목적 ⑤ 등록세 및 과세표준액, 등기신청연월일, 거래가액, 관할등기소 표시
임의적 기록사항	① 법률에 근거가 있는 당사자의 약정 ② 임의적 기록사항이 원인정보에 기재되어 있으면 신청정보에 기재하여야 한다.

(2) 등기원인정보

의의		등기할 권리변동의 원인인 법률행위 또는 법률사실의 성립을 증명하는 서면(등기의 진정성을 보장하기 위함)
등기원인 정보의 유형		① 소유권이전등기: 매매계약서, 공유물분할계약서 ② 각종의 설정등기: ~계약서 ③ 수용: 수용협의성립확인서, 재결서 ④ 판결: 판결서정본 ⑤ 상속: 가족관계등록부, 상속재산분할협의서
검인계약서	검인 ○	① 계약을 원인으로 소유권이전등기(매매, 증여, 교환, 공유물분할) ② 명의신탁해지를 등기원인으로 소유권이전등기를 신청할 때 ③ 판결서(화해조서, 인낙조서, 조정조서)가 원인정보인 경우
	검인 ×	① 경매, 공매, 수용, 상속, 취득시효의 경우 ② 소유권이전 이외의 등기(가등기, 지상권, 저당권등기 등) ③ 계약 일방 당사자가 국가 또는 지방자치단체인 경우 ④ 토지거래허가증 또는 부동산거래신고필증을 교부받은 경우

(3) 등기필정보

의의	등기의무자의 권리에 관한 등기필정보
불첨부	① 소유권보존등기, 상속등기 ② 토지(건물)표시변경등기, 등기명의인 표시변경등기, 멸실등기 ③ 판결(등기권리자의 신청: 첨부 ×, 등기의무자의 신청: 첨부 ○) ④ 관공서 촉탁등기
멸실된 경우 (인우보증서 ×)	① 등기의무자 또는 법정대리인의 직접 출석(확인조서작성, 기명날인) ② 법무사 또는 변호사의 위임확인서면 1통 작성·제출 ③ 등기의무자 작성부분에 관한 공증서부본 1통 제출
등기필정보의 작성	① 등기할 수 있는 권리의 보존, 설정, 이전하는 등기를 하는 경우 ② 위의 권리의 설정, 이전청구권 보전을 위한 가등기를 하는 경우 ③ 권리자를 추가하는 경정, 변경등기(甲 단독소유를 甲·乙의 공유로 경정하는 경우나 합유자가 추가되는 합유명의인표시변경등기 등)
등기필정보의 구성	등기필정보에는 권리자, 주민등록번호, 부동산고유번호, 부동산소재, 접수일자, 접수번호, 등기목적, 일련번호 및 비밀번호를 기재
등기필정보의 작성(×)	① 채권자대위에 의한 등기 ② 등기관의 직권에 의한 보존등기 ③ 승소한 등기의무자의 신청에 의한 등기 ④ 관공서가 등기를 촉탁한 경우(다만, 관공서가 등기권리자를 위해 등기를 촉탁하는 경우에는 그러하지 아니하다)
등기완료통지	등기필정보를 작성하지 않는 경우 등기신청인과 등기명의인에게 교부

(4) 인감증명서

첨부하는 경우	① 소유권의 등기명의인이 등기의무자로서 등기를 신청할 때 ② 소유권에 관한 가등기명의인이 가등기 말소를 신청할 때 ③ 소유권 이외 권리의 등기명의인이 등기의무자로서 등기필정보 대신에 직접 출석, 확인서면이나 공증서면 부본을 첨부하여 등기를 신청하는 경우 ④ 합필등기의 특례규정에 따라 합필등기를 신청하는 경우에 토지소유자들의 확인서를 첨부하여 토지합필등기를 신청하는 경우 ⑤ 1필의 토지의 일부에 용익권등기가 있는 경우에 분필등기를 신청할 때에는 권리자의 확인서를 첨부하여 토지분필등기를 신청하는 경우 ⑥ 협의분할에 의한 상속등기를 신청할 때 상속인 전원의 인감증명
인감증명의 유형	① 법정대리인의 등기신청시: 법정대리인의 인감증명 ② 법인 또는 외국회사: 등기소의 증명을 얻은 그 대표자의 인감증명 ③ 법인 아닌 사단·재단: 대표자 또는 관리인의 인감증명 ④ 외국인: 「인감증명법」에 의한 인감증명, 본국의 관공서가 발행한 인감증명
유효기간 및 용도	① 유효기간: 발행일로부터 3개월 이내 ② 용도: 부동산매도용의 경우에만 기재

(5) 그 외의 첨부정보

부동산거래 신고필증	① 거래가액은 2006년 1월 1일 이후 작성된 매매계약서를 등기원인증서로 하여 소유권이전등기를 신청하는 경우 ② 소유권이전청구권가등기에 의한 본등기를 신청하는 경우
제3자 허가·동의정보	① 토지거래허가: 유상계약 + 소유권·지상권의 이전·설정(예약 포함) ② 농지취득자격증명: 농지의 취득 + 소유권이전등기 ③ 「민법」상 재단법인의 기본재산의 매도, 증여, 담보제공 등에 대한 주무관청의 허가
주소증명정보	① 제출등기: 새로운 권리의 등기를 하는 경우 ② 제출의무자: 등기권리자의 주소증명정보(단, 소유권이전등기를 신청하는 경우 등기권리자와 등기의무자 각 1통)
부동산등기용 등록번호의 부여기관	① 국가, 지자체, 외국정부, 국제기관: 국토교통부장관 ② 법인: 주된 사무소 관할등기소의 등기관 ③ 법인 아닌 사단·재단: 시장·군수·구청장 ④ 외국인: 체류지 관할출입국 외국인관서의 장 ⑤ 재외국민: 대법원 소재지 관할등기소의 등기관
대장	소유권의 보존·이전등기, 부동산 변경등기, 멸실등기

Point 35 전자신청 ★★★

기본서 p.237~241

사용자등록	① 사용자등록의 신청: 사용자등록을 신청하는 당사자 또는 자격자대리인은 등기소에 출석하여 신청서를 제출 ② 사용자등록의 유효기간: 자격자대리인의 유효기간은 3년으로 하며, 기간만료일 3개월 전부터 만료일까지는 그 유효기간의 연장 신청 가능

전자신청의
대상자
	① 당사자 본인에 의한 신청
	  ㉠ 「부동산등기법」에 따른 사용자등록을 한 자연인(외국인 포함)과 「상업등기법」에 따른 전자증명서를 발급받은 법인은 전자신청을 할 수 있다.
	  ㉡ 법인 아닌 사단이나 재단은 전자신청을 할 수 없다.
	② 대리에 의한 신청의 경우
	  ㉠ 변호사나 법무사[법무법인·법무법인(유한)·법무사합동법인을 포함한다]는 다른 사람을 대리하여 전자신청을 할 수 있다.
	  ㉡ 자격자대리인이 아닌 사람은 다른 사람을 대리하여 전자신청을 할 수 없다.

신청방법	전자문서, 그 밖의 방법으로 신청에 필요한 서면을 대신하고 전자문서의 경우에 신청인·작성자의 기명날인 또는 서명은 전자서명으로 대신한다.

전자신청의 절차	① 등기관은 보정사유를 등록한 후 전자우편, 구두, 전화 기타 모사전송의 방법에 의하여 그 사유를 신청인에게 통지(보정은 전자식으로) ② 전자신청의 취하는 전산정보처리조직을 이용한다. ③ 전자신청에 대한 각하 결정의 방식 및 고지방법은 서면신청과 동일한 방법

Point 36 신청 후의 절차 ★★★★★

기본서 p.240~246

각하사유	① 「부동산등기법」 제29조 제1호: 사건이 그 등기소 관할에 속하지 아니한 때 ② 「부동산등기법」 제29조 제2호: 사건이 등기할 것이 아닌 때 ③ 「부동산등기법」 제29조 제3호 내지 제11호: 절차위반의 등기
「부동산등기법」 제29조 제2호 위반	① 등기능력 없는 물건 또는 권리에 대한 등기를 신청 ② 법령에 근거가 없는 특약사항의 등기를 신청 ③ 구분건물의 전유부분과 대지사용권의 분리처분 금지에 위반한 등기를 신청 ④ 농지를 전세권설정의 목적으로 하는 등기를 신청 ⑤ 저당권을 피담보채권과 분리하여 양도하거나, 피담보채권과 분리하여 다른 채권의 담보로 하는 등기를 신청 ⑥ 일부지분에 대한 소유권보존등기를 신청 ⑦ 공동상속인 중 일부가 자신의 상속지분만에 대한 상속등기를 신청 ⑧ 관공서 또는 법원의 촉탁으로 실행되어야 할 등기를 신청 ⑨ 이미 보존등기된 부동산에 대하여 다시 보존등기를 신청 ⑩ 신청취지 자체에 의하여 법률상 허용될 수 없음이 명백한 등기를 신청
각하	① 각하처분: 이유를 기재한 각하결정등본을 교부, 송달(신청정보는 제외) ② 각하사유를 간과한 등기의 효력 　㉠ 「부동산등기법」 제29조 제1호·제2호 위반: 당연무효(직권말소 ○) 　㉡ 같은 법 제29조 제3호 내지 제11호 위반: 실체관계에 부합하면 유효(직권말소 ×)
취하	① 취하권자: 취하는 등기신청인 또는 그 대리인이 할 수 있다(대리인이 취하하는 경우에는 취하에 관한 특별수권이 있어야 한다). ② 취하의 방법: 방문신청은 등기소에 출석하여 취하서를 제출, 전자신청은 전산정보처리조직을 이용하여 취하정보를 전자문서로 등기소에 송신 ③ 일부취하: 수개의 등기를 일괄신청한 경우 그중 일부만의 취하도 가능하다.

Point 37 이의신청 ★★★★

기본서 p.247~250

이의신청의 대상	① 부당성(대상) 　㉠ 소극적 부당: 각하처분 모두(「부동산등기법」 제29조 제1호 내지 제11호) 　㉡ 적극적 부당: 등기신청에 대한 처분 중 같은 법 제29조 제1호·제2호 위반 ② 부당의 판단시점: 처분시 기준
신청인	① 소극적 부당: 등기신청인만 ② 적극적 부당: 등기신청인과 이해관계 있는 제3자도 가능
절차	① 그 결정 또는 처분을 한 등기관이 속한 지방법원(관할 지방법원)에 제기, 이의신청서는 결정 또는 처분을 한 등기관이 속한 등기소에 제출 ② 이의신청기간에는 제한이 없다. ③ 집행정지 효력이 없다.
등기관의 조치	① 이유 있다고 인정: 상당한 처분 ② 이유 없다고 인정: 3일 이내에 의견을 붙여 관할 지방법원에 송부

제3장 단원별 출제예상문제

☆중요 출제가능성이 높은 중요 문제 ↖고득점 고득점 목표를 위한 어려운 문제 신유형 기존에 출제되지 않은 신유형 대비 문제

Point 28 등기신청의 형태 ★★★

정답 및 해설 p.30~31

> **Tip**
> - 등기신청의 형태에서는 관공서의 촉탁등기와 등기관의 직권등기를 구별하여야 한다.
> - 등기관의 직권에 의한 등기에서는 특히 직권말소등기, 대지권 뜻의 등기를 정확하게 이해하여야 한다.

01 등기절차에 대한 설명으로 틀린 것은?

① 등기는 당사자의 신청 또는 관공서의 촉탁에 따라 한다. 다만, 법률에 다른 규정이 있는 경우에는 그러하지 아니하다.
② 촉탁에 따른 등기절차는 법률에 다른 규정이 없는 경우에는 신청에 따른 등기에 관한 규정을 준용한다.
③ 전자신청은 전산정보처리조직을 이용[이동통신단말장치에서 사용되는 애플리케이션(Application)을 통하여 이용하는 경우를 포함한다]하여 신청정보 및 첨부정보를 보내는 방법으로 한다.
④ 미등기부동산에 대한 법원의 주택임차권명령등기 촉탁이 있는 경우 등기관은 직권으로 소유권보존등기를 하여야 한다.
⑤ 등기관의 처분에 대한 이의신청이 이유 있는 것으로 인정된 경우 관할 지방법원의 촉탁에 의해 등기가 실행된다.

02 관공서의 촉탁에 의해 등기하는 경우를 모두 고른 것은?

> ㉠ 관공서가 기업자인 경우 토지수용으로 인한 소유권이전등기
> ㉡ 주택임차권명령에 의한 등기
> ㉢ 토지등기기록의 해당구에 등기하는 대지권 뜻의 등기
> ㉣ 매수인이 인수하지 아니한 부동산의 부담에 관한 기입의 말소등기 및 경매개시결정등기의 말소등기

① ㉠, ㉡   ② ㉠, ㉢   ③ ㉡, ㉣
④ ㉠, ㉡, ㉣   ⑤ ㉡, ㉢, ㉣

03 관공서의 촉탁등기에 관한 다음 설명 중 틀린 것은?

① 국가 또는 지방자치단체가 등기의무자인 경우에는 국가 또는 지방자치단체는 등기권리자의 청구에 따라 지체 없이 해당 등기를 등기소에 촉탁하여야 한다.
② 「부동산등기법」의 규정에 의하여 등기촉탁을 할 수 있는 관공서는 원칙적으로 국가 및 지방자치단체를 말한다.
③ 매각 또는 공매처분 등을 원인으로 관공서가 소유권이전등기를 촉탁하는 경우에는 등기의무자의 주소를 증명하는 정보를 제공할 필요가 없다.
④ 관공서의 촉탁등기의 경우에는 등기의무자의 권리에 관한 등기필정보를 첨부할 필요가 없으며, 공동신청에 의하는 경우에도 첨부하지 아니한다.
⑤ 관공서가 경매로 인하여 소유권이전등기를 촉탁하는 경우, 등기기록과 대장상의 부동산의 표시가 부합하지 않은 때에는 그 등기촉탁을 수리할 수 없다.

04 등기의 촉탁에 관한 설명으로 틀린 것은? 제35회

① 관공서가 상속재산에 대해 체납처분으로 인한 압류등기를 촉탁하는 경우, 상속인을 갈음하여 상속으로 인한 권리이전의 등기를 함께 촉탁할 수 없다.
② 법원의 촉탁으로 실행되어야 할 등기가 신청된 경우, 등기관은 그 등기신청을 각하해야 한다.
③ 법원은 수탁자 해임의 재판을 한 경우, 지체 없이 신탁원부 기록의 변경등기를 등기소에 촉탁하여야 한다.
④ 관공서가 등기를 촉탁하는 경우 우편으로 그 촉탁서를 제출할 수 있다.
⑤ 촉탁에 따른 등기절차는 법률에 다른 규정이 없는 경우에는 신청에 따른 등기에 관한 규정을 준용한다.

중요
05 다음 중 등기관이 직권으로 하여야 하는 등기가 아닌 것은?

① 대지권등기를 마쳤을 경우에 대지권의 목적인 토지등기기록에 하는 대지권 뜻의 등기
② 등기상 이해관계 있는 제3자의 승낙서를 첨부하여 말소등기를 신청하는 경우에 그 등기상 이해관계 있는 제3자 명의의 등기
③ 소유권이전청구권가등기에 의한 본등기를 하는 경우에 그 가등기 후에 마쳐진 제3자 명의의 소유권이전등기
④ 소유권이전등기청구권의 보전을 위한 가처분등기의 가처분 채권자가 가처분 채무자를 등기의무자로 하여 소유권이전등기를 신청하는 경우에 그 가처분 후에 마쳐진 제3자 명의의 소유권이전등기
⑤ 소유권이전등기를 신청하는 경우 주소증명서면에 의하여 주소변경의 사실이 명백한 경우의 등기명의인 표시변경등기

06 다음 중 등기관의 직권에 의한 등기를 모두 고른 것은?

> ㉠ 등기관의 직권에 의한 말소등기가 부적법한 경우에 그 등기의 말소회복등기
> ㉡ 매각으로 인한 소유권이전등기시 매수인이 인수하지 아니한 부동산의 부담에 관한 기입등기를 말소하는 경우
> ㉢ 수용을 원인으로 한 소유권이전등기시 가압류등기 또는 가처분등기의 말소
> ㉣ 규약상 공용부분 뜻의 등기
> ㉤ 환매권행사에 의한 권리취득 후의 환매특약등기

① ㉠, ㉡, ㉢
② ㉠, ㉢, ㉤
③ ㉡, ㉢, ㉣
④ ㉡, ㉣, ㉤
⑤ ㉢, ㉣, ㉤

Point 29 등기신청적격 ★★★★

정답 및 해설 p.31~32

> **Tip**
> 등기신청적격은 자연인, 법인, 비법인 사단 또는 재단에 해당하는 경우에 인정된다. 그러므로 등기신청적격이 인정되는 경우와 인정되지 않는 경우를 정확히 이해하여야 한다.

07 다음 중 등기신청에 관련된 설명으로 <u>틀린</u> 것은?

① 등기는 당사자의 신청 또는 관공서의 촉탁에 따라 한다. 다만, 법률에 다른 규정이 있는 경우에는 그러하지 아니하다.
② 등기는 법률에 다른 규정이 없는 경우에는 등기권리자(登記權利者)와 등기의무자(登記義務者)가 공동으로 신청한다.
③ 촉탁에 따른 등기절차는 신청주의 예외에 해당한다.
④ 등기를 신청할 경우에 등기권리자와 등기의무자 또는 대리인이 등기소에 출석하여야 하지만 대리인이 변호사나 법무사인 경우에는 대법원규칙이 정하는 사무원이 출석하여도 된다.
⑤ 등기신청을 하고자 하는 자는 대법원규칙이 정하는 바에 의하여 수수료를 내야 한다.

⭐중요
08 등기신청적격에 관한 설명으로 옳은 것은?

① 아파트 입주자대표회의의 명의로 그 대표자 또는 관리인이 등기를 신청할 수 없다.
② 국립대학교는 학교 명의로 등기를 신청할 수 없지만, 사립대학교는 학교 명의로 등기를 신청할 수 있다.
③ 특별법에 의한 농업협동조합의 부동산은 조합원의 합유로 등기하여야 한다.
④ 동(洞) 명의로 동민들이 법인 아닌 사단을 설립한 경우에는 그 대표자 명의로 등기신청할 수 있다.
⑤ 丙의 채무담보를 위하여 甲과 乙이 근저당권설정계약을 체결한 경우, 丙은 근저당권설정등기신청에서 등기당사자적격이 없다.

09 다음 중 등기신청적격이 인정되는 경우를 모두 고른 것은?

> ㉠ 북한 지역에 거주하는 주민
> ㉡ 「민법」상 조합
> ㉢ 시설물로서의 학교
> ㉣ 상속인 지위에 있다가 상속등기를 하기 전에 사망한 자
> ㉤ 아직 출생하지 아니한 태아
> ㉥ 「도시 및 주거환경정비법」에 의한 인가가 취소된 주택조합

① ㉠, ㉥
② ㉤, ㉥
③ ㉠, ㉡, ㉢
④ ㉠, ㉣, ㉥
⑤ ㉣, ㉤, ㉥

10 「부동산등기법」상 등기의 당사자능력에 관한 설명으로 틀린 것은? 제32회

① 법인 아닌 사단(社團)은 그 사단 명의로 대표자가 등기를 신청할 수 있다.
② 시설물로서의 학교는 학교 명의로 등기할 수 없다.
③ 행정조직인 읍, 면은 등기의 당사자능력이 없다.
④ 「민법」상 조합을 채무자로 표시하여 조합재산에 근저당권설정등기를 할 수 있다.
⑤ 외국인은 법령이나 조약의 제한이 없는 한 자기 명의로 등기신청을 하고 등기명의인이 될 수 있다.

11 등기신청에 관한 설명으로 틀린 것은? 　　　　　　　　　　　　　제34회

① 정지조건이 붙은 유증을 원인으로 소유권이전등기를 신청하는 경우, 조건성취를 증명하는 서면을 첨부하여야 한다.
② 사립대학이 부동산을 기증받은 경우, 학교 명의로 소유권이전등기를 할 수 있다.
③ 법무사는 매매계약에 따른 소유권 이전등기를 매도인과 매수인 쌍방을 대리하여 신청할 수 있다.
④ 법인 아닌 사단인 종중이 건물을 매수한 경우, 종중의 대표자는 종중 명의로 소유권이전등기를 신청할 수 있다.
⑤ 채권자대위권에 의한 등기신청의 경우, 대위채권자는 채무자의 등기신청권을 자기의 이름으로 행사한다.

▶ 고득점
12 다음 등기의 신청과 관련한 설명 중 틀린 것은?

① 사립학교는 학교 명의로 등기를 할 수 없으므로, 착오로 학교 명의로 등기가 되어 있는 경우에도 학교를 등기의무자로 하여 소유권이전등기를 신청할 수 없다.
② 법인 아닌 사단에 속하는 부동산에 관한 등기는 그 대표자 또는 관리인의 명의로 등기를 신청할 수 있다.
③ 「민법」상 조합은 권리능력이 없으므로 조합을 채무자로 표시하여 근저당권설정등기를 할 수 없다.
④ 동·리와 같은 자연마을은 그 주민을 구성원으로 하여 의사결정기관인 마을총회와 집행기관으로서 마을 대표자를 두고 독자적인 활동을 하는 사회조직체로 볼 수 있는 경우에는 동·리 명의로 등기를 신청할 수 있다.
⑤ 외국인도 법령이나 조약에 의한 제한이 없는 한 원칙적으로 자기 명의로 등기신청을 하고 등기명의인이 될 수 있다.

13 권리능력 없는 사단인 종중의 등기에 관한 설명 중 틀린 것은?

① 종중이 소유한 부동산을 등기하는 경우에는 갑구에 종중 명칭 외 종중 대표자의 성명, 주소, 주민등록번호가 함께 기록된다.
② 종중이 등기를 신청할 경우에는 대표자임을 증명하는 서면이 요구된다.
③ 종중이 등기를 신청할 경우 정관 기타 규약이 있으면 그 규약을 제출하여야 하지만 정관이나 규약이 없으면 제출하지 않아도 된다.
④ 종중총회결의서는 종중이 등기의무자인 경우에만 등기신청시 요구된다.
⑤ 종중이 등기의무자인 경우 등기신청에 필요한 인감증명은 대표자의 인감증명을 제출하면 된다.

14 법인 아닌 사단·재단의 등기신청에 관한 다음 설명 중 틀린 것은?

① 「부동산등기법」은 법인 아닌 사단이나 재단을 등기권리자 또는 등기의무자로 함으로써 법인 아닌 사단이나 재단에 대하여 등기당사자능력을 인정하고 있다.
② 법인 아닌 사단에 속하는 부동산의 등기에 관하여는 그 사단이나 재단의 명의로 그 대표자나 관리인이 신청한다.
③ 대표자 증명서면은 부동산등기용등록번호 대장이나 기타단체등록증명서도 대표자 또는 관리인을 증명하는 서면으로 제출할 수 없다.
④ 법인 아닌 사단의 대표자를 증명하는 서면으로는, 정관 기타의 규약에서 정한 방법에 의하여 대표자로 선임되었음을 증명하는 서면을 제출하여야 한다.
⑤ 법인 아닌 사단이 등기의무자인 경우에는 부동산등기용등록번호를 증명하는 서면을 첨부하여야 한다.

Point 30 공동신청 – 등기권리자와 등기의무자의 구별 ★★★★★

정답 및 해설 p.32

> **Tip**
> - 공동신청 등기에서 등기권리자와 등기의무자의 구별은 가장 기본이 되는 사항이다.
> - 등기권리자와 등기의무자를 구별하여야 등기의 신청형태, 신청정보와 첨부정보가 결정되는데, 최근 시험에서 자주 출제되고 있는 부분이다.

15 등기권리자와 등기의무자에 관한 설명으로 틀린 것은?   제30회

① 실체법상 등기권리자와 절차법상 등기권리자는 일치하지 않는 경우도 있다.
② 실체법상 등기권리자는 실체법상 등기의무자에 대해 등기신청에 협력할 것을 요구할 권리를 가진 자이다.
③ 절차법상 등기의무자에 해당하는지 여부는 등기기록상 형식적으로 판단해야 하고, 실체법상 권리의무에 대해서는 고려해서는 안 된다.
④ 甲이 자신의 부동산에 설정해 준 乙 명의의 저당권설정등기를 말소하는 경우, 甲이 절차법상 등기권리자에 해당한다.
⑤ 부동산이 甲 ⇨ 乙 ⇨ 丙으로 매도되었으나 등기명의가 甲에게 남아 있어 丙이 乙을 대위하여 소유권이전등기를 신청하는 경우, 丙은 절차법상 등기권리자에 해당한다.

16 전세권등기에 관련된 등기권리자와 등기의무자의 구별에 관한 설명으로 옳은 것을 모두 고른 것은?

> ㉠ 전세권설정등기 이후에 전세권이전등기신청: 등기권리자는 전세권 양수인, 등기의무자는 전세권자
> ㉡ ㉠의 경우에 전세권말소등기신청: 등기권리자는 전세권설정자, 등기의무자는 전세권 양수인
> ㉢ 전세권 존속기간의 연장을 원인으로 전세권변경등기신청: 등기권리자는 전세권자, 등기의무자는 전세권설정자
> ㉣ 전세금 감액을 원인으로 전세권변경등기신청: 등기권리자는 전세권자, 등기의무자는 전세권설정자

① ㉠, ㉡, ㉢
② ㉠, ㉡, ㉣
③ ㉠, ㉢, ㉣
④ ㉡, ㉢, ㉣
⑤ ㉠, ㉡, ㉢, ㉣

⭐중요

17 다음 중 등기권리자 또는 등기의무자의 지정으로 틀린 것은?

① 근저당권의 채권최고액을 감액하는 경우 근저당권변경등기의 등기권리자는 근저당권설정자이다.
② 저당권이전등기 이후에 저당권등기의 말소등기를 신청하는 경우에 등기권리자는 저당권설정자, 등기의무자는 저당권의 양수인이다.
③ 근저당권설정등기 후에 소유권이전등기가 경료된 경우에 근저당권의 원인무효를 이유로 근저당권설정등기의 말소등기를 신청하는 경우 등기권리자는 현재의 소유자만 가능하다.
④ 채무자변경을 원인으로 저당권변경등기를 신청하는 경우 등기권리자는 기존 채무자, 등기의무자는 새로운 채무자이다.
⑤ 소유권이전청구권가등기 이후 그 부동산의 소유권이 제3자에게 이전되었다면 가등기에 기한 본등기의 등기의무자는 원래의 소유자, 즉 가등기의무자이다.

18 절차법상 등기권리자와 등기의무자를 옳게 설명한 것을 모두 고른 것은? 제31회

㉠ 甲 소유로 등기된 토지에 설정된 乙 명의의 근저당권을 丙에게 이전하는 등기를 신청하는 경우, 등기의무자는 乙이다.
㉡ 甲에서 乙로, 乙에서 丙으로 순차로 소유권이전등기가 이루어졌으나 乙 명의의 등기가 원인무효임을 이유로 甲이 丙을 상대로 丙 명의의 등기 말소를 명하는 확정판결을 얻은 경우, 그 판결에 따른 등기에 있어서 등기권리자는 甲이다.
㉢ 채무자 甲에서 乙로 소유권이전등기가 이루어졌으나 甲의 채권자 丙이 등기원인이 사해행위임을 이유로 그 소유권이전등기의 말소판결을 받은 경우, 그 판결에 따른 등기에 있어서 등기권리자는 甲이다.

① ㉡
② ㉢
③ ㉠, ㉡
④ ㉠, ㉢
⑤ ㉡, ㉢

19 등기신청인에 관한 설명 중 옳은 것을 모두 고른 것은?   제33회

> ㉠ 부동산표시의 변경이나 경정의 등기는 소유권의 등기명의인이 단독으로 신청한다.
> ㉡ 채권자가 채무자를 대위하여 등기신청을 하는 경우, 채무자가 등기신청인이 된다.
> ㉢ 대리인이 방문하여 등기신청을 대리하는 경우, 그 대리인은 행위능력자임을 요하지 않는다.
> ㉣ 부동산에 관한 근저당권설정등기의 말소등기를 함에 있어 근저당권 설정 후 소유권이 제3자에게 이전된 경우, 근저당권설정자 또는 제3취득자는 근저당권자와 공동으로 그 말소등기를 신청할 수 있다.

① ㉠, ㉢
② ㉡, ㉣
③ ㉠, ㉢, ㉣
④ ㉡, ㉢, ㉣
⑤ ㉠, ㉡, ㉢, ㉣

Point 31 단독신청 ★★★★

정답 및 해설 p.32~33

> **Tip**
> 단독신청등기는 출제비중이 높으므로 단독으로 신청하는 등기의 종류를 정확하게 암기하여야 하며, 판결에 의한 등기의 경우에는 등기예규의 출제도 예상된다.

20 「부동산등기법」상 등기신청인에 관한 설명으로 틀린 것은?

① 소유권보존등기 또는 소유권보존등기의 말소등기는 등기명의인으로 될 자 또는 등기명의인이 단독으로 신청한다.
② 상속, 법인의 합병, 그 밖에 대법원규칙으로 정하는 포괄승계에 따른 등기는 등기권리자가 단독으로 신청한다.
③ 판결에 의한 등기는 승소한 등기권리자 또는 등기의무자가 단독으로 신청한다.
④ 신탁재산에 속하는 부동산의 신탁등기는 위탁자가 단독으로 신청한다.
⑤ 등기명의인표시의 변경이나 경정의 등기는 해당 권리의 등기명의인이 단독으로 신청한다.

21 아래 보기의 등기 중 공동신청에 의하여야 할 등기를 모두 고른 것은?

> ㉠ 포괄유증으로 인한 소유권이전등기를 신청하는 경우
> ㉡ 가처분권리자가 가처분에 기한 소유권이전등기를 신청하는 경우 가처분등기 후에 경료된 제3자 명의의 소유권이전등기의 말소등기
> ㉢ 승역지에 지역권설정등기를 하였을 경우, 요역지 지역권등기
> ㉣ 가등기의 이해관계인이 가등기명의인의 승낙서를 첨부하여 가등기말소등기를 신청하는 경우
> ㉤ 수용재결이 실효된 경우 수용을 원인으로 하여 경료된 소유권이전등기의 말소

① ㉠, ㉡
② ㉠, ㉢
③ ㉠, ㉤
④ ㉡, ㉢, ㉣
⑤ ㉢, ㉣, ㉤

22 등기권리자와 등기의무자가 공동으로 등기신청을 해야 하는 것은? (단, 판결 등 집행권원에 의한 등기신청은 제외함) _{제35회}

① 소유권보존등기의 말소등기를 신청하는 경우
② 법인의 합병으로 포괄승계에 따른 등기를 신청하는 경우
③ 등기명의인표시의 경정등기를 신청하는 경우
④ 토지를 수용한 사업시행자가 수용으로 인한 소유권이전등기를 신청하는 경우
⑤ 변제로 인한 피담보채권의 소멸에 의해 근저당권설정등기의 말소등기를 신청하는 경우

23 단독으로 등기신청할 수 있는 것을 모두 고른 것은? (단, 판결 등 집행권원에 의한 신청은 제외함) _{제32회}

> ㉠ 가등기명의인의 가등기말소등기신청
> ㉡ 토지를 수용한 한국토지주택공사의 소유권이전등기신청
> ㉢ 근저당권의 채권최고액을 감액하는 근저당권자의 변경등기신청
> ㉣ 포괄유증을 원인으로 하는 수증자의 소유권이전등기신청

① ㉠
② ㉠, ㉡
③ ㉡, ㉢
④ ㉠, ㉢, ㉣
⑤ ㉡, ㉢, ㉣

24 판결에 의한 소유권이전등기신청에 관한 설명으로 옳은 것은?

① 형성판결인 공유물분할판결도 확정되면 판결에 의한 등기를 신청할 수 있으므로, 그 소송의 원고의 지위에 있는 자만이 등기권리자로서 등기를 신청할 수 있다.
② 소유권이전등기의 이행판결에 가집행이 붙은 경우 판결이 확정되지 아니하여도 가집행선고에 의한 소유권이전등기를 신청할 수 있다.
③ 매매계약이 무효라는 확인판결에 의하여 등기권리자는 단독으로 소유권이전등기의 말소등기를 신청할 수 없다.
④ 근저당권설정등기를 명하는 판결주문에 필수적 기재사항인 채권최고액이나 채무자가 명시되지 아니한 경우에도 등기를 신청할 수 있다.
⑤ 소유권이전등기절차 이행을 명하는 판결이 확정된 후 10년이 경과하면 그 판결에 의한 소유권이전등기를 신청할 수 없다.

▶ 고득점
25 판결 등 집행권원에 의한 등기신청에 관한 다음 설명 중 틀린 것은?

① 공증인 작성의 공정증서는 부동산에 관한 등기신청의무를 이행하기로 하는 조항이 기재되어 있더라도 등기권리자는 이 공정증서에 의하여 단독으로 등기를 신청할 수 없다.
② 가처분결정에 등기절차의 이행을 명하는 조항이 기재되어 있어도 등기권리자는 이 가처분결정 등에 의하여 단독으로 등기를 신청할 수 없다.
③ 판결에 의한 등기를 신청함에 있어 등기원인증서로서 판결정본과 그 판결이 확정되었음을 증명하는 확정증명서를 첨부하여야 한다.
④ 판결에 의한 등기신청시 등기원인에 대하여 행정관청의 허가 등을 받을 것이 요구되는 때에는 해당 허가서 등의 현존사실이 그 판결서에 기재되어 있는 경우에 한하여 허가서 등의 제출을 하지 아니한다.
⑤ 판결에 의하여 소유권이전등기를 신청하는 경우에 해당 허가서 등의 현존사실이 판결서 등에 기재되어 있다면 별도의 행정관청의 허가 등을 증명하는 서면을 제출할 필요가 없다.

Point 32 제3자에 의한 등기신청 ★★★

> **Tip**
> - 제3자에 의한 등기의 종류를 정확하게 이해하여야 한다.
> - 포괄승계인에 의한 등기와 대위등기에서 채권자대위등기, 구분건물의 등기, 건물이 멸실한 경우에 건물대지소유자의 대위신청 등을 이해하여야 한다.

26 甲이 乙에게 부동산을 매도하고 등기를 하기 전에 사망한 경우의 등기방법에 관한 설명으로 틀린 것은?

① 이 경우에는 甲의 상속인 丙이 등기의무자, 매수인 乙이 등기권리자가 되어 등기신청을 할 수 있다.
② 등기원인은 상속이라 적고, 등기원인일자는 甲의 사망일을 적는다.
③ 등기기록에 적힌 피상속인의 표시가 신청서상 등기의무자와 다르다 하여 이 등기신청을 각하할 수는 없다.
④ 이 경우에는 甲과 乙 사이에 작성된 계약서를 첨부하여야 하고 등기의무자의 권리에 관한 등기필정보도 첨부하여야 한다.
⑤ 甲의 상속인 앞으로 상속등기를 할 필요는 없다.

27 채권자대위에 의한 등기절차와 관련한 다음 설명 중 틀린 것은?

① 「부동산등기법」 제28조에 의하여 채무자를 대위하여 등기를 신청할 수 있는 채권자에는 특정의 등기청구권을 가진 채권자뿐만 아니라 일반적인 금전채권자도 포함된다.
② 채권자가 대위신청할 수 있는 등기는 채무자가 등기권리자로서 신청할 등기나 채무자의 권리에 영향이 없는 등기만을 말한다.
③ 채권자가 채무자를 대위하여 등기를 신청하는 경우 채무자로부터 채권자 자신으로의 등기를 동시에 신청하는 때에만 이를 수리할 수 있다.
④ 대위원인을 증명하는 정보는 공정증서가 아닌 사서증서라도 무방하다.
⑤ 등기관이 등기를 마쳤을 때에는 대위채권자에게 그 등기필정보를 작성·교부하지 아니하며, 등기권리자에게 등기완료의 통지를 하여야 한다.

28 채권자 甲이 채권자대위권에 의하여 채무자 乙을 대위하여 등기신청하는 경우에 관한 설명으로 옳은 것을 모두 고른 것은?

제31회

> ㉠ 乙에게 등기신청권이 없으면 甲은 대위등기를 신청할 수 없다.
> ㉡ 대위등기신청에서는 乙이 등기신청인이다.
> ㉢ 대위등기를 신청할 때 대위원인을 증명하는 정보를 첨부하여야 한다.
> ㉣ 대위신청에 따른 등기를 한 경우, 등기관은 乙에게 등기완료의 통지를 하여야 한다.

① ㉠, ㉡
② ㉠, ㉢
③ ㉡, ㉣
④ ㉠, ㉢, ㉣
⑤ ㉡, ㉢, ㉣

고득점

29 대위에 의하여 등기를 신청할 수 있는 경우를 설명한 것으로 **틀린** 것을 모두 고른 것은?

> ㉠ 일부의 구분건물의 소유자가 소유권보존등기를 신청하는 경우 다른 구분건물의 소유자를 대위하여 그 건물의 소유권보존등기를 신청할 수 있다.
> ㉡ 건물과 토지의 소유자가 다른 경우 건물의 소유자가 1개월 이내에 그 멸실등기를 신청하지 아니한 때에는 그 건물대지의 소유자가 대위하여 그 등기를 신청할 수 있다.
> ㉢ 가등기명의인의 승낙서나 이에 대항할 수 있는 재판의 등본을 첨부한 때에는 등기상의 이해관계인은 가등기명의인에 대위하여 가등기의 말소를 신청할 수 있다.
> ㉣ 구분건물로서 그 대지권의 변경이 있는 경우에는 구분건물의 소유권의 등기명의인은 1동의 건물에 속하는 다른 구분건물의 소유권의 등기명의인을 대위하여 그 변경등기를 신청할 수 없다.

① ㉠, ㉢
② ㉡, ㉢
③ ㉡, ㉣
④ ㉠, ㉢, ㉣
⑤ ㉡, ㉢, ㉣

30 등기신청에 관한 설명으로 틀린 것은? (다툼이 있으면 판례에 따름) 제33회

① 상속인이 상속포기를 할 수 있는 기간 내에는 상속인의 채권자가 대위권을 행사하여 상속등기를 신청할 수 없다.
② 가등기를 마친 후에 가등기권자가 사망한 경우, 그 상속인은 상속등기를 할 필요 없이 상속을 증명하는 서면을 첨부하여 가등기의무자와 공동으로 본등기를 신청할 수 있다.
③ 건물이 멸실된 경우, 그 건물소유권의 등기명의인이 1개월 이내에 멸실등기신청을 하지 않으면 그 건물대지의 소유자가 그 건물소유권의 등기명의인을 대위하여 멸실등기를 신청할 수 있다.
④ 피상속인으로부터 그 소유의 부동산을 매수한 매수인이 등기신청을 하지 않고 있던 중 상속이 개시된 경우, 상속인은 신분을 증명할 수 있는 서류를 첨부하여 피상속인으로부터 바로 매수인 앞으로 소유권이전등기를 신청할 수 있다.
⑤ 1동의 건물에 속하는 구분건물 중 일부만에 관하여 소유권보존등기를 신청하면서 나머지 구분건물의 표시에 관한 등기를 동시에 신청하는 경우, 구분건물의 소유자는 1동에 속하는 다른 구분건물의 소유자를 대위하여 그 건물의 표시에 관한 등기를 신청할 수 있다.

Point 33 등기신청의무 ★★★

정답 및 해설 p.33~34

> 💡 **Tip**
> - 등기는 원칙은 신청주의를 취하고 있으나 예외적으로 「부동산등기법」에서 표시등기에 관하여, 「부동산등기 특별조치법」에서 소유권등기에 관하여 등기신청의무를 지우고 있다.
> - 신청의무기간과 그 기산점에 관하여 정확하게 이해하여야 한다.

31 다음 부동산등기신청의 의무에 대한 설명 중 틀린 것은?

① 건물의 분합, 면적증감, 일부멸실의 경우 소유권의 등기명의인은 1개월 이내에 등기를 신청하여야 한다.
② 건물대지의 지번변경이나 대지권의 변경 또는 소멸이 있는 경우 소유권의 등기명의인은 1개월 이내에 등기를 신청하여야 한다.
③ 등기된 토지의 전부가 물리적으로 멸실된 경우 소유권의 등기명의인은 1개월 이내에 멸실등기를 신청하여야 하고, 이를 게을리한 경우에는 과태료가 부과된다.
④ 미등기부동산에 대하여 소유권을 이전하는 계약을 체결한 경우 계약체결 당시에 보존등기가 가능한 때에는 그 계약을 체결한 날로부터 60일 이내에 소유권보존등기를 하여야 한다.
⑤ 「부동산등기 특별조치법」에서는 소유권보존등기와 소유권이전등기에 대하여 신청의 의무를 두고 있다.

32 甲은 乙에게 甲 소유의 X부동산을 부담 없이 증여하기로 하였다. 「부동산등기 특별조치법」에 따른 부동산소유권등기의 신청에 관한 설명으로 틀린 것은? (다툼이 있으면 판례에 의함)

제25회

① 甲과 乙은 증여계약의 효력이 발생한 날부터 60일 내에 X부동산에 대한 소유권이전등기를 신청하여야 한다.
② 특별한 사정이 없으면, 신청기간 내에 X부동산에 대한 소유권이전등기를 신청하지 않아도 원인된 계약은 효력을 잃지 않는다.
③ 甲이 X부동산에 대한 소유권보존등기를 신청할 수 있음에도 이를 하지 않고 乙에게 증여하는 계약을 체결하였다면, 증여계약의 체결일이 보존등기 신청기간의 기산일이다.
④ X부동산에 관한 소유권이전등기를 신청기간 내에 신청하지 않고 乙이 丙에게 소유권이전등기청구권을 양도하여도 당연히 그 양도행위의 사법상의 효력이 부정되는 것은 아니다.
⑤ 만일 甲이 乙에게 X부동산을 매도하였다면, 계약으로 정한 이행기가 그 소유권이전등기 신청기간의 기산일이다.

33 등기신청의무에 관한 다음 설명 중 옳은 것을 모두 고른 것은?

> ㉠ 부동산의 소유권이전을 내용으로 하는 계약을 체결한 자는 계약당사자의 일방만이 채무를 부담하는 경우에는 잔금을 지급한 날로부터 60일 이내에 소유권이전등기를 신청하여야 한다.
> ㉡ 소유권보존등기를 신청할 수 있음에도 이를 하지 아니한 채 그 미등기부동산에 대하여 증여계약을 체결한 자는 그 계약을 체결한 날부터 60일 이내에 소유권보존등기를 신청하여야 한다.
> ㉢ 건물이 멸실된 경우에는 그 건물 소유권의 등기명의인은 그 사실이 있는 때부터 1개월 이내에 그 등기를 신청하여야 한다.
> ㉣ 존재하지 아니하는 건물에 대한 등기가 있을 때에는 그 소유권의 등기명의인은 지체 없이 그 건물의 멸실등기를 신청하여야 한다.

① ㉠, ㉡
② ㉠, ㉢
③ ㉡, ㉢
④ ㉢, ㉣
⑤ ㉡, ㉢, ㉣

Point 34   등기신청정보 및 첨부정보 ★★★

정답 및 해설 p.34~36

💡 Tip
- 등기신청정보와 첨부정보에 관련하여 등기신청정보, 등기필정보, 인감증명 등에 대하여 정확하게 이해하여야 한다.
- 등기신청정보의 일괄신청, 간인과 정정인의 구별이 중요하다.
- 등기필정보의 불첨부와 멸실한 경우의 방법이 출제되었으나 등기필정보와 관련되는 등기예규도 출제될 수 있다.
- 인감증명을 제출하는 경우를 이해하여야 한다.

34 등기신청정보의 작성방법에 관한 다음 설명 중 **틀린** 것은?

① 관할 등기소가 다른 여러 개의 부동산과 관련하여 공동저당의 등기를 신청하는 경우에는 해당 부동산 일부에 관한 사항을 신청정보의 내용으로 등기소에 제공하여야 한다.
② 신청정보가 여러 장이어서 간인을 할 경우 등기권리자와 등기의무자 중에서 각각 1인이 간인하여야 한다.
③ 신청정보를 정정할 때에는 신청인 전원이 정정인을 날인하여야 한다.
④ 법인 아닌 사단이나 재단이 등기명의인인 경우에는 그 대표자나 관리인의 성명, 주소 및 주민등록번호를 신청정보의 내용으로 등기소에 제공하여야 한다.
⑤ 동일한 부동산에 관하여 소유권이전등기와 저당권설정등기를 신청하기 위해서는 별개의 신청정보로 하여야 한다.

35 매매를 원인으로 한 토지소유권이전등기를 신청하는 경우에 「부동산등기규칙」상 신청정보의 내용으로 등기소에 제공해야 하는 사항으로 옳은 것은?   제33회

① 등기권리자의 등기필정보
② 토지의 표시에 관한 사항 중 면적
③ 토지의 표시에 관한 사항 중 표시번호
④ 신청인이 법인인 경우에 그 대표자의 주민등록번호
⑤ 대리인에 의하여 등기를 신청하는 경우에 그 대리인의 주민등록번호

☆중요
36 등기신청정보에 관한 다음 설명 중 <u>틀린</u> 것은?

① 매매에 관한 거래계약서를 등기원인정보로 소유권이전등기를 신청하는 경우에는 거래신고 일련번호와 매매목록상의 거래가액을 적어야 한다.
② 동일한 등기소의 관할 내에 있는 여러 개의 부동산에 관한 등기를 신청하는 경우 등기원인과 등기목적 등이 동일한 때에는 1개의 신청정보로 등기를 신청할 수 있다.
③ 관할 등기소가 다른 여러 개의 부동산과 관련하여 소유자가 다른 여러 부동산에 대한 공동저당 등기신청을 할 때에는 여러 개의 부동산에 관한 신청정보를 일괄하여 제공하는 방법으로 제공하여야 한다.
④ 신청서의 문자를 삭제한 경우에는 그 글자 수를 난외(欄外)에 적으며 문자의 앞뒤에 괄호를 붙이고 이에 서명 또는 날인하여야 한다.
⑤ 같은 채권의 담보를 위하여 여러 개의 부동산에 대한 저당권설정등기를 신청하는 경우, 부동산의 관할등기소가 서로 다르면 1건의 신청정보로 일괄하여 등기를 신청할 수 없다.

☆중요
37 등기원인정보의 검인에 관한 설명으로 옳은 것은?

① 판결에 의하여 소유권이전등기를 신청하는 경우에 그 등기원인이 계약이라면 검인받은 판결서의 정본을 제출할 필요가 없다.
② 무허가건물에 대한 매매계약서나 미등기아파트에 대한 분양계약서는 검인을 받아야 한다.
③ 신탁해지약정서를 원인서면으로 첨부하여 소유권이전등기를 신청하는 경우에는 검인을 받을 필요가 없다.
④ 매매계약 해제로 인한 소유권이전등기의 말소등기 신청시 그 등기원인정보인 매매계약 해제증서에 검인을 받아야 한다.
⑤ 토지거래허가구역 내에서 동일 지번상의 토지 및 건물에 대한 일괄 소유권이전등기를 신청할 경우 건물에 대해서는 별도로 검인을 받아야 한다.

38 다음 중 소유권이전등기 신청시 제출할 계약서의 검인과 관련한 설명으로 <u>틀린</u> 것은?

① 계약을 원인으로 소유권이전등기를 신청할 때에는 계약의 종류를 불문하고 검인을 받은 계약서의 원본 또는 판결서의 정본을 제출하여야 한다.
② 토지거래허가구역 안의 토지 및 그 지상의 건물에 대하여 소유권이전등기를 함께 신청하는 경우 토지에 대하여 거래계약허가를 받았다면 건물에 대하여 별도로 검인을 받지 않아도 된다.
③ 계약의 일방 당사자가 지방자치단체인 경우에는 등기원인증서에 검인을 받을 필요가 없다.
④ 경매절차에서의 매각을 원인으로 한 소유권이전등기를 촉탁할 때에는 등기원인증서에 검인을 받을 필요가 없다.
⑤ 토지수용으로 인한 소유권이전등기를 신청할 때에 첨부정보로서 제공하는 등기원인정보인 재결서 또는 협의성립확인서에는 검인을 받아야 한다.

39 2021년에 사인(私人)간 토지소유권이전등기 신청시, 등기원인을 증명하는 서면에 검인을 받아야 하는 경우를 모두 고른 것은?   제32회

> ㉠ 임의경매
> ㉡ 진정명의 회복
> ㉢ 공유물분할합의
> ㉣ 양도담보계약
> ㉤ 명의신탁해지약정

① ㉠, ㉡
② ㉠, ㉢
③ ㉡, ㉣
④ ㉢, ㉤
⑤ ㉢, ㉣, ㉤

40 거래신고필증과 매매목록에 대한 설명으로 틀린 것은?

① 2006년 1월 1일 이후 작성된 매매에 관한 거래계약서를 등기원인정보로 하여 소유권이전등기를 신청하는 경우에는 거래신고필증과 매매목록을 제출하여야 한다.
② 매매목록은 거래신고의 대상이 되는 부동산이 2개 이상인 경우에 작성하고, 그 매매목록에는 거래가액과 목적부동산을 적는다.
③ 거래되는 부동산이 1개라 하더라도 여러 사람의 매도인과 여러 사람의 매수인 사이의 매매계약인 경우에는 매매목록을 작성한다.
④ 등기원인이 매매라 하더라도 등기원인정보가 판결·조정조서 등 매매계약서가 아닌 때에는 실거래가액등기대상이 아니다.
⑤ 매매계약서를 등기원인정보로 제출하면서 소유권이전등기가 아닌 소유권이전청구권가등기를 신청하는 경우에도 실거래가액등기를 하여야 한다.

41 2022년에 체결된 「부동산 거래신고 등에 관한 법률」 제3조 제1항 제1호의 부동산 매매계약의 계약서를 등기원인정보로 하는 소유권이전등기에 관한 설명으로 틀린 것은? 제33회

① 신청인은 위 법률에 따라 신고한 거래가액을 신청정보의 내용으로 등기소에 제공해야 한다.
② 신청인은 시장·군수 또는 구청장이 제공한 거래계약신고필증정보를 첨부정보로서 등기소에 제공해야 한다.
③ 신고 관할관청이 같은 거래부동산이 2개 이상인 경우, 신청인은 매매목록을 첨부정보로서 등기소에 제공해야 한다.
④ 거래부동산이 1개라 하더라도 여러 명의 매도인과 여러 명의 매수인 사이의 매매계약인 경우에는 매매목록을 첨부정보로서 등기소에 제공해야 한다.
⑤ 등기관은 거래가액을 등기기록 중 갑구의 등기원인란에 기록하는 방법으로 등기한다.

고득점
42 등기필정보에 대한 다음 설명 중 옳은 것은?

① 판결에 의하여 등기를 신청하는 경우에 등기필정보를 첨부할 필요가 없다. 다만, 승소한 등기의무자가 등기를 신청할 때에는 그의 등기필정보를 첨부하여야 한다.
② 환매등기를 신청하는 경우에 등기의무자의 등기필정보를 첨부하여야 한다.
③ 유증을 원인으로 하는 소유권이전등기를 신청할 경우 등기필정보를 요하지 않는다.
④ 등기필정보가 멸실된 경우에는 등기의무자 본인이 등기소에 출석하여 등기관으로부터 그가 등기의무자 본인임을 확인하는 소정의 조서를 작성하여야 하고, 등기 후 등기권리자에게 등기사실을 알린다.
⑤ 가등기에 기한 본등기시에는 가등기필정보를 첨부하여야 한다.

43 등기필정보에 관한 설명으로 틀린 것은? 제30회

① 승소한 등기의무자가 단독으로 등기신청을 한 경우, 등기필정보를 등기권리자에게 통지하지 않아도 된다.
② 등기관이 새로운 권리에 관한 등기를 마친 경우, 원칙적으로 등기필정보를 작성하여 등기권리자에게 통지해야 한다.
③ 등기권리자가 등기필정보를 분실한 경우, 관할등기소에 재교부를 신청할 수 있다.
④ 승소한 등기의무자가 단독으로 권리에 관한 등기를 신청하는 경우, 그의 등기필정보를 등기소에 제공해야 한다.
⑤ 등기관이 법원의 촉탁에 따라 가압류등기를 하기 위해 직권으로 소유권보존등기를 한 경우, 소유자에게 등기필정보를 통지하지 않는다.

☆ 중요

44 등기의무자의 권리에 관한 등기필정보가 멸실된 경우의 등기신청절차에 관한 설명 중 **틀린** 것은?

① 관할등기소에 소유권등기를 한 성년자 2인 이상의 보증서로 등기필정보에 갈음할 수 없다.
② 변호사가 대리인으로서 등기를 신청하는 경우 등기의무자 또는 그 법정대리인으로부터 위임받았음을 확인하는 서면 1통을 제출하면 된다.
③ 등기의무자 또는 그 법정대리인이 신청서 중 등기의무자의 작성부분에 확정일자인을 받아 그 부본 1통을 제출하면 된다.
④ 등기의무자 또는 그 법정대리인이 직접 등기소에 출석하여 등기신청을 하면 된다.
⑤ 국내부동산을 처분하려는 재외국민이나 외국인의 수임인이 대리신청하는 경우에는 그 처분권한 일체를 위임받은 내용의 위임장에 등기필정보 멸실의 뜻을 기록하고 공증을 받아 그 위임장 부본 1통을 제출하면 된다.

45 등기필정보에 관한 설명으로 옳은 것은? 제34회

① 등기필정보는 아라비아숫자와 그 밖의 부호의 조합으로 이루어진 일련번호와 비밀번호로 구성한다.
② 법정대리인이 등기를 신청하여 본인이 새로운 권리자가 된 경우, 등기필정보는 특별한 사정이 없는 한 본인에게 통지된다.
③ 등기절차의 인수를 명하는 판결에 따라 승소한 등기의무자가 단독으로 등기를 신청하는 경우, 등기필정보를 등기소에 제공할 필요가 없다.
④ 등기권리자의 채권자가 등기권리자를 대위하여 등기신청을 한 경우, 등기필정보는 그 대위채권자에게 통지된다.
⑤ 등기명의인의 포괄승계인은 등기필정보의 실효선고를 할 수 없다.

46 다음 중 등기필정보를 작성·교부하는 경우를 모두 고른 것은?

㉠ 권리의 보존, 설정, 말소등기를 경료한 경우
㉡ 주소변경에 따라 등기명의인 표시변경등기를 하는 경우
㉢ 甲 단독소유를 甲·乙 공유로 경정하는 경우
㉣ 승소한 등기의무자의 신청에 의하여 소유권이전등기를 하는 경우
㉤ 소유권이전청구권 보전을 위한 가등기를 하는 경우

① ㉠, ㉡
② ㉠, ㉢
③ ㉡, ㉣
④ ㉡, ㉤
⑤ ㉢, ㉤

47 등기필정보의 작성 및 통지에 관한 설명으로 옳은 것은?

① 「부동산등기법」제3조 기타 법령에서 등기할 수 있는 권리로 규정하고 있는 권리를 보존, 설정, 말소하는 등기를 하는 경우에 등기필정보를 작성 및 통지하여야 한다.
② 등기명의인 표시를 경정 또는 변경등기를 하는 경우에 등기필정보를 작성 및 통지하여야 한다.
③ 등기필정보의 일련번호는 영문 또는 아라비아 숫자를 조합한 12개로 구성하고 비밀번호는 50개를 부여하여야 한다.
④ 채권자대위에 의한 등기를 경료한 경우에 등기명의인을 위한 등기필정보를 작성·교부한다.
⑤ 승소한 등기권리자의 신청에 의한 등기를 경료한 경우에 등기명의인을 위한 등기필정보를 작성·교부하지 아니한다.

48 방문신청을 하는 경우 제출하는 인감증명에 관한 다음 설명 중 틀린 것은?

① 소유권의 등기명의인이 등기의무자로서 등기를 신청하는 경우 등기의무자의 인감증명을 제출한다.
② 매매를 원인으로 한 소유권이전등기신청의 경우 반드시 부동산매도용 인감증명서를 첨부하여야 하지만 매매 이외의 경우에는 인감증명서상의 사용용도와 그 등기의 목적이 다르더라도 그 등기신청은 이를 수리하여야 한다.
③ 등기신청서에 제3자의 동의 또는 승낙을 증명하는 서면을 첨부하는 경우 그 제3자의 인감증명을 제출한다.
④ 등기신청서에 첨부하는 인감증명은 발행일부터 3개월 이내의 것이어야 한다.
⑤ 소유권에 관한 가등기명의인이 가등기의 말소등기를 신청하는 경우 소유자의 인감증명을 첨부하여야 한다.

▲ 고득점
49 다음 중 등기신청시 첨부하는 인감증명서에 관한 설명으로 옳은 것은?

① 소유권 외의 권리의 등기명의인이 등기의무자로서 등기를 신청하는 경우에 등기필정보가 멸실되어 등기명의인이 등기소에 직접 출석하여 등기관의 확인조서를 작성하는 방법으로 등기를 신청하는 경우에는 그 등기의무자의 인감증명을 첨부하지 아니한다.
② 법정상속지분에 의하여 상속등기를 하는 경우에는 상속인 전원의 인감증명을 첨부하여야 한다.
③ 근저당권자가 등기의무자로서 근저당권이전등기를 신청하는 경우에는 등기의무자의 인감증명서를 첨부하지 아니한다.
④ 인감증명을 제출하여야 하는 자가 다른 사람에게 권리의 처분권한을 수여한 경우에 그 대리인의 인감증명을 첨부하지 아니한다.
⑤ 인감증명서의 제출이 필요한 등기를 법정대리인이 신청하는 경우에는 본인이나 법정대리인의 인감증명을 첨부하여야 한다.

50 「농지법」상의 농지에 대하여 소유권이전등기를 신청할 때 농지취득자격증명을 첨부할 필요가 없는 경우는?

① 부인이 남편 소유의 농지를 상속받은 경우
② 농지전용허가를 받은 농지를 개인이 매수한 경우
③ 영농조합법인이 농지를 매수한 경우
④ 개인이 국가로부터 농지를 매수한 경우
⑤ 아들이 아버지로부터 농지를 증여받은 경우

51 등기원인에 대한 제3자의 허가, 동의 또는 승낙 등을 증명하는 정보에 관한 다음 설명 중 틀린 것은?

① 국가나 지방자치단체로부터 농지를 매수하여 소유권이전등기를 신청하는 경우에는 농지취득자격증명을 첨부하여야 한다.
② 소유권이전등기를 신청할 때에는 해당 허가서 등의 현존사실이 판결서에 기재되어 있다 하더라도 행정관청의 허가 등을 증명하는 정보를 반드시 첨부하여야 한다.
③ 토지에 대한 거래계약의 체결 당시에 그 토지가 토지거래허가대상이었다면 그 후 토지거래허가구역의 지정이 해제되어 소유권이전등기를 신청할 때에는 토지거래허가서를 첨부하여야 한다.
④ 외국인 등이 토지취득허가증을 첨부하여 등기권리자로서 등기신청하는 경우에는 토지거래계약허가증을 첨부하지 아니한다.
⑤ 토지거래계약허가증을 등기신청서에 첨부한 때에는 등기원인정보에 검인을 받을 필요가 없으며 농지취득자격증명도 첨부하지 아니한다.

52 등기신청을 위한 첨부정보에 관한 설명으로 옳은 것을 모두 고른 것은?

제34회

㉠ 토지에 대한 표시변경등기를 신청하는 경우, 등기원인을 증명하는 정보로서 토지대장정보를 제공하면 된다.
㉡ 매매를 원인으로 소유권이전등기를 신청하는 경우, 등기의무자의 주소를 증명하는 정보도 제공하여야 한다.
㉢ 상속등기를 신청하면서 등기원인을 증명하는 정보로서 상속인 전원이 참여한 공정증서에 의한 상속재산분할협의서를 제공하는 경우, 상속인들의 인감증명을 제출할 필요가 없다.
㉣ 농지에 대한 소유권이전등기를 신청하는 경우, 등기원인을 증명하는 정보가 집행력 있는 판결인 때에는 특별한 사정이 없는 한 농지취득자격증명을 첨부하지 않아도 된다.

① ㉠, ㉡
② ㉢, ㉣
③ ㉠, ㉡, ㉢
④ ㉠, ㉢, ㉣
⑤ ㉡, ㉢, ㉣

53 등기소에 제공해야 하는 부동산등기의 신청정보와 첨부정보에 관한 설명으로 틀린 것은?

제35회

① 등기원인을 증명하는 정보가 등기절차의 인수를 명하는 집행력 있는 판결인 경우, 승소한 등기의무자는 등기신청시 등기필정보를 제공할 필요가 없다.
② 대리인에 의하여 등기를 신청하는 경우, 신청정보의 내용으로 대리인의 성명과 주소를 제공해야 한다.
③ 매매를 원인으로 소유권이전등기를 신청하는 경우, 등기의무자의 주소 또는 사무소 소재지를 증명하는 정보를 제공해야 한다.
④ 등기상 이해관계 있는 제3자의 승낙이 필요한 경우, 이를 증명하는 정보 또는 이에 대항할 수 있는 재판이 있음을 증명하는 정보를 첨부정보로 제공해야 한다.
⑤ 첨부정보가 외국어로 작성된 경우에는 그 번역문을 붙여야 한다.

54 부동산등기용등록번호에 관한 설명으로 옳은 것은?   제27회

① 법인의 등록번호는 주된 사무소 소재지를 관할하는 시장, 군수 또는 구청장이 부여한다.
② 주민등록번호가 없는 재외국민의 등록번호는 대법원 소재지 관할등기소의 등기관이 부여한다.
③ 외국인의 등록번호는 체류지를 관할하는 시장, 군수 또는 구청장이 부여한다.
④ 법인 아닌 사단의 등록번호는 주된 사무소 소재지 관할등기소의 등기관이 부여한다.
⑤ 국내에 영업소나 사무소의 설치 등기를 하지 아니한 외국법인의 등록번호는 국토교통부장관이 지정·고시한다.

55 법인 아닌 사단이나 재단의 부동산등기신청에 관한 설명으로 틀린 것은?

① 종중이 소유한 부동산을 등기하는 경우에는 갑구에 종중명칭 외에 종중대표자의 성명, 주소, 주민등록번호를 함께 기록한다.
② 동민이 법인 아닌 사단을 구성하고 그 명칭을 행정구역인 동 명의와 동일하게 한 경우에는 그 동민의 대표자가 동 명의로 등기신청을 할 수 있다.
③ 외국법인으로서 국내에서 법인등기를 필하지 아니한 사단도 부동산등기를 할 수 있다.
④ 정관 기타의 규약에서 정한 방법에 의하여 대표자 또는 관리인으로 선임되었음을 증명하는 서면(사원총회결의서)을 첨부하여야 하고, 부동산등기용 등록번호대장이나 단체등록증명서는 위 대표자나 관리인을 증명하는 서면으로 제출할 수 없다.
⑤ 법인 아닌 사단이나 재단이 등기권리자인 경우 대표자나 관리인의 인감증명을 제출하여야 한다.

▶ 고득점
56 A시(市)가 B(○○고교동창회: 법인 아닌 사단)에게 토지를 처분한 경우의 등기절차에 관한 다음의 설명 중 틀린 것은?

① 위 처분에 따른 소유권이전등기를 신청할 때에는 인감증명도, 등기필정보도 요구되지 않는다.
② 계약서의 검인도 요구되지 않는다.
③ B가 A시에 등록되어 있는 단체라 하더라도 B의 부동산등기용등록번호를 증명하는 서면으로는 B의 대표자를 증명하는 서면에 갈음할 수 없다.
④ 위 처분에 따른 등기신청은 촉탁에 의할 수도 있고, 법무사 등에게 그 신청을 위임할 수도 있다.
⑤ 위의 등기신청시 B의 사원총회결의서를 첨부서면으로 제출하여야 한다.

57 다음 중 등기신청시에 도면을 첨부하여야 하는 경우가 아닌 것은?

① 건물의 분할등기
② 구분건물의 소유권보존등기
③ 토지의 일부에 대한 지상권설정등기
④ 토지의 소유권보존등기
⑤ 토지의 일부에 대한 전세권설정등기

Point 35 전자신청 ★★★

정답 및 해설 p.36~37

> **Tip**
> - 등기신청방식과 관련된 전자신청에 관한 부분으로 사용자등록절차, 전자신청의 대상자 등에 관한 내용을 숙지하여야 한다.
> - 전자신청의 절차에서 등기의 보정, 취하, 각하처분이 어떻게 이루어지는지를 살펴보아야 한다.

58 등기신청에 관한 설명으로 옳은 것은?   제29회 수정

① 외국인은 「출입국관리법」에 따라 외국인등록을 하더라도 전산정보처리조직에 의한 사용자등록을 할 수 없으므로 전자신청을 할 수 없다.
② 법인 아닌 사단이 등기권리자로서 등기신청을 하는 경우, 그 대표자의 성명 및 주소를 증명하는 정보를 첨부정보로 제공하여야 하지만 주민등록번호를 제공할 필요는 없다.
③ 변호사나 법무사[법무법인·법무법인(유한)·법무사합동법인을 포함한다](자격자대리인)가 아닌 자는 다른 사람을 대리하여 전자신청을 할 수 있다.
④ 사용자등록을 한 법무사에게 전자신청에 관한 대리권을 수여한 등기권리자는 사용자등록을 하여야만 법무사가 대리하여 전자신청을 할 수 있다.
⑤ 전자표준양식에 의한 등기신청의 경우, 자격자대리인(법무사 등)이 아닌 자도 타인을 대리하여 등기를 신청할 수 있다.

중요
59 전산정보처리조직에 의한 부동산등기신청에 관한 설명 중 **틀린** 것을 모두 고른 것은?

> ㉠ 보정사항이 있는 경우 등기관은 보정사유를 등록한 후 전자우편의 방법에 의하여 그 사유를 신청인에게 통지하여야 한다.
> ㉡ 전자신청의 보정은 전산정보처리조직에 의하여 하여야 한다.
> ㉢ 전자신청의 취하는 전산정보처리조직을 이용해서 하여야 한다.
> ㉣ 전자신청에 대한 각하 결정의 방식 및 고지방법은 전산정보처리조직을 이용해서 하여야 한다.

① ㉠, ㉡
② ㉠, ㉣
③ ㉡, ㉢
④ ㉡, ㉣
⑤ ㉢, ㉣

60 전산정보처리조직에 의한 등기신청에 관한 설명으로 **틀린** 것은?

① 전자신청을 하고자 하는 당사자 또는 자격자대리인은 사전에 등기소에 직접 출석하여 인감증명서 및 주소증명서면 등을 첨부한 사용자등록신청서를 제출하여야 한다.
② 사용자등록의 유효기간은 3년으로 한다. 다만, 자격자대리인 외의 자의 경우에는 대법원예규로 정하는 바에 따라 그 기간을 단축할 수 있다.
③ 사용자등록을 한 사람은 유효기간 만료일 3개월 전부터 만료일까지 사이에 유효기간의 연장을 신청할 수 있으며 연장의 횟수는 제한되지 아니한다.
④ 전자증명서를 발급받은 법인은 전자신청할 수 있지만, 종중이나 교회와 같은 법인 아닌 사단 또는 재단은 전자신청을 할 수 없다.
⑤ 집단사건이나 판단이 어려운 사건과 같이 만일 접수 순서대로 처리한다면 후순위로 접수된 다른 사건의 처리가 상당히 지연될 것이 예상될 경우에도, 이들 신청사건보다 나중에 접수된 사건을 먼저 처리할 수 없다.

Point 36　신청 후의 절차 ★★★★★

> **Tip**
> - 등기신청의 접수 및 심사에서는 각하 사유에 관련된 부분이 출제가 되고 있으며, 특히 「부동산등기법」 제29조 제2호에 관한 사항을 정확하게 이해하여야 한다.
> - 「부동산등기법」 제29조 제2호 위반의 예는 각종 권리의 등기에서도 빈번하게 출제되고 있다.

61 등기신청의 접수에 관한 다음의 설명 중 틀린 것은?

① 등기관이 신청서를 받았을 경우에는 접수장에 등기의 목적, 신청인의 성명(또는 명칭), 접수연월일과 접수번호를 적는다.
② 접수번호는 1년마다 새로이 부여하며, 사건 수가 많을 경우에는 지방법원장의 허가를 얻어 1개월마다 새로 부여할 수 있다.
③ 동일 부동산에 관하여 동시에 여러 개의 신청이 있는 경우에는 동일한 접수번호를 적어야 한다.
④ 등기신청은 등기신청정보가 전산정보처리조직에 저장된 때 접수된 것으로 본다.
⑤ 등기관이 등기를 마친 경우 그 등기는 접수한 때부터 효력을 발생한다.

62 다음 중 등기신청의 각하절차에 관한 설명으로 틀린 것은?

① 등기관은 등기신청에 대하여 실체법상의 권리관계와 일치하는지 여부를 심사할 실질적 심사권한은 없다.
② 등기신청을 각하한 경우에는 접수장의 비고란에 '각하'라고 붉은 글씨로 기재하고, 그 등기신청서는 신청서 기타 부속서류 편철장에 편철한다.
③ 등기관이 등기신청서류에 대한 심사를 하는 경우의 심사의 기준시는 바로 등기부에 기록(등기의 실행)하려고 하는 때인 것이지 등기신청서류의 제출시가 아니다.
④ 등기신청을 각하한 경우에는 신청서 이외의 첨부서류 등은 신청인에게 교부 또는 송달해 주어야 한다.
⑤ 「부동산등기법」 제29조의 각하사유는 예시적인 것이므로 등기관은 그 밖의 사유에 의하여도 등기신청을 각하할 수 있다.

63 다음 중 등기가 가능한 것은?

① 공동상속인 중 1인이 자신의 상속지분만에 대한 상속등기를 신청한 경우
② 甲과 乙이 공유한 건물에 대하여 甲지분만의 소유권보존등기를 신청한 경우
③ 가압류결정에 의하여 가압류채권자 甲이 乙 소유토지에 대하여 가압류등기를 신청한 경우
④ 甲 소유의 농지에 대하여 乙이 전세권설정등기를 신청하는 경우
⑤ 가등기가처분명령에 의하여 가등기권리자 甲이 乙 소유건물에 대하여 가등기신청을 한 경우

64 「부동산등기법」 제29조 제2호의 '사건이 등기할 것이 아닌 경우'에 해당하는 것을 모두 고른 것은? (다툼이 있으면 판례에 따름)   제34회

> ㉠ 위조한 개명허가서를 첨부한 등기명의인 표시변경등기신청
> ㉡ 「하천법」상 하천에 대한 지상권설정등기신청
> ㉢ 법령에 근거가 없는 특약사항의 등기신청
> ㉣ 일부지분에 대한 소유권 보존등기신청

① ㉠
② ㉠, ㉡
③ ㉢, ㉣
④ ㉡, ㉢, ㉣
⑤ ㉠, ㉡, ㉢, ㉣

65 등기신청의 각하사유로서 '사건이 등기할 것이 아닌 경우'를 모두 고른 것은?   제35회

> ㉠ 구분건물의 전유부분과 대지사용권의 분리처분 금지에 위반한 등기를 신청한 경우
> ㉡ 농지를 전세권설정의 목적으로 하는 등기를 신청한 경우
> ㉢ 공동상속인 중 일부가 자신의 상속지분만에 대한 상속등기를 신청한 경우
> ㉣ 소유권 외의 권리가 등기되어 있는 일반건물에 대해 멸실등기를 신청한 경우

① ㉠, ㉡
② ㉡, ㉣
③ ㉢, ㉣
④ ㉠, ㉡, ㉢
⑤ ㉠, ㉡, ㉢, ㉣

고득점

66 「부동산등기법」제29조 제2호의 '사건이 등기할 것이 아닌 때'에 해당하지 <u>않는</u> 것을 모두 고른 것은?

> ㉠ 가처분등기 후 그에 반하는 소유권이전등기
> ㉡ 가등기에 기한 본등기금지의 가처분등기
> ㉢ 가등기상의 권리의 처분을 금지하는 가처분등기
> ㉣ 관공서의 공매처분으로 인한 권리이전의 등기를 매수인이 신청한 경우
> ㉤ 소유권이전등기의무자의 등기기록상 주소가 신청정보의 주소로 변경된 사실이 명백한 때

① ㉠, ㉢, ㉤　　② ㉠, ㉣, ㉤　　③ ㉡, ㉢, ㉣
④ ㉠, ㉡, ㉢, ㉣　　⑤ ㉡, ㉢, ㉣, ㉤

67 등기신청의 취하에 관한 설명 중 틀린 것은?

① 등기신청대리인이 등기신청을 취하하는 경우에는 취하에 대한 특별수권이 있어야 한다.
② 등기신청의 취하는 반드시 서면으로 하여야 하고, 등기신청이 취하된 경우에는 등기신청서 및 그 부속서류를 모두 환부하여야 한다.
③ 등기의 공동신청 후 등기권리자나 등기의무자는 각각 단독으로 등기신청을 취하할 수 없다.
④ 동일한 신청서로 여러 개의 부동산에 관한 등기신청을 한 경우 일부 부동산에 대한 등기신청을 취하할 수 없다.
⑤ 전자신청을 취하하려면 전자신청과 동일한 방법으로 사용자인증을 받아야 한다.

68 접수된 등기신청정보를 등기관이 심사한 후 취할 수 있는 조치에 관한 설명으로 옳은 것은?

① 등기관은 등기신청서류를 심사하여 흠결을 발견하였을 경우 이를 보정하도록 명령하거나 석명할 의무가 있다.
② 보정은 신청당사자나 대리인이 하여야 하고, 법무사나 변호사의 제출사무원도 보정할 수 있다.
③ 등기관이 등기신청에 대하여 보정을 명하는 경우에 보정할 사항을 구체적으로 적시할 의무는 없다.
④ 방문신청의 보정은 반드시 등기관의 면전에서 하여야 하며 보정을 위하여 신청서 또는 그 부속서류를 신청인에게 반환할 수 있다.
⑤ 등기관은 등기를 마친 후 그 등기가 「부동산등기법」제29조 각 호의 각하사유에 위반된 것을 알게 된 경우에는 소정의 절차를 거쳐 직권으로 말소한다.

Point 37 이의신청 ★★★★

> **Tip**
> - 등기신청절차에서 이의신청에 관한 절차가 최근 시험에서 자주 출제가 되고 있으므로 정확하게 이해하여야 한다.
> - 이의신청의 대상과 이의신청인에 관한 문제는 어려울 수 있으므로 주의를 요하는 부분이다.

69 다음 중 이의신청의 대상이 <u>아닌</u> 것은?

① 사건이 그 등기소 관할에 속하지 아니한 경우에 그 등기를 한 경우
② 사건이 그 등기소 관할에 속하는 것을 관할 위반으로 각하한 경우
③ 신청서가 방식에 적합한데도 불구하고 신청서가 방식에 적합하지 아니한 사유로 각하한 경우
④ 신청정보와 등기원인정보의 기록이 일치하지 아니한 때에 등기를 한 경우
⑤ 구조상 공용부분에 대한 소유권보존등기를 한 경우

70 등기관의 결정 또는 처분에 대한 이의에 관한 설명으로 <u>틀린</u> 것을 모두 고른 것은?

제31회

> ㉠ 이의에는 집행정지의 효력이 있다.
> ㉡ 이의신청자는 새로운 사실을 근거로 이의신청을 할 수 있다.
> ㉢ 등기관의 결정에 이의가 있는 자는 결정 또는 처분을 한 등기관이 속한 지방법원에 이의신청을 할 수 있다.
> ㉣ 등기관은 이의가 이유 없다고 인정하면 이의신청일로부터 3일 이내에 의견을 붙여 이의신청서를 이의신청자에게 보내야 한다.

① ㉠, ㉢
② ㉡, ㉣
③ ㉠, ㉡, ㉣
④ ㉠, ㉢, ㉣
⑤ ㉡, ㉢, ㉣

71 등기관의 처분에 대한 이의신청에 관한 설명으로 틀린 것은? 제34회

① 등기신청인이 아닌 제3자는 등기신청의 각하결정에 대하여 이의신청을 할 수 없다.
② 이의신청은 대법원규칙으로 정하는 바에 따라 결정 또는 처분을 한 등기관이 속한 지방법원에 이의신청서를 제출하는 방법으로 한다.
③ 이의신청기간에는 제한이 없으므로 이의의 이익이 있는 한 언제라도 이의신청을 할 수 있다.
④ 등기관의 처분시에 주장하거나 제출하지 아니한 새로운 사실을 근거로 이의신청을 할 수 없다.
⑤ 등기관의 처분에 대한 이의신청이 있더라도 그 부동산에 대한 다른 등기신청은 수리된다.

☆중요
72 등기관의 처분에 대한 이의신청절차에 관한 설명으로 틀린 것은? (다툼이 있는 경우 등기예규에 의함)

① 등기신청의 각하결정에 대하여는 등기신청인인 등기권리자 및 등기의무자에 한하여 이의신청을 할 수 있고, 제3자는 이의신청을 할 수 없다.
② 채권자가 채무자를 대위하여 완료된 등기가 채무자의 신청에 의하여 말소된 경우 그 말소처분에 대하여 채권자는 이의신청을 할 수 없다.
③ 저당권설정자는 저당권의 양수인과 양도인 사이의 저당권이전의 부기등기에 대하여 이의신청을 할 수 없다.
④ 상속인이 아닌 자는 상속등기가 위법하다 하여 이의신청을 할 수 없다.
⑤ 등기의 말소신청에 있어 등기상 이해관계 있는 제3자의 승낙서 등이 첨부되어 있지 않은 경우 말소등기의무자는 이의신청을 할 수 없다.

73 등기관은 등기를 한 때에는 지체 없이 그 사실을 토지인 경우 지적소관청에, 건물인 경우 건축물대장소관청에 각각 알려야 한다. 다음 중 그 통지대상이 아닌 것은?

① 소유권보존등기
② 소유권이전등기
③ 소유권의 등기명의인표시의 변경등기
④ 소유권의 말소회복등기
⑤ 부동산표시의 변경등기

74 등기관이 등기를 완료한 때에는 등기완료통지서를 작성하여 신청인 및 다음에 해당하는 자에게 등기완료사실을 통지하여야 한다. 이에 해당하는 경우를 모두 고른 것은?

> ㄱ. 직권보존등기에 있어서 등기명의인
> ㄴ. 등기필정보(등기필증 포함)를 제공해야 하는 등기신청에서 등기필정보를 제공하지 않고 확인정보 등을 제공한 등기신청에 있어서 등기의무자
> ㄷ. 공유자 중 일부가 「민법」 제265조 단서에 따른 공유물의 보존행위로서 공유자 전원을 등기권리자로 하여 권리에 관한 등기를 신청한 경우 그 나머지 공유자
> ㄹ. 관공서의 등기촉탁에 있어서 그 관공서

① ㄱ, ㄴ, ㄷ
② ㄱ, ㄴ, ㄹ
③ ㄱ, ㄷ, ㄹ
④ ㄴ, ㄷ, ㄹ
⑤ ㄱ, ㄴ, ㄷ, ㄹ

제4장 표시에 관한 등기

Point 38 표시에 관한 등기 ★★

기본서 p.257~269

구분	의의	신청절차	등기형태
토지표시변경등기	토지의 소재, 지번, 지목, 면적 등이 변경(토지의 분필·합필·분필합필등기)	• 단독신청 • 대장등록 선행	주등기
토지멸실등기	토지의 전부가 멸실한 경우	단독신청	
건물표시변경등기	건물의 소재·지번, 건물의 종류, 구조, 면적 등이 변경(건물의 분할·합병·분할합병·구분등기)	단독신청	주등기
건물멸실등기	건물의 전부가 멸실한 경우	단독신청	
대지권변경등기	• 대지권이 새로 생긴 경우 • 일체성을 상실한 경우 • 대지권의 목적인 토지의 분할	• 동시신청 • 대위신청 • 일괄신청	주등기

(1) **토지합필의 제한**

합필(合筆)하려는 토지에 아래의 등기 외의 권리에 관한 등기가 있는 경우에는 합필의 등기를 할 수 없다.
① 소유권·지상권·전세권·임차권 및 승역지(承役地: 편익제공지)에 하는 지역권의 등기
② 합필하려는 모든 토지에 있는 등기원인 및 그 연월일과 접수번호가 동일한 저당권에 관한 등기
③ 합필하려는 모든 토지에 있는 신탁원부의 등기사항이 동일한 신탁등기

(2) **토지합필의 특례**

「공간정보의 구축 및 관리 등에 관한 법률」에 따른 토지합병절차를 마친 후 합필등기를 하기 전에 합병된 토지 중 어느 토지에 관하여 소유권이전등기가 된 경우라 하더라도 이해관계인의 승낙이 있으면 해당 토지의 소유권의 등기명의인들은 합필 후의 토지를 공유로 하는 합필등기를 신청할 수 있다.

Point 39 경정등기 ★★

기본서 p.270~273

경정등기의 종류	① 토지(건물)표시 경정등기: 주등기 ② 등기명의인표시 경정등기: 부기등기 ③ 권리경정등기: 주등기 또는 부기등기 ④ 대지권경정등기: 주등기
직권경정등기의 요건	① 등기의 착오나 빠진 부분이 등기관의 잘못으로 인한 것 ② 등기상 이해관계 있는 제3자가 있는 경우에는 제3자의 승낙이 필요 ③ 지방법원장에게 보고사항 ④ 직권경정등기를 한 후 그 사실을 등기권리자, 등기의무자 등에게 통지(등기권리자 또는 등기의무자가 수인인 경우에 1인에게 통지)
경정등기의 허용 여부	① 단독소유의 소유권보존등기를 공동소유로 경정하거나 공동소유를 단독소유로 경정하는 경우는 허용된다(권리의 경정등기). ② 법정상속분대로 등기된 후 협의분할에 의하여 소유권경정등기를 신청하는 경우 또는 협의분할에 의한 상속등기 후 협의해제를 원인으로 법정상속분대로 소유권경정등기를 신청하는 경우는 허용된다.
	① 소유권이전등기를 저당권설정등기로 경정, 저당권설정등기를 전세권설정등기로 경정하는 경우는 허용되지 아니한다. ② 권리자를 甲에서 乙로 경정하거나, 甲과 乙의 공동소유에서 丙과 丁의 공동소유로 경정하는 경우는 허용되지 아니한다. ③ 법인 아닌 사단을 법인으로 경정하는 등기를 신청하는 등 동일성을 해하는 신청은 수리할 수 없다.

제4장 단원별 출제예상문제

★중요 출제가능성이 높은 중요 문제   ★고득점 고득점 목표를 위한 어려운 문제   신유형 기존에 출제되지 않은 신유형 대비 문제

Point 38 표시에 관한 등기 ★★

정답 및 해설 p.39

> **Tip**
> 토지(건물)의 표시에 관한 등기에 관련되는 일반적인 문제가 출제될 것으로 보이므로 세부적인 사항보다는 기본적인 흐름을 이해하면 된다.

01 변경등기에 관한 설명으로 옳은 것은?

① 변경등기는 등기사항의 일부가 원시적 불일치를 해결하기 위하여 행하는 등기이다.
② 행정구역 명칭의 변경이 있을 경우에는 등기명의인의 신청에 의하여 변경된 사항을 등기하여야 한다.
③ 건물의 면적이 변경된 경우에는 부기등기의 방법에 의하여 변경등기를 한다.
④ 건물의 구조가 변경된 경우에 변경등기를 신청하기 전에 먼저 건축물대장의 기록사항을 변경하여야 한다.
⑤ 건물번호의 변경, 건물이나 부속건물의 종류나 구조의 변경, 건물대지 지번변경의 등기를 하는 때에는 종전의 표시와 지번을 말소하지 아니한다.

02 토지의 표시에 관한 등기에 관한 다음 설명 중 틀린 것은?

① 토지의 분할, 합병이 있는 경우에는 그 토지 소유권의 등기명의인은 그 사실이 있는 때부터 1개월 이내에 그 등기를 신청하여야 한다.
② 1필의 토지의 일부에 지상권·전세권·임차권의 등기가 있는 경우에 분필등기를 신청할 때에는 권리가 존속할 토지의 표시에 관한 정보를 신청정보의 내용으로 등기소에 제공하여야 한다.
③ 합필하려는 모든 토지에 있는 등기원인 및 그 연월일과 접수번호가 동일한 저당권에 관한 등기가 있는 경우에도 합필의 등기를 할 수 없다.
④ 토지의 분할, 합병 등 토지의 표시변경등기를 신청하는 경우에는 그 토지의 변경 전과 변경 후의 표시에 관한 정보를 신청정보의 내용으로 등기소에 제공하여야 한다.
⑤ 「공간정보의 구축 및 관리 등에 관한 법률」상 분할절차를 거치지 아니하고 분필의 등기가 실행되었다면 분필의 효과가 발생할 수 없으므로 이러한 분필등기는 1부동산 1등기기록의 원칙에 반하는 등기로서 무효이다.

03 甲이 자신의 소유인 A토지와 B토지를 합병하여 합필등기를 신청하고자 할 때 합필등기를 신청할 수 없는 사유에 해당하는 것은? (단, 이해관계인의 승낙은 없는 것으로 봄)

① A, B토지 모두에 신탁원부의 등기사항이 동일한 신탁등기
② A, B토지 모두에 등기원인 및 그 연월일과 접수번호가 동일한 乙의 전세권등기가 있는 경우
③ A, B토지 모두에 등기원인 및 그 연월일과 접수번호가 동일한 乙의 저당권등기가 있는 경우
④ A토지에 乙의 가압류등기, B토지에 丙의 가압류등기가 있는 경우
⑤ A토지에 乙의 전세권등기, B토지에 丙의 전세권등기가 있는 경우

신유형

04 甲토지를 乙토지에 합병하여 합필등기를 하려고 한다. 다음 중 합필등기를 신청할 수 있는 경우를 모두 고른 것은? (단, 이해관계인의 승낙이 있는 것으로 봄)

> ㉠ 甲토지 전부에 대해서는 지상권설정등기가, 乙토지 전부에 대해서는 전세권설정등기가 각각 경료되어 있는 경우
> ㉡ 「공간정보의 구축 및 관리 등에 관한 법률」에 따른 토지합병절차를 마친 후 합필등기를 하기 전에 甲토지 또는 乙토지의 소유권이 제3자에게 이전된 경우
> ㉢ 甲토지와 乙토지에 관하여 모두 등기원인 및 그 연월일과 접수번호가 동일한 체납처분에 의한 압류등기가 경료되어 있는 경우
> ㉣ 합병하려는 모든 건물에 있는 신탁원부의 등기사항이 동일한 신탁등기

① ㉠, ㉢
② ㉡, ㉣
③ ㉠, ㉡, ㉣
④ ㉡, ㉢, ㉣
⑤ ㉠, ㉡, ㉢, ㉣

05 건축물대장에 甲건물을 乙건물에 합병하는 등록을 2018년 8월 1일에 한 후, 건물의 합병등기를 하고자 하는 경우에 관한 설명으로 <u>틀린</u> 것은?

제29회

① 乙건물의 소유권의 등기명의인은 건축물대장상 건물의 합병등록이 있는 날로부터 1개월 이내에 건물합병등기를 신청하여야 한다.
② 건물합병등기를 신청할 의무 있는 자가 그 등기신청을 게을리하였더라도, 「부동산등기법」상 과태료를 부과받지 아니한다.
③ 합병등기를 신청하는 경우, 乙건물의 변경 전과 변경 후의 표시에 관한 정보를 신청정보의 내용으로 등기소에 제공하여야 한다.
④ 甲건물에만 저당권등기가 존재하는 경우에 건물합병등기가 허용된다.
⑤ 등기관이 합병제한 사유가 있음을 이유로 신청을 각하한 경우 지체 없이 그 사유를 건축물대장소관청에 알려야 한다.

06 건물의 멸실등기에 관한 다음 설명 중 틀린 것은?

① 구분건물로서 그 대지권의 변경이나 소멸이 있는 경우에는 구분건물의 소유권의 등기명의인은 1동의 건물에 속하는 다른 구분건물의 소유권의 등기명의인을 대위하여 그 등기를 신청할 수 있다.
② 건물이 멸실되어 멸실등기를 신청하는 경우에는 건물소유자는 반드시 건축물대장등본을 첨부하여야 한다.
③ 건물이 멸실된 경우 그 소유권의 등기명의인이 1개월 이내에 멸실등기를 신청하지 않은 경우에는 그 건물대지의 소유자가 건물 소유권의 등기명의인을 대위하여 그 등기를 신청할 수 있다.
④ 멸실등기시에는 등기관은 1개월 이내의 기간을 정하여 그 기간 내에 이의를 진술하지 아니하면 멸실등기를 한다는 뜻을 통지하여야 한다.
⑤ 존재하지 아니하는 건물에 대한 등기가 있을 때에는 그 소유권의 등기명의인은 지체 없이 그 건물의 멸실등기를 신청하여야 한다.

Point 39 경정등기 ★★

정답 및 해설 p.39~40

💡 Tip
- 경정등기에서는 직권에 의한 경정등기가 과거에 자주 출제되었는데, 경정등기의 요건인 경정등기의 전후의 동일성 유무를 따지는 등기예규에 관련된 문제가 출제될 것으로 예상된다.
- 경정등기에 관련된 등기예규를 정확하게 이해하여야 한다.

🌟 중요
07 경정등기에 관한 설명으로 틀린 것은? (다툼이 있으면 판례에 따름)

① 등기사항의 일부가 부적법하게 된 경우에는 일부말소 의미의 경정등기를 할 수 있다.
② 법인 아닌 사단이 법인화된 경우에는 등기명의인을 법인으로 경정하는 등기를 신청할 수 있다.
③ 전세권설정등기를 하기로 합의하였으나 당사자의 신청의 착오로 임차권으로 등기된 경우, 그 불일치는 경정등기로 시정할 수 없다.
④ 권리자는 甲임에도 불구하고 당사자 신청의 착오로 乙 명의로 등기된 경우, 그 불일치는 경정등기로 시정할 수 없다.
⑤ 법정상속분에 따라 상속등기를 마친 후에 공동상속인 중 1인에게 재산을 취득케 하는 상속재산분할협의를 한 경우에는 소유권경정등기를 할 수 있다.

고득점

08 경정등기에 관한 설명으로 옳은 것을 모두 고른 것은? (다툼이 있는 경우 등기예규·선례에 의함)

> ㉠ 단독소유를 공유로 하거나 공유를 단독소유로 하는 등기명의인 표시경정등기는 수리한다.
> ㉡ 권리자를 甲에서 乙로 경정하거나, 甲과 乙의 공동소유에서 丙과 丁의 공동소유로 경정하는 등기신청은 수리할 수 없다.
> ㉢ 소유권이전등기를 저당권설정등기로 경정하거나 저당권설정등기를 전세권설정등기로 경정하는 등기신청은 수리할 수 없다.
> ㉣ 법인 아닌 사단을 법인으로 경정하는 등기를 신청하는 등기명의인 표시경정등기신청은 수리할 수 있다.

① ㉠, ㉡
② ㉠, ㉢
③ ㉡, ㉢
④ ㉡, ㉣
⑤ ㉢, ㉣

09 직권에 의한 경정등기에 관하여 설명한 것으로 틀린 것은?

① 등기관은 등기의 착오 또는 빠진 부분이 등기관의 잘못으로 인한 것임을 발견한 경우에는 지체 없이 이를 경정하여야 한다. 다만, 등기상 이해관계 있는 제3자가 있는 경우에는 직권경정등기는 허용하지 아니한다.
② 등기의 착오 또는 빠진 부분이 등기관의 잘못으로 인하여 발생한 경우에는 등기관은 직권으로 경정등기를 한 후에 지방법원장에게 보고하여야 한다.
③ 등기관은 직권에 의한 경정등기를 한 경우에는 그 뜻을 등기권리자와 등기의무자에게 알려야 한다.
④ 위 ②에서 등기권리자 또는 등기의무자가 2인 이상인 경우에는 그중 1인에게 알릴 수 있다.
⑤ 채권자대위에 의하여 등기를 완료한 후 그 등기가 등기관의 착오로 인한 것이어서 직권에 의하여 경정등기를 한 경우에는 대위채권자에게도 그 뜻을 알려야 한다.

제5장 권리에 관한 등기

Point 40 권리등기의 통칙 ★★★

기본서 p.275~285

구분	말소등기	말소회복등기
요건	① 등기사항의 전부가 부적합 ② 이해관계인의 승낙서, 판결서를 첨부 ③ 말소등기의 말소등기 ×	① 등기의 전부, 일부가 부적법 말소 ② 말소된 등기의 회복 ③ 이해관계인의 승낙서, 판결서를 첨부

신청절차	① 원칙: 공동신청
	② 예외: 단독신청
	   ㉠ 소유권보존등기의 말소
	   ㉡ 판결에 의한 말소등기
	   ㉢ 등기의무자의 사망·소재불명
	   ㉣ 가등기말소(등기명의인, 이해관계인)
		① 공동신청
		② 단독신청
		③ 촉탁에 의한 등기

직권등기	① 환매권행사시의 환매등기 ② 토지수용 ③ 각하사유(「부동산등기법」제29조 제1호·제2호 위반의 등기) ④ 가등기의 본등기시 양립불가능한 중간처분의 등기 ⑤ 말소될 권리를 목적으로 하는 등기	① 등기관이 직권말소한 등기는 직권말소회복의 대상 ② 등기명의인과 이해관계인에게 1개월의 이의기간, 이의제기가 없으면 직권회복
등기실행	언제나 주등기	① 전부말소회복등기: 주등기 ② 일부말소회복등기: 부기등기

Point 41 소유권보존등기 ★★★★★

기본서 p.286~291

보존등기의 대상	① 1필의 토지, 1개의 건물
	② 미등기부동산의 공동소유
	   ㉠ 전원이 전원명의의 소유권보존등기: ○
	   ㉡ 1인이 전원명의의 소유권보존등기: ○
	   ㉢ 1인이 자기의 지분에 대한 소유권보존등기: ×

신청적격자 (단독신청)	① 대장에 최초의 소유자로 등록되어 있음을 증명하는 자, 그 상속인, 포괄승계인: 미등기토지의 지적공부상 '국'으로부터 소유권이전등록을 받은 자 ② 판결에 의하여 소유권을 증명하는 자: 원칙은 확인판결(형성·이행판결은 판결이유에 소유자임이 나타나면 가능) 　㉠ 명의인이 존재: 명의인을 상대로 한 판결 　㉡ 명의인이 불분명: 토지는 국가를, 건물은 시장·군수·구청장을 상대 ③ 수용으로 소유권취득을 증명하는 자(미등기부동산의 수용) ④ 시장·군수·구청장의 확인정보(건물에 한함): 사실확인서
기록사항 및 첨부정보	① 근거조문표시(등기원인과 그 연월일은 기록 ×) ② 첨부정보: 신청정보, 주소증명정보, 대장정보, 도면 　🔍 ×: 등기원인정보, 등기필정보, 인감증명, 제3자 허가·동의·승낙정보
직권보존등기	① 미등기부동산에 소유권처분제한등기(주택임차권등기명령)의 촉탁시 ② 「건축법」상 사용승인을 받지 않은 미등기건물도 직권보존등기 가능

Point 42 소유권 일부이전 ★★★★

기본서 p.293~295

각종 권리	신청 형태	신청서 기재사항	특징
소유권 일부이전	단독소유를 공유로, 공유물의 지분이전	신청서에 지분을 표시	① 甲 지분의 전부이전 ② 甲 지분 중 일부(전체에 대한 지분)이전
공유	① 등기의 신청 　㉠ 소유권일부이전등기를 신청하는 경우에 신청서에 그 지분을 표시한다. 　㉡ 공유물 불분할의 약정이 있을 때에는 그 약정에 관한 사항도 기록하여야 한다. 약정의 변경등기는 공유자 전원이 공동으로 신청하여야 한다. ② 신청정보 및 등기기록의 기록사항 　㉠ 공유자인 甲의 지분을 전부이전하는 경우 '甲지분 전부이전' 　㉡ 공유자인 甲의 지분을 일부이전하는 경우 '甲지분 ○분의 ○ 중 일부(○분의 ○)이전'으로 기록하되 이전하는 지분은 부동산 전체에 대한 지분을 명시하여 괄호 안에 기록[甲지분 2분의 1 중 일부(4분의 1)이전]		
합유	① 등기부상 합유표시 방법: 등기부상 각 합유자의 지분을 표시하지 아니한다. ② 등기부상 합유자가 변경되는 경우 　㉠ 합유자 중 일부가 교체되는 경우: 합유지분을 처분한 합유자와 합유지분을 취득한 합유자 및 잔존 합유자의 공동신청으로 합유명의인 변경등기를 신청 　㉡ 합유자 중 일부가 탈퇴한 경우: 탈퇴한 합유자와 잔존 합유자의 공동신청으로 잔존 합유자의 합유로 하는 합유명의인 변경등기를 신청 　㉢ 합유자가 추가된 경우: 기존의 합유자 및 새로 가입하는 합유자의 공동신청으로 합유명의인 변경등기를 신청 　㉣ 합유자 중 일부가 사망한 경우: 잔존 합유자의 합유로 하는 합유명의인 변경등기를 신청		

③ 공유를 합유로 변경: 공유자들의 공동신청으로 합유로의 변경등기를 신청
④ 단독소유를 수인의 합유로 이전: 단독소유자와 합유자들의 공동신청으로 소유권이전등기를 신청

Point 43 소유권이전등기 ★★★★

기본서 p.292~307

각종 권리	신청 형태	신청서 기재사항	특징
상속등기	상속인이 단독신청 (상속인 증명서면)	• 등기원인: 상속 • 등기원인일자: 피상속인 사망일	• 1인이 전원명의의 상속등기 ○ • 1인이 자기지분만의 상속등기 ×
유증	포괄·특정유증: 공동신청	• 등기원인: 유증 • 등기원인일자: 유증자 사망일	수증자가 수인인 포괄적 유증 • 수증자 전원이 공동신청 ○ • 수증자의 자기지분만의 신청 ○
수용	• 주체가 기업자: 단독신청 • 주체가 관공서: 촉탁등기	• 등기원인: 수용 • 등기원인일자: 수용한 날 • 수용협의성립확인서 또는 재결서	• 실무상 소유권이전등기 • 수용에 따른 직권말소(그 토지를 위한 지역권과 토지수용위원회가 재결로써 존속을 인정한 권리는 제외)
진정명의 회복등기	• 공동신청 • 단독신청(판결)	• 등기목적: 소유권이전 • 등기원인: 진정명의회복 • 등기원인일자: 기록 ×	• 공동신청: 등기원인정보(×), 등기필정보와 인감증명(○) • 단독신청: 판결서(○), 등기필정보와 인감증명(×) • 토지거래허가서·농지취득증명 ×

환매	① 등기신청인
	  • 권리자: 매도인
	  • 의무자: 매수인
	② 필요적 기재사항: 매매대금과 비용
		• 동시신청
		• 별개의 신청정보
		• 등기필정보, 인감증명(×)
			① 환매등기는 부기등기로 실행
			② 환매권이전: 부기등기의 부기등기
			③ 환매등기의 말소
			  • 환매권행사: 직권말소
			  • 환매권실효: 공동신청말소

신탁	• 수탁자가 단독신청 • 위탁자, 수익자가 대위신청	• 동시신청 • 동일한 신청정보 • 신탁원부	• 신탁원부는 부동산별로 작성 • 신탁에 의한 소유권이전등기와 동순위로 기록

Point 44 용익권등기 ★★★★

기본서 p.308~319

권리	특수적 필요적 기재사항	첨부정보	특징
지상권	• 지상권설정의 목적 • 지상권설정의 범위	• 신청정보 • 지상권설정계약서 • 등기필정보 · 인감증명 • 토지거래허가서	구분지상권
지역권	• 요역지 · 승역지의 표시 • 지역권설정의 목적 • 지역권설정의 범위	• 신청정보 • 지상권설정계약서 • 등기필정보 · 인감증명	• 승역지의 지역권등기 • 요역지의 지역권등기(등기관의 직권등기)
전세권	• 전세금 또는 전전세금 • 전세권의 목적인 범위	• 신청정보 • 전세권설정계약서 • 등기필정보 · 인감증명 • 공동전세목록	–
임차권	• 차임 • 범위	• 신청정보 • 임차권설정계약서 • 등기필정보 · 인감증명	주택임차권등기명령제도

Point 45 담보권등기 ★★★★

기본서 p.319~330

권리	특수적 필요적 기재사항	첨부정보	특징
저당권	• 채권액 • 채무자의 표시(성명과 주소) • 권리의 표시(지상권, 전세권)	• 신청정보 • 저당권설정계약서 • 등기필정보 · 인감증명 • 공동담보목록(공동담보가 5개 이상일 경우)	–
근저당권	• 채권최고액 • 채무자(성명과 주소) • 근저당권설정계약의 뜻	–	• 채권최고액은 당사자가 수인인 경우에 단일하게 기재 • 수인의 채무자가 연대채무자인 경우 채무자로 기재
권리질권	• 질권의 목적인 권리표시 • 채권액 • 채무자(성명과 주소)	–	권리질권의 목적인 저당권등기에 부기등기

참고 근저당권에 관한 등기사무처리지침

근저당권 이전등기	확정 전	① 피담보채권이 양도된 경우에 원칙은 이전등기를 신청할 수는 없다. ② 기본계약상의 채권자 지위가 제3자에게 전부 양도된 경우, 양도인 및 양수인은 '계약 양도'를 등기원인으로 기재
	확정 후	피담보채권이 양도 또는 대위변제된 경우에 근저당권자 및 채권양수인 또는 대위변제자는 등기원인을 '확정채권 양도' 등으로 기재
근저당권 변경등기 (채무자변경)	확정 전	기본계약상의 채무자 지위를 제3자가 계약에 의해 인수한 경우, 근저당권설정자 및 근저당권자는 '계약인수', '중첩적 계약인수'를 등기원인으로 기재
	확정 후	제3자가 그 피담보채무를 인수한 경우에 등기원인을 '확정채무의 면책적 인수', '확정채무의 중첩적 인수' 등으로 기재

Point 46 집합건물에 관한 등기 ★★★★

기본서 p.330~337

구분건물의 요건	① 구조상·이용상 독립성 ② 구분소유의사(구분건물등기)
규약상 공용부분등기	① 규약상 공용부분 뜻의 등기: 기존 소유권의 등기명의인의 단독신청, 전유부분 표제부에 공용부분인 뜻을 기록(각 구는 분리·폐쇄 ×) ② 규약상 공용부분을 폐지하는 경우: 새로운 소유자가 소유권보존등기
대지권등기	① 대지권등기 ㉠ 1동 건물 표제부(대지권의 목적인 토지의 표시): 일련번호, 소재, 지번, 지목, 면적 ㉡ 구분건물 표제부(대지권의 표시): 일련번호, 대지권의 종류·비율 ② 대지권 뜻의 등기: 토지등기기록의 해당구에 직권으로 ③ 대지권등기의 효력 ㉠ 원칙: 대지권등기를 한 건물에 대한 권리등기는 대지권에 동일한 효력 ㉡ 예외: 전세권, 임차권, 건물만의 소유권 귀속에 관한 분쟁으로 인한 가처분등기, 대지권등기 전에 경료된 등기

분리처분의 금지	구분	건물등기기록	토지등기기록	
			소유권이 대지권	지상권, 전세권, 임차권
	금지	건물만에 대한 소유권이전(가)등기, 저당권설정등기	소유권이전등기, 저당권설정등기, 소유권이전가등기	지상권이전등기, 지상권 목적의 저당권설정등기
	허용	전세권, 임차권, 대지권등기 전에 경료된 등기	용익권설정등기, 가처분등기, 대지권등기 전에 경료된 등기	소유권이전등기, 소유권 목적의 저당권설정등기

일체성의 예외	토지등기기록에 일체성이 없는 권리의 등기가 있는 경우 건물등기기록 전유부분 표제부에 '토지에 별도등기 있다는 뜻'을 기록(직권)

Point 47 가등기 *****

기본서 p.338~346

대상	① 가등기 대상 권리: 본등기를 할 수 있는 권리 ② 가등기 대상 청구권: 권리의 설정, 이전, 변경, 소멸의 청구권, 시기부·정지조건부 청구권(장래 확정될 청구권) ③ 가등기에 있어 허용 여부가 문제되는 경우		
	○	㉠ 채권적 청구권을 위한 가등기 ㉢ 이중의 가등기	㉡ 가등기의 가등기 ㉣ 가등기 자체에 대한 처분제한등기
	×	㉠ 물권적 청구권을 위한 가등기 ㉢ 미등기부동산에 대한 제한물권설정 청구권보전 가등기 ㉤ 가등기에 기한 본등기금지가처분등기	㉡ 소유권보존등기의 가등기 ㉣ 처분제한등기의 가등기

신청절차 및 첨부정보	① 공동신청의 원칙 ② 단독신청: 가등기의무자의 승낙서, 가등기가처분명령 정본을 첨부 ③ 첨부정보: 가등기의무자의 인감증명서와 토지거래허가서
실행	① 해당구에 기록 ② 형식은 본등기형식에 따름(주등기 또는 부기등기)
본등기 절차	① 공동신청 　㉠ 등기권리자: 가등기명의인 또는 양수인 　㉡ 등기의무자: 소유권이 제3자에게 이전한 경우에 원래의 가등기의무자 ② 가등기권리자가 수인인 경우의 본등기 절차 　㉠ 1인이 전원 명의의 본등기: × 　㉡ 1인이 자기의 지분에 대한 본등기: ○ ③ 첨부정보: 검인계약서는 본등기, 토지거래허가서는 가등기시에 첨부 ④ 본등기 후 조치: 양립불가능한 중간처분의 등기는 직권으로 말소
가등기의 말소절차	① 공동신청의 원칙 ② 단독신청특칙 　㉠ 가등기명의인이 단독으로 말소신청 　㉡ 가등기의 이해관계인이 가등기명의인 승낙서 또는 재판등본 첨부

Point 48 처분제한등기 ***

기본서 p.347~349

가처분권자가 본안사건에서 승소하여 그 승소판결에 따른 소유권이전등기를 하는 경우	① 해당 가처분등기 이후에 경료된 제3자 명의의 소유권이전등기의 말소는 동시에 단독으로 신청할 수 있다. ② 해당 가처분등기 이후에 경료된 제3자 명의의 소유권이전등기 이외의 등기의 말소는 동시에 단독으로 신청할 수 있다. ③ 해당 가처분등기의 말소는 직권으로 말소하여야 한다.

제5장 단원별 출제예상문제

☆중요 출제가능성이 높은 중요 문제 ↘고득점 고득점 목표를 위한 어려운 문제 ✏신유형 기존에 출제되지 않은 신유형 대비 문제

Point 40 권리등기의 통칙 ★★★

정답 및 해설 p.40~41

💡 Tip
- 권리등기의 통칙은 권리의 변경등기, 등기명의인 표시변경등기, 말소등기, 말소회복등기가 있다.
- 권리의 변경등기에서 주등기와 부기등기를 구별하여야 한다.
- 말소등기에 관한 사항이 매년 출제되고 있으므로 단독말소등기, 직권말소등기 등에 관하여 정확한 암기가 필요하다.

01 등기상 이해관계 있는 제3자의 승낙이 없으면 부기등기가 아닌 주등기로 해야 하는 것은?

① 전세금을 9천만원에서 1억원으로 증액하는 전세권변경등기
② 근저당권을 甲에서 乙로 이전하는 근저당권이전등기
③ 소유자의 주소를 변경하는 등기명의인 표시변경등기
④ 등기원인에 권리소멸에 관한 약정이 있을 경우, 그 약정에 관한 등기
⑤ 질권의 효력을 저당권에 미치도록 하는 권리질권의 등기

02 권리에 관한 등기의 설명으로 틀린 것은? 제31회

① 등기부 표제부의 등기사항인 표시번호는 등기부 갑구(甲區), 을구(乙區)의 필수적 등기사항이 아니다.
② 등기부 갑구(甲區)의 등기사항 중 권리자가 2인 이상인 경우에는 권리자별 지분을 기록하여야 하고, 등기할 권리가 합유인 경우에는 그 뜻을 기록하여야 한다.
③ 권리의 변경등기는 등기상 이해관계가 있는 제3자의 승낙이 없는 경우에도 부기로 등기할 수 있다.
④ 등기의무자의 소재불명으로 공동신청할 수 없을 때 등기권리자는 「민사소송법」에 따라 공시최고를 신청할 수 있고, 이에 따라 제권판결이 있으면 등기권리자는 그 사실을 증명하여 단독으로 등기말소를 신청할 수 있다.
⑤ 등기관이 토지소유권의 등기명의인 표시변경등기를 하였을 때에는 지체 없이 그 사실을 지적소관청에 알려야 한다.

☆중요
03 권리변경등기에 관한 설명 중 틀린 것은?

① 권리주체의 변경이나 권리주체의 표시변경 또는 권리객체의 변경은 권리의 변경에 해당하지 않는다.
② 등기상 이해관계인인가 여부의 판단은 등기부상 형식적으로 판단하기 때문에 그 제3자가 권리변경등기로 인하여 실질적으로 손해를 받는가는 묻지 않는다.
③ 선순위 근저당권의 채권최고액을 증액하는 근저당권변경등기의 경우에 후순위 권리자는 이해관계 있는 제3자에 해당한다.
④ 전세권변경등기를 하는 경우에 전세권의 존속기간 연장과 전세금의 감액을 함께 신청하는 경우에는 후순위 근저당권자의 승낙서 등을 첨부하면 부기등기로 할 수 있다.
⑤ 권리변경등기의 경우에 등기상 이해관계 있는 제3자가 있는 경우 그의 승낙서나 재판의 등본을 첨부하지 않으면 각하처분의 대상이다.

04 등기명의인 표시변경등기와 관련한 다음 설명 중 옳은 것은?

① 등기명의인 표시변경등기 신청의 경우에는 등기원인정보로 주민등록표등본이나 가족관계등록부를 첨부하지 아니한다.
② 등기명의인 표시변경등기의 실행은 주등기에 의하고, 등기를 한 경우에는 변경 전의 표시를 붉은 선으로 지워야 한다.
③ 소유권 외의 권리의 말소등기를 신청하는 경우에 등기명의인의 표시변경등기를 생략할 수 없다.
④ 소유권이전등기신청을 한 경우 등기관은 그 첨부된 서면에 의하여 직권으로 등기명의인표시변경등기를 할 수 있다.
⑤ 저당권의 등기명의인 표시변경등기를 신청하는 경우에는 저당권설정자의 승낙을 받아야 한다.

⭐중요
05 말소등기에 관한 설명으로 옳은 것은?

① 저당권이전등기 후 저당권말소등기를 신청하는 경우 저당권의 양수인은 저당권양도인과 공동으로 신청한다.
② 근저당권설정등기 후 소유권이 제3자에게 이전된 경우, 제3취득자가 근저당권설정자와 공동으로 그 근저당권말소등기를 신청할 수 있다.
③ 말소할 권리가 전세권 또는 저당권인 경우에 제권판결에 의하지 않고 전세금반환증서 또는 영수증에 의하여 등기권리자가 단독으로 말소등기를 신청할 수 있다.
④ 乙 명의의 전세권등기와 그 전세권에 대한 丙 명의의 가압류가 순차로 마쳐진 甲소유의 부동산에 대하여 乙 명의의 전세권등기를 말소하라는 판결을 받은 경우 그 판결에 의하여 전세권말소등기를 신청할 때에는 丙의 승낙서 또는 丙에게 대항할 수 있는 재판의 등본을 첨부하여야 한다.
⑤ 소유권이전청구권보전을 위한 가등기에 기해 본등기를 한 경우, 가등기 이후에 된 근저당권설정등기는 등기관이 등기명의인에게 직권말소하겠다는 통지를 한 후 소정의 기간을 기다려 직권으로 말소한다.

06 다음 중 단독으로 말소등기를 신청할 수 있는 경우가 <u>아닌</u> 것은?

① 환매권 행사 외의 사유로 환매권이 소멸한 경우 환매특약등기의 말소
② 어느 사람의 사망으로 소멸한다는 권리소멸에 관한 약정이 있을 경우
③ 가처분권자가 본안소송에서 승소하여 소유권이전등기를 말소하는 경우에 그 처분금지 가처분등기 후 완료된 제3자의 소유권이전등기 등의 말소
④ 등기의무자의 소재불명으로 공동신청이 불가능할 경우
⑤ 가등기명의인의 승낙서 등을 첨부한 이해관계인이 가등기의 말소등기를 신청할 경우

07 말소등기를 신청하는 경우 그 말소에 관하여 승낙서를 첨부하여야 하는 등기상 이해관계 있는 제3자에 해당하는 것을 모두 고른 것은?   제29회

> ㉠ 지상권등기를 말소하는 경우 그 지상권을 목적으로 하는 저당권자
> ㉡ 순위 2번 저당권등기를 말소하는 경우 순위 1번 저당권자
> ㉢ 순위 1번 저당권등기를 말소하는 경우 순위 2번 저당권자
> ㉣ 토지에 대한 저당권등기를 말소하는 경우 그 토지에 대한 지상권자
> ㉤ 소유권보존등기를 말소하는 경우 가압류권자

① ㉠, ㉣
② ㉠, ㉤
③ ㉡, ㉢
④ ㉡, ㉤
⑤ ㉢, ㉣

중요
08 다음 중 말소등기를 신청함에 있어서 등기상 이해관계 있는 제3자에 해당하지 않는 자는?

① 순위 1번 저당권설정등기를 말소하는 경우 순위 2번으로 설정된 전세권자
② 전세권등기를 말소하는 경우 그 권리를 목적으로 등기한 저당권자
③ 소유권이전등기를 말소하는 경우 그 권리를 목적으로 등기한 가처분채권자
④ 지상권설정등기를 말소하는 경우 그 권리를 목적으로 등기한 저당권자
⑤ 공유자 甲의 지분에 대한 소유권이전등기를 말소하는 경우 공유자 전원의 지분 전부를 목적으로 등기한 가압류채권자

고득점
09 다음 설명 중 등기관이 직권으로 말소할 수 있는 등기는?

① 가처분채권자의 신청에 따라 가처분채권자의 권리를 침해하는 가처분등기 이후의 등기를 말소하는 경우 해당 가처분등기
② 지상권설정청구권보전의 가등기에 의하여 지상권설정의 본등기를 한 경우 소유권이전 등기
③ 수용으로 인한 소유권이전등기를 하는 경우 그 부동산의 등기기록 중 그 부동산을 위하여 존재하는 지역권의 등기
④ 첨부서류를 위조하여 근저당권설정등기를 신청하였으나 등기관이 이를 간과하여 마쳐진 근저당권설정등기
⑤ 위조된 甲의 인감증명에 의한 甲으로부터 乙로의 소유권이전등기

10 말소회복등기에 관한 다음의 설명 중 틀린 것은?

① 말소회복등기란 등기의 전부 또는 일부가 부적법하게 소멸된 경우에 이를 말소되기 이전의 등기로 회복하기 위한 등기이다.
② 불법하게 말소된 근저당권설정등기의 회복등기 청구는 현재의 소유자가 아닌 말소 당시의 소유자를 상대로 하여야 한다.
③ 이해관계인이 있는 경우에는 승낙서나 이에 대항할 수 있는 재판등본을 첨부하여야 한다.
④ 전부말소회복등기는 주등기 형식으로 행하여지고, 일부말소회복등기는 부기등기 형식으로 행하여진다.
⑤ 등기관의 잘못으로 부적법하게 말소된 경우에는 회복등기의 소를 제기하여 그 판결에 따라 회복등기를 하여야 한다.

▲ 고득점
11 말소회복등기에 관한 설명으로 틀린 것은?

① 말소회복등기에 있어 등기상 이해관계 있는 제3자란 말소회복등기를 하면 손해를 입을 우려가 기존 등기기록의 기록에 의하여 형식상 인정되는 자를 말한다.
② 말소회복등기에 있어 이해관계인의 손해를 입을 우려가 있는지의 여부는 제3자의 권리 취득시를 기준으로 할 것이 아니라 회복등기시를 기준으로 판별하여야 한다.
③ 회복등기와 양립할 수 없는 등기는 회복을 전제로서 말소의 대상이 될 뿐이고 그 등기 명의인 회복등기절차에 있어서 이해관계인이 아니다.
④ 순위 1번의 저당권등기를 회복함에 있어서 그 저당권의 말소등기 전에 설정등기를 한 순위 2번의 저당권자는 이해관계인에 해당하지 아니한다.
⑤ 말소회복등기시 제3자의 승낙서 등을 첨부하지 않은 채 이루어진 회복등기는 당연무효인 등기는 아니다.

Point 41 소유권보존등기 ★★★★★

> **Tip**
> - 소유권보존등기에서는 보존등기의 신청적격자에 관한 사항이 매년 출제가 되고 있으므로 정확한 이해가 필요한 부분이다.
> - 소유권보존등기의 절차에서 직권에 의한 경우도 확인하여야 한다.

12 토지의 소유권보존등기에 관한 설명으로 옳은 것은?

① 소유권보존등기는 대장에 터 잡아 이루어지며, 그 이후의 권리변동 역시 대장을 중심으로 하여 이루어진다.
② 특별자치도지사의 확인에 의해 자기의 소유권을 증명하여 소유권보존등기를 신청할 수 있다.
③ 직권으로 보존등기를 하는 경우에는 갑구에 접수연월일과 접수번호는 기록하지 않는다.
④ 1동의 건물에 속하는 구분건물 중 일부만에 관하여 소유권보존등기를 신청하는 경우에는 나머지 구분건물의 소유권보존등기를 동시에 신청하여야 한다.
⑤ 소유권보존등기는 그 부동산의 특정된 일부나 공유자 어느 지분만에 관하여 이를 신청할 수 있다.

☆중요
13 토지의 소유권보존등기절차에 관한 다음 설명 중 **틀린** 것은?

① 미등기토지의 토지대장상 국(國)으로부터 소유권이전등록을 받은 자는 바로 자기 앞으로 소유권보존등기를 신청할 수 있다.
② 판결에 의하여 보존등기를 신청하는 경우 그 판결이 반드시 확인판결이어야 할 필요는 없고 형성판결, 이행판결도 가능하다.
③ 유증의 목적부동산이 미등기인 경우에는 토지대장에 최초의 소유자로 등록되어 있는 자의 포괄적 수증자가 단독으로 소유권보존등기를 신청할 수 있다.
④ 미등기주택에 대해 임차권등기명령에 의한 등기촉탁이 있는 경우, 등기관은 직권으로 소유권보존등기를 한 후 임차권등기를 하여야 한다.
⑤ 등기관이 미등기부동산에 관하여 과세관청의 촉탁에 따라 체납처분으로 인한 압류등기를 하기 위해서는 직권으로 소유권보존등기를 하여야 한다.

14 대장은 편성되어 있으나 미등기인 부동산의 소유권보존등기에 관한 설명으로 틀린 것은?

제33회

① 등기관이 보존등기를 할 때에는 등기원인과 그 연월일을 기록해야 한다.
② 대장에 최초 소유자로 등록된 자의 상속인은 보존등기를 신청할 수 있다.
③ 수용으로 인하여 소유권을 취득하였음을 증명하는 자는 미등기토지에 대한 보존등기를 신청할 수 있다.
④ 군수의 확인에 의해 미등기건물에 대한 자기의 소유권을 증명하는 자는 보존등기를 신청할 수 있다.
⑤ 등기관이 법원의 촉탁에 따라 소유권의 처분제한의 등기를 할 때에는 직권으로 보존등기를 한다.

15 소유권등기에 관한 설명으로 틀린 것은? (다툼이 있으면 판례에 따름)

제34회

① 미등기건물의 건축물대장상 소유자로부터 포괄유증을 받은 자는 자기 명의로 소유권보존등기를 신청할 수 있다.
② 미등기부동산이 전전양도된 경우, 최후의 양수인이 소유권보존등기를 한 때에도 그 등기가 결과적으로 실질적 법률관계에 부합된다면, 특별한 사정이 없는 한 그 등기는 무효라고 볼 수 없다.
③ 미등기토지에 대한 소유권을 군수의 확인에 의해 증명한 자는 그 토지에 대한 소유권보존등기를 신청할 수 있다.
④ 특정유증을 받은 자로서 아직 소유권등기를 이전받지 않은 자는 직접 진정명의회복을 원인으로 한 소유권이전등기를 청구할 수 없다.
⑤ 부동산 공유자의 공유지분 포기에 따른 등기는 해당 지분에 관하여 다른 공유자 앞으로 소유권이전등기를 하는 형태가 되어야 한다.

고득점

16 판결에 의하여 자기소유권을 증명하는 자는 소유권보존등기를 신청할 수 있는데, 이에 해당하지 <u>않는</u> 판결은?

① 소유권을 증명하는 판결은 소유권확인판결에 한하는 것은 아니며, 형성판결이나 이행판결이라도 그 이유 중에서 신청인의 소유임을 확정하는 내용의 것이면 이에 해당한다.
② 해당 부동산이 보존등기신청인의 소유임을 이유로 소유권보존등기의 말소를 명한 판결은 여기에서의 소유권을 증명하는 판결에 해당한다.
③ 토지대장상 공유인 미등기토지에 대한 공유물분할판결도 이에 해당하나, 이 경우 판결에 따라 분필한 후 소유권보존등기를 신청하여야 한다.
④ 미등기건물에 대하여 국가를 상대로 한 소유권확인판결을 받은 사람은 그 판결을 첨부하여 그 명의로 소유권보존등기를 신청할 수 있다.
⑤ 토지대장상에 소유자란이 공백으로 되어 있는 경우에 토지소유자는 국가를 상대로 하여 판결을 받아야 한다.

17 다음 중 건물보존등기의 신청시 첨부할 정보가 <u>아닌</u> 것은?

① 건축물대장등본
② 건물의 소유자임을 증명하는 정보
③ 신청인 주소를 증명하는 정보
④ 토지거래허가서(토지거래허가구역인 경우)
⑤ 건물도면(1필지에 여러 개의 건물이 있는 경우)

Point 42 소유권 일부이전 ****

Tip
- 소유권이전등기에서는 공동소유에 관한 단독문제가 자주 출제되고 있으며, 공유와 합유를 구별하여야 한다.
- 소유권이전등기는 등기절차에 관련하여 중요한 사항이므로 정확하게 내용을 숙지하여야 한다.

18 소유권이전등기에 관한 다음 설명 중 틀린 것은?

① 소유권의 일부이전(지분)이란 단독소유권의 일부를 이전하여 공유로 하거나 이미 등기된 공유지분을 이전하는 것을 말한다.
② 부동산의 특정일부의 이전등기는 1물 1권주의 내지 1부동산 1등기기록 원칙상 허용되지 않는다.
③ 공유자인 甲지분을 일부이전하는 경우 등기신청서에는 등기의 목적은 '甲지분 ○ 중 일부(○분의 ○)이전'으로 기록하되 이전하는 지분은 부동산 전체에 대한 지분을 명시하여 괄호 안에 적어야 한다.
④ 등기된 공유물분할금지기간을 단축하는 약정에 관한 변경등기는 공유자 전원이 공동으로 신청하여야 한다.
⑤ 공유자 중 1인의 지분포기로 인한 소유권이전등기는 공유지분권을 포기하는 공유자가 단독으로 신청하여야 한다.

19 공유에 관한 등기에 대한 설명으로 옳은 것은? (다툼이 있으면 판례에 따름) 제30회 수정

① 미등기부동산의 공유자 중 1인은 자기지분만에 대하여 소유권보존등기를 신청할 수 있다.
② 공유자 중 1인의 지분포기로 인한 소유권이전등기는 지분을 포기한 공유자가 단독으로 신청한다.
③ 등기된 공유물 분할금지기간 약정을 갱신하는 경우, 공유자 중 1인이 단독으로 변경을 신청할 수 있다.
④ 건물의 특정부분이 아닌 공유지분에 대한 전세권설정등기를 할 수 있다.
⑤ 갑구 순위번호 2번에 기록된 A의 공유지분 4분의 3 중 절반을 B에게 이전하는 경우, 등기목적란에 '2번 A 지분 4분의 3 중 일부(8분의 3)이전'으로 기록한다.

20 소유권에 관한 등기의 설명으로 옳은 것을 모두 고른 것은?   제32회

> ㉠ 공유물분할금지약정이 등기된 부동산의 경우에 그 약정상 금지기간 동안에는 그 부동산의 소유권 일부에 관한 이전등기를 할 수 없다.
> ㉡ 2020년에 체결된 부동산매매계약서를 등기원인을 증명하는 정보로 하여 소유권이전등기를 신청하는 경우에는 거래가액을 신청정보의 내용으로 제공하여야 한다.
> ㉢ 거래가액을 신청정보의 내용으로 제공하는 경우, 1개의 부동산에 관한 여러 명의 매도인과 여러 명의 매수인 사이의 매매계약인 때에는 매매목록을 첨부정보로 제공하여야 한다.
> ㉣ 공유물분할금지약정이 등기된 경우, 그 약정의 변경등기는 공유자 중 1인이 단독으로 신청할 수 있다.

① ㉠, ㉡
② ㉠, ㉢
③ ㉡, ㉢
④ ㉡, ㉣
⑤ ㉢, ㉣

21 공동소유의 등기에 관한 설명으로 옳은 것은? (다툼이 있으면 판례에 의함)

① 합유자 1인이 다른 합유자 전원의 동의를 얻어 자신의 지분을 제3자에게 처분하는 경우, 지분이전등기를 한다.
② 토지의 합유자 甲과 乙 중 乙이 사망한 경우 특약이 없는 한 甲이 그 토지를 제3자에게 매도하여 이전등기하기 위해서는 먼저 甲의 단독소유로 하는 합유명의인 변경등기를 신청해야 한다.
③ 농지에 대하여 공유물분할을 원인으로 한 소유권이전등기를 신청하는 경우, 농지취득자격증명을 첨부해야 한다.
④ 「민법」상 조합의 소유인 부동산을 등기할 경우, 「민법」상 조합 명의로 등기한다.
⑤ 법인 아닌 사단 A 명의의 부동산에 관해 A와 B의 매매를 원인으로 이전등기를 신청하는 경우, A의 사원총회결의가 있음을 증명하는 정보를 첨부하지 아니한다.

★ 중요
22 합유등기에 관한 다음 설명 중 틀린 것은?

① 합유등기에 있어서는 등기기록에 각 합유자의 지분을 표시하지 아니하고, 합유인 뜻을 기록하여야 한다.
② 합유자가 2인인 경우 그중 1인이 사망한 때에는 특별한 약정이 없다면 잔존합유자는 자기의 단독소유로 하는 합유명의인 변경등기를 신청할 수 있다.
③ 합유자 중 일부가 나머지 합유자들 전원의 동의를 얻어 그의 합유지분을 매도한 경우에는 합유지분을 처분한 합유자와 합유지분을 취득한 합유자의 공동신청으로 합유명의인 변경등기를 신청하여야 한다.
④ 합유자 2인 중 1인이 탈퇴하여 잔존합유자가 1인만 남은 경우에는 탈퇴한 합유자와 잔존합유자의 공동신청으로 잔존합유자의 단독소유로 하는 합유명의인 변경등기를 신청하여야 한다.
⑤ 수인의 합유자 명의로 등기되어 있는 부동산도 합유자 전원의 합의에 의하여 수인의 공유지분의 소유형태로 소유권변경등기를 할 수 있다.

Point 43 소유권이전등기 ★★★★

정답 및 해설 p.43~45

> **Tip**
> • 소유권이전등기에서는 수용, 신탁이 단독문제로 자주 출제되고 있으며, 상속, 유증, 진정명의회복, 환매 등의 소유권이전에 관한 종합문제가 출제되고 있다.
> • 소유권이전등기는 등기절차에 관련하여 중요한 사항이므로 정확하게 내용을 숙지하여야 한다.

23 다음 중 상속등기에 대한 설명으로 틀린 것은?

① 상속등기는 등기권리자만으로 이를 신청하나, 포괄승계인에 의한 등기는 공동으로 한다.
② 가족관계등록부나 제적등·초본은 상속사실을 증명하는 서면에 해당되나, 피상속인의 최후주소지의 이장이나 그 이웃 사람들의 인우보증서는 상속을 증명하거나 증명함에 충분한 서면이라고 보기는 어렵다.
③ 외국인도 상속을 할 수 있으며, 상속등기는 이전등기의 방식에 따른다.
④ 상속인은 상속등기를 함으로써 피상속인의 권리를 취득한다.
⑤ 상속개시 당시에 직계비속 중 1인이 행방불명인 경우 그를 상속등기에서 제외할 수 없다. 즉, 상속을 원인으로 하는 재산분할의 등기는 상속인 전원의 협의가 있어야 한다.

☆ 중요
24 상속등기에 관한 다음 설명 중 옳은 것은?

① 공동상속의 경우에는 상속인 전원이 신청할 수도 있고, 상속인 중 1인이 자기지분만에 관한 상속등기도 신청할 수 있다.
② 법정상속분에 따른 상속등기를 한 후에도 상속재산의 협의분할을 할 수 있으며, 이 경우에는 공동으로 소유권이전등기를 신청하여야 한다.
③ 상속등기 후 상속재산을 협의분할하는 경우 등기원인일자로 피상속인의 사망일을 적는다.
④ 공동상속인이 법정상속분과 다른 비율의 지분이전등기를 상속을 원인으로 신청하는 경우, 그 지분이 신청인이 주장하는 지분으로 변동된 사실을 증명하는 서면을 신청서에 첨부하여 제출하지 않으면 등기관은 그 신청을 각하한다.
⑤ 피상속인의 사망으로 상속이 개시된 후 상속등기를 하지 않은 상태에서 공동상속인 중 1인이 사망한 경우에는 나머지 상속인이 상속재산 협의분할을 할 수 있다.

☆ 중요
25 유증으로 인한 소유권이전등기절차에 관한 설명으로 틀린 것은?

① 유증으로 인한 소유권이전등기의 등기원인은 'ㅇ년 ㅇ월 ㅇ일 유증'으로 기록하고 그 연월일은 원칙적으로 유증자가 사망한 날을 기록한다. 다만, 유증에 조건이 붙은 경우에는 그 조건이 성취한 날을 기록한다.
② 수증자가 여러 명인 포괄적 유증의 경우에는 수증자 전원이 공동으로 신청하여야 하며, 각자가 자기지분만에 관한 등기신청을 할 수 없다.
③ 포괄유증의 목적부동산이 미등기인 경우에 포괄수증자 명의로 소유권보존등기를 신청할 수 있다.
④ 유증으로 인한 소유권이전등기를 신청할 때에는 등기의무자(유증자)의 등기필정보를 첨부하여야 한다.
⑤ 유증으로 인한 소유권이전등기 신청이 상속인의 유류분을 침해하는 내용이라 하더라도 이를 수리하여야 한다.

26 유증으로 인한 등기에 관한 설명으로 틀린 것은?

① 유증을 원인으로 한 소유권이전등기청구권 보전의 가등기는 유언자가 사망한 후인 경우에는 수리하되, 유언자가 생존 중인 경우에는 이를 수리하여서는 아니 된다.
② 유증을 원인으로 한 소유권이전등기 전에 상속등기가 이미 마쳐진 경우에는 상속등기를 말소하지 않고 상속인으로부터 수증자에게로 유증을 원인으로 한 소유권이전등기를 신청할 수 있다.
③ 유증을 원인으로 한 소유권이전등기는 포괄유증이나 특정유증을 불문하고 수증자를 등기권리자, 유언집행자 또는 상속인을 등기의무자로 하여 공동으로 신청하여야 한다.
④ 특정유증의 목적부동산이 미등기인 경우, 수증자 명의로 소유권보존등기를 신청하여야 한다.
⑤ 유증을 원인으로 소유권이전등기를 유언집행자와 수증자가 공동으로 신청할 때에도 등기필정보를 첨부하여야 한다.

27 부동산등기에 관한 설명으로 옳은 것은?   제35회

① 유증으로 인한 소유권이전등기는 상속등기를 거치지 않으면 유증자로부터 직접 수증자 명의로 신청할 수 없다.
② 유증으로 인한 소유권이전등기 신청이 상속인의 유류분을 침해하는 내용인 경우에는 등기관은 이를 수리할 수 없다.
③ 상속재산분할심판에 따른 상속인의 소유권이전등기는 법정상속분에 따른 상속등기를 거치지 않으면 할 수 없다.
④ 상속등기 경료 전의 상속재산분할협의에 따라 상속등기를 신청하는 경우, 등기원인일자는 '협의분할일'로 한다.
⑤ 권리의 변경등기는 그 등기로 등기상 이해관계 있는 제3자의 권리가 침해되는 경우, 그 제3자의 승낙 또는 이에 대항할 수 있는 재판이 있음을 증명하는 정보의 제공이 없으면 부기등기로 할 수 없다.

☆중요
28 수용 등에 의한 소유권이전등기의 설명으로 틀린 것은?

① 등기원인은 '토지수용'으로, 원인일자는 '수용개시일(수용한 날)'을 각각 기록한다.
② 토지수용을 원인으로 한 소유권이전등기는 기업자인 등기권리자만으로 이를 신청할 수 있다.
③ 등기원인정보로써 재결에 의한 수용일 때에는 토지수용위원회의 재결서 등본을, 협의성립에 의한 수용일 때에는 협의성립확인서를 첨부한다.
④ 토지수용으로 인한 소유권이전등기를 하는 경우에 등기관은 가등기, 가압류, 가처분 및 그 부동산을 위하여 존재하는 지역권의 등기를 직권말소하여야 한다.
⑤ 甲 소유토지에 대해 사업시행자 乙이 수용보상금을 지급한 뒤 乙 명의로 재결수용에 기한 소유권이전등기를 하는 경우, 수용개시일 후 甲이 丙에게 매매를 원인으로 경료한 소유권이전등기는 직권말소된다.

29 토지수용으로 인한 소유권이전등기를 하는 경우, 그 토지에 있던 다음의 등기 중 등기관이 직권으로 말소할 수 없는 것은? (단, 수용의 개시일은 2024.4.1.)

① 2024.2.1. 상속을 원인으로 2024.5.1.에 한 소유권이전등기
② 2024.2.7. 매매를 원인으로 2024.5.1.에 한 소유권이전등기
③ 2024.1.2. 설정계약을 원인으로 2024.1.8.에 한 근저당권설정등기
④ 2024.2.5. 설정계약을 원인으로 2024.2.8.에 한 전세권설정등기
⑤ 2024.5.8. 매매예약을 원인으로 2024.5.9.에 한 소유권이전청구권가등기

30 수용으로 인한 등기에 관한 설명으로 옳은 것을 모두 고른 것은?   제30회

> ㉠ 수용으로 인한 소유권이전등기는 토지수용위원회의 재결서를 등기원인증서로 첨부하여 사업시행자가 단독으로 신청할 수 있다.
> ㉡ 수용으로 인한 소유권이전등기신청서에 등기원인은 토지수용으로, 그 연월일은 수용의 재결일로 기재해야 한다.
> ㉢ 수용으로 인한 등기신청시 농지취득자격증명을 첨부해야 한다.
> ㉣ 등기권리자의 단독신청에 따라 수용으로 인한 소유권이전등기를 하는 경우, 등기관은 그 부동산을 위해 존재하는 지역권의 등기를 직권으로 말소해서는 안 된다.
> ㉤ 수용으로 인한 소유권이전등기가 된 후 토지수용위원회의 재결이 실효된 경우, 그 소유권이전등기의 말소등기는 원칙적으로 공동신청에 의한다.

① ㉠, ㉡, ㉢
② ㉠, ㉢, ㉣
③ ㉠, ㉣, ㉤
④ ㉡, ㉢, ㉤
⑤ ㉡, ㉣, ㉤

☆중요
31 수용을 원인으로 한 소유권등기에 관한 내용으로 틀린 것은?

① 국가 및 지방자치단체에 해당하지 않는 등기권리자는 재결수용으로 인한 소유권이전등기를 단독으로 신청할 수 있다.
② 수용으로 인한 소유권이전등기를 하는 경우에 수용의 개시일 이후에 경료된 소유권이전등기는 직권으로 말소한다. 그러므로 수용의 개시일 이전의 상속을 원인으로 한 소유권이전등기도 직권으로 말소한다.
③ 수용으로 인한 소유권이전등기를 하는 경우에 소유권 이외의 권리는 직권으로 말소한다.
④ ③의 경우에 그 부동산을 위하여 존재하는 지역권의 등기와 토지수용위원회의 재결에 의하여 인정된 권리는 그러하지 아니하다.
⑤ 토지수용의 재결의 실효를 원인으로 하는 토지수용으로 인한 소유권이전등기의 말소의 신청은 등기의무자와 등기권리자가 공동으로 신청하여야 한다.

32 진정명의회복을 위한 소유권이전등기에 관한 설명으로 옳은 것을 모두 고른 것은?

제35회

> ㉠ 진정명의회복을 원인으로 하는 소유권이전등기를 신청하는 경우, 그 신청정보에 등기원인일자는 기재하지 않는다.
> ㉡ 토지거래허가의 대상이 되는 토지에 관하여 진정명의회복을 원인으로 하는 소유권이전등기를 신청하는 경우에는 토지거래허가증을 첨부해야 한다.
> ㉢ 진정명의회복을 위한 소유권이전등기청구소송에서 승소확정판결을 받은 자는 그 판결을 등기원인으로 하여 현재 등기명의인의 소유권이전등기에 대하여 말소등기를 신청할 수는 없다.

① ㉠
② ㉡
③ ㉠, ㉢
④ ㉡, ㉢
⑤ ㉠, ㉡, ㉢

33 진정명의회복을 등기원인으로 하는 소유권이전등기절차에 관한 설명으로 틀린 것은?

① 이미 자기 앞으로 소유권을 표상하는 등기가 되어 있었던 자가 현재의 등기명의인을 상대로 진정명의회복을 등기원인으로 한 소유권이전등기절차의 이행을 명하는 판결을 받아 소유권이전등기신청을 한 경우 그 등기신청은 수리하여야 한다.
② 甲소유 토지에 대해 甲과 乙의 가장매매에 의해 乙 앞으로 소유권이전등기가 된 후에 선의의 丙 앞으로 저당권설정등기가 설정된 경우, 甲과 乙은 공동으로 진정명의회복을 위한 이전등기를 신청할 수 없다.
③ 소유권이전등기 말소청구소송에서 패소확정판결을 받았다면 다시 진정명의회복을 원인으로 이전의 소를 제기할 수 없다.
④ 진정명의회복을 원인으로 한 소유권이전등기를 신청하는 경우 신청정보에 등기원인일자를 기록하지 않고 등기필정보를 첨부하여야 한다.
⑤ 진정명의회복을 원인으로 한 소유권이전등기신청시에는 토지거래허가증, 농지취득자격증명 등을 첨부하지 아니한다.

⭐중요

34 '진정명의회복'을 원인으로 한 소유권이전등기절차의 이행을 명하는 판결을 받아 등기권리자가 소유권이전등기신청을 할 경우, 그 등기신청정보 및 첨부정보에 관한 설명으로 틀린 것은?

① 등기원인을 증명하는 정보를 첨부할 필요가 없다.
② 등기신청정보에 등기원인일자를 기재할 필요가 없다.
③ 농지인 경우에도 농지취득자격증명을 첨부할 필요가 없다.
④ 토지거래계약허가대상인 토지의 경우에도 토지거래계약허가증을 첨부할 필요가 없다.
⑤ 등기의무자의 권리에 관한 등기필정보를 첨부할 필요가 없다.

35 환매특약등기에 관한 설명으로 틀린 것은?

① 환매특약등기는 소유권이전등기와 동시에 신청함으로써 동일한 접수번호가 부여된다.
② 환매특약등기는 소유권이전등기와 별개의 신청정보로 신청하여야 한다.
③ 환매특약등기에 있어서 매수인이 지급한 대금 및 매매비용은 필요적 기록사항이나, 당사자가 약정한 환매기간은 임의적 기록사항이다.
④ 매매계약이 실효되면 환매특약도 효력을 잃게 되나, 환매특약이 무효로 되어도 원칙적으로 매매계약의 효력은 영향이 없다.
⑤ 환매특약등기를 신청하는 경우에 등기의무자의 등기필정보 및 인감증명을 첨부하지 아니한다.

36 환매특약의 등기에 관한 설명으로 틀린 것은?   제33회

① 매매비용을 기록해야 한다.
② 매수인이 지급한 대금을 기록해야 한다.
③ 환매특약등기는 매매로 인한 소유권이전등기가 마쳐진 후에 신청해야 한다.
④ 환매기간은 등기원인에 그 사항이 정하여져 있는 경우에만 기록한다.
⑤ 환매에 따른 권리취득의 등기를 한 경우, 등기관은 특별한 사정이 없는 한 환매특약의 등기를 직권으로 말소해야 한다.

37 환매특약등기에 관한 설명으로 <u>틀린</u> 것은? 제35회

① 매매로 인한 소유권이전등기의 신청과 환매특약등기의 신청은 동시에 하여야 한다.
② 환매등기의 경우 매도인이 아닌 제3자를 환매권리자로 하는 환매등기를 할 수 있다.
③ 환매특약등기에 처분금지적 효력은 인정되지 않는다.
④ 매매목적물의 소유권의 일부 지분에 대한 환매권을 보류하는 약정을 맺은 경우, 환매특약등기 신청은 할 수 없다.
⑤ 환매기간은 등기원인에 그 사항이 정하여져 있는 경우에만 기록한다.

☆중요
38 환매권의 등기에 대한 다음의 설명 중 <u>틀린</u> 것은?

① 환매특약의 등기신청은 매매로 인한 소유권이전등기신청과는 별개의 신청정보에 의하여야 하나, 매매로 인한 소유권이전등기신청과 동시에 신청하여야 한다.
② 1필지의 토지 전부를 매도하면서 그 일부 지분에 대하여만 환매특약등기의 신청을 한 경우는 각하사유에 해당한다.
③ 환매권의 등기는 매도인이 등기권리자, 매수인이 등기의무자로서 신청하고, 당사자의 특약이 있는 경우에는 제3자를 환매권리자로 하는 환매권등기신청도 가능하다.
④ 환매권을 실행하여 환매에 의한 권리취득의 등기를 하였을 경우 환매특약의 등기는 등기관이 직권으로 말소한다.
⑤ 매매로 인한 권리이전등기의 신청을 각하하는 경우에는 동시에 신청한 환매특약의 등기를 반드시 각하하여야 한다.

39 신탁등기에 관한 설명으로 옳은 것은?

① 신탁 종료로 신탁재산에 속한 권리가 이전된 경우, 수탁자는 신수탁자와 공동으로 신탁등기의 말소등기를 신청할 수 있다.
② 수익자가 수탁자를 대위하여 신탁등기를 신청할 경우, 해당 부동산에 대한 권리의 설정등기와 동시에 신청하여야 한다.
③ 신탁재산의 일부가 처분되어 권리이전등기와 함께 신탁등기의 변경등기를 할 경우, 각기 다른 순위번호를 사용한다.
④ 권리의 이전등기와 함께 신탁등기를 할 때에는 하나의 순위번호를 사용하여야 하므로 신탁으로 인한 권리이전등기를 한 다음 '권리자 및 기타사항란'에 횡선을 그어 횡선 아래에 신탁등기의 등기목적과 신탁원부번호를 기록한다.
⑤ 등기관은 수탁자를 등기의무자로 하는 처분제한의 등기촉탁이 있는 경우에는 이를 수리하고, 위탁자를 등기의무자로 하는 위 등기의 촉탁이 있는 경우에는 이를 수리하여서는 아니 된다.

40 「신탁법」에 따른 신탁의 등기에 관한 설명으로 옳은 것은?   제31회

① 수익자는 수탁자를 대위하여 신탁등기를 신청할 수 없다.
② 신탁등기의 말소등기는 수탁자가 단독으로 신청할 수 없다.
③ 하나의 부동산에 대해 수탁자가 여러 명인 경우, 등기관은 그 신탁부동산이 합유인 뜻을 기록하여야 한다.
④ 신탁재산에 속한 권리가 이전됨에 따라 신탁재산에 속하지 아니하게 된 경우, 신탁등기의 말소신청은 신탁된 권리의 이전등기가 마쳐진 후에 별도로 하여야 한다.
⑤ 위탁자와 수익자가 합의로 적법하게 수탁자를 해임함에 따라 수탁자의 임무가 종료된 경우, 신 수탁자는 단독으로 신탁재산인 부동산에 관한 권리이전등기를 신청할 수 없다.

41 「부동산등기법」상 신탁등기에 관한 설명으로 옳은 것을 모두 고른 것은? 제32회

> ㉠ 법원이 신탁 변경의 재판을 한 경우 수탁자는 지체 없이 신탁원부 기록의 변경등기를 신청하여야 한다.
> ㉡ 신탁재산이 수탁자의 고유재산이 되었을 때에는 그 뜻의 등기를 주등기로 하여야 한다.
> ㉢ 등기관이 신탁재산에 속하는 부동산에 관한 권리에 대하여 수탁자의 변경으로 인한 이전등기를 할 경우에는 직권으로 그 부동산에 관한 신탁원부 기록의 변경등기를 하여야 한다.
> ㉣ 수익자가 수탁자를 대위하여 신탁등기를 신청하는 경우에는 해당 부동산에 관한 권리의 설정등기의 신청과 동시에 하여야 한다.

① ㉠, ㉡
② ㉡, ㉢
③ ㉢, ㉣
④ ㉠, ㉡, ㉣
⑤ ㉠, ㉢, ㉣

42 「부동산등기법」상 신탁등기에 관한 설명으로 틀린 것은? 제33회

① 수익자는 수탁자를 대위하여 신탁등기를 신청할 수 있다.
② 신탁등기의 말소등기는 수탁자가 단독으로 신청할 수 있다.
③ 신탁가등기는 소유권이전청구권보전을 위한 가등기와 동일한 방식으로 신청하되, 신탁원부 작성을 위한 정보를 첨부정보로서 제공해야 한다.
④ 여러 명의 수탁자 중 1인의 임무종료로 인한 합유명의인 변경등기를 한 경우에는 등기관은 직권으로 신탁원부 기록을 변경해야 한다.
⑤ 법원이 신탁관리인 선임의 재판을 한 경우, 그 신탁관리인은 지체 없이 신탁원부 기록의 변경등기를 신청해야 한다.

43 신탁등기의 관계에 관한 다음 설명 중 옳은 것은?

① 등기관이 신탁재산에 속하는 부동산에 관한 권리에 대하여 수탁자의 변경으로 인한 이전등기를 할 경우에는 직권으로 그 부동산에 관한 신탁원부 기록의 변경등기를 하여야 한다.
② 신탁재산에 속한 권리가 이전됨에 따라 신탁재산에 속하지 아니하게 된 경우, 신탁등기의 말소신청은 신탁된 권리의 이전등기가 마쳐진 후에 별도로 하여야 한다.
③ 수익자가 수탁자를 대위하여 신탁등기를 신청할 경우, 해당 부동산에 대한 권리의 설정등기와 동시에 신청하여야 한다.
④ 신탁등기의 신청은 신탁으로 인한 부동산의 소유권이전등기의 신청과 별개의 신청정보로써 하여야 한다.
⑤ 법원이 수탁자 해임의 재판을 한 경우 수탁자는 신탁원부 기록의 변경등기를 등기소에 단독으로 신청하여야 한다.

Point 44 용익권등기 ★★★★

정답 및 해설 p.45~46

Tip
용익권에 관한 문제는 매년 출제되고 있으며, 전세권등기와 임차권에 관한 단독문제가 출제되거나 용익권 전반에 관한 종합문제가 출제되고 있다.

44 지상권에 관한 등기의 설명으로 틀린 것은?

① 공유지분에는 지상권을 설정할 수 없으나, 1필 토지의 일부에 대해서는 설정할 수 있다.
② 지상권설정등기의 목적과 범위는 필요적 기재사항이고 지료, 존속기간 등은 임의적 기재사항이다.
③ 지상권의 목적이 토지의 전부인 경우에는 지적도를 첨부하고, 그 목적인 부분을 표시하여야 한다.
④ 먼저 설정된 지상권의 존속기간이 만료되어 있는 경우에는 그 등기를 말소하기 전에는 다시 제3자를 위한 지상권설정등기를 할 수 없다.
⑤ 동일한 토지에 관하여 지상권이 미치는 범위가 각각 다른 2개 이상의 구분지상권은 그 토지의 등기기록에 각기 따로 등기할 수 있다.

45 지역권등기에 관한 설명으로 틀린 것은?

① 지역권설정등기는 지역권자가 등기권리자, 지역권설정자가 등기의무자로서 공동으로 신청함이 원칙이다.
② 승역지의 전세권자가 지역권을 설정해 주는 경우 그 지역권설정등기는 전세권등기에 부기등기로 한다.
③ 지역권설정등기 신청정보에는 부동산의 표시 등 일반적 기재사항 이외에 지역권설정의 목적과 범위를 기재하여야 한다.
④ 요역지의 소유권이 이전된 경우 지역권이전의 효력이 발생하기 위해서는 원칙적으로 지역권이전등기를 하여야 한다.
⑤ 등기관은 승역지 등기기록 을구에 지역권설정등기를 한 때에는 요역지의 등기기록의 을구에도 지역권등기를 직권으로 하여야 한다.

46 지역권의 등기에 관한 다음 설명 중 틀린 것은?

① 지역권설정의 목적, 범위, 요역지 등은 승역지의 등기기록에 지역권설정의 등기를 할 때에 그 등기사항에 포함된다.
② 토지등기기록에 요역지 지역권의 등기가 있는 경우 그 토지에 대한 합필의 등기를 할 수 있다.
③ 지역권설정의 범위가 승역지의 일부인 경우에는 그 부분을 표시한 지적도를 첨부정보로서 등기소에 제공하여야 한다.
④ 지역권설정등기를 할 때에는 다른 권리의 등기와 달리 권리자를 기록하지 않는다.
⑤ 지역권설정자는 승역지의 소유자는 물론 지상권자, 전세권자 또는 등기한 임차권자도 될 수 있다.

47 전세권의 등기에 관한 설명으로 틀린 것은?

㉠ 구분건물의 전유부분과 대지권을 동일한 전세권의 목적으로 하는 전세권설정등기는 허용되지 아니한다.
㉡ 건물의 특정부분이 아닌 공유지분에 대한 전세권은 등기할 수 있다.
㉢ 전세금반환채권의 일부양도에 따른 전세권 일부이전등기의 신청은 전세권의 존속기간의 만료 전에 할 수 있다.
㉣ 등기관이 전세권설정등기를 할 때 등기원인에 위약금약정이 있는 경우 이를 기록하여야 한다.
㉤ 전세권의 목적인 범위가 건물의 일부로서 특정 층 전부인 경우에는 전세권설정등기 신청서에 그 층의 도면을 첨부해야 한다.

① ㉠, ㉡, ㉢
② ㉠, ㉡, ㉣
③ ㉠, ㉣, ㉤
④ ㉡, ㉢, ㉤
⑤ ㉢, ㉣, ㉤

48 甲은 乙과 乙 소유 A건물 전부에 대해 전세금 5억원, 기간 2년으로 하는 전세권설정계약을 체결하고 공동으로 전세권설정등기를 신청하였다. 이에 관한 설명으로 틀린 것은?

제32회

① 등기관은 전세금을 기록하여야 한다.
② 등기관은 존속기간을 기록하여야 한다.
③ 전세권설정등기가 된 후, 전세금반환채권의 일부양도를 원인으로 한 전세권 일부이전등기를 할 때에 등기관은 양도액을 기록한다.
④ 전세권설정등기가 된 후에 건물전세권의 존속기간이 만료되어 법정갱신이 된 경우, 甲은 존속기간 연장을 위한 변경등기를 하지 않아도 그 전세권에 대한 저당권설정등기를 할 수 있다.
⑤ 전세권설정등기가 된 후에 甲과 丙이 A건물의 일부에 대한 전전세계약에 따라 전전세등기를 신청하는 경우, 그 부분을 표시한 건물도면을 첨부정보로 등기소에 제공하여야 한다.

49 임차권등기에 관한 다음 설명 중 틀린 것은?

① 건물의 일부에 대해서 임차권설정등기를 할 수 있으므로, 건물의 일부에 해당하는 지붕이나 옥상에 대하여도 임차권설정등기를 신청할 수 있다.
② 송전선이 통과하는 선하부지에 대한 임대차의 존속기간을 송전선이 존속하는 기간으로 하는 임차권설정등기는 허용된다.
③ 부동산의 일부에 대한 임차권설정등기를 신청할 때에는 임차권의 목적인 범위가 건물의 일부로서 특정층 전부인 때에는 그 도면을 제공할 필요가 없다.
④ 임차권등기명령에 의한 주택임차권등기가 경료된 경우 그 등기에 기초한 임차권이전등기를 할 수 있다.
⑤ 토지의 지하공간에 상하의 범위를 정하여 송수관을 매설하기 위한 구분임차권등기는 신청할 수 없다.

50 임차권등기에 관한 설명으로 옳은 것을 모두 고른 것은?   제35회

㉠ 임차권설정등기가 마쳐진 후 임대차 기간 중 임대인의 동의를 얻어 임차물을 전대하는 경우, 그 전대등기는 부기등기의 방법으로 한다.
㉡ 임차권등기명령에 의한 주택임차권등기가 마쳐진 경우, 그 등기에 기초한 임차권이전등기를 할 수 있다.
㉢ 미등기 주택에 대하여 임차권등기명령에 의한 등기촉탁이 있는 경우, 등기관은 직권으로 소유권보존등기를 한 후 주택임차권등기를 해야 한다.

① ㉠
② ㉡
③ ㉠, ㉢
④ ㉡, ㉢
⑤ ㉠, ㉡, ㉢

51 등기에 관한 설명으로 옳은 것을 모두 고른 것은?

> ㄱ. 임대차 차임지급시기에 관한 약정이 있는 경우, 임차권등기에 이를 기록하지 않더라도 임차권등기는 유효하다.
> ㄴ. 1필지의 일부에 지상권설정등기를 신청하는 경우, 그 일부를 표시한 지적도를 등기소에 제공하여야 한다.
> ㄷ. 구분지상권설정등기를 신청하는 경우에 범위를 특정할 필요가 있으므로 도면을 첨부하여야 한다.
> ㄹ. 승역지에 지역권설정등기를 한 경우, 요역지의 등기기록에는 그 승역지를 기록할 필요가 없다.
> ㅁ. 주택의 임대차가 종료된 후 보증금을 반환받지 못한 임차인은 일정한 요건을 갖추어 임차주택의 소재지를 관할하는 법원에 임차권등기명령을 신청할 수 있다.

① ㄱ, ㄴ, ㄷ
② ㄱ, ㄴ, ㅁ
③ ㄴ, ㄷ, ㄹ
④ ㄴ, ㄹ, ㅁ
⑤ ㄷ, ㄹ, ㅁ

52 등기관이 용익권의 등기를 하는 경우에 관한 설명으로 옳은 것은? 제34회

① 1필 토지 전부에 지상권설정등기를 하는 경우, 지상권설정의 범위를 기록하지 않는다.
② 지역권의 경우, 승역지의 등기기록에 설정의 목적, 범위 등을 기록할 뿐, 요역지의 등기기록에는 지역권에 관한 등기사항을 기록하지 않는다.
③ 전세권의 존속기간이 만료된 경우, 그 전세권설정등기를 말소하지 않고 동일한 범위를 대상으로 하는 다른 전세권설정등기를 할 수 있다.
④ 2개의 목적물에 하나의 전세권설정계약으로 전세권설정등기를 하는 경우, 공동전세목록을 작성하지 않는다.
⑤ 차임이 없이 보증금의 지급만을 내용으로 하는 채권적 전세의 경우, 임차권설정등기기록에 차임 및 임차보증금을 기록하지 않는다.

Point 45　담보권등기 ★★★★

정답 및 해설 p.46~47

> **Tip**
> - 저당권에 관한 문제는 매년 출제되고 있으며, 등기에서 저당권에 관한 사항을 예로 많이 들기 때문에 담보권등기에 관한 정확한 이해가 필요하다.
> - 근저당권의 변경등기 또는 이전등기는 등기원인을 정확하게 이해하여야 한다.

53 저당권등기에 관한 설명으로 틀린 것은?

① 일정한 금액을 목적으로 하지 않는 채권을 담보하기 위한 저당권설정등기를 신청하는 경우, 그 채권의 평가액을 신청정보의 내용으로 등기소에 제공하여야 한다.
② 채무자와 저당권설정자가 동일한 경우에는 등기기록에 채무자를 표시하지 아니한다.
③ 저당권의 이전등기를 신청하는 경우에는 저당권이 채권과 같이 이전한다는 뜻을 신청정보의 내용으로 등기소에 제공하여야 한다.
④ 저당의 목적이 되는 부동산이 5개 이상인 경우, 등기관은 공동담보목록을 작성하여야 한다.
⑤ 피담보채권의 일부양도를 이유로 저당권의 일부이전등기를 하는 경우, 등기관은 그 양도액을 기록하여야 한다.

54 저당권등기에 관한 설명으로 틀린 것은?

① 채무자와 저당권설정자가 다른 경우(물상보증)뿐만 아니라 채무자와 저당권설정자가 동일한 경우에도 반드시 채무자를 신청정보에 적어야 한다.
② 저당권설정등기를 신청하는 경우에 변제기는 임의적 기록사항이다.
③ 공동저당 부동산 중 일부의 매각대금을 먼저 배당하여 경매부동산의 후순위 저당권자가 대위등기를 할 때, 매각대금을 기록하는 것이 아니라 선순위 저당권자가 변제받은 금액을 기록하여야 한다.
④ 대지권 뜻의 등기를 한 토지의 등기기록에는 대지권을 목적으로 하는 근저당권설정등기는 허용되지 아니한다.
⑤ 채무자가 변경된 경우에 저당권변경등기는 저당권자가 등기권리자, 저당권설정자가 등기의무자가 되어 공동으로 신청하여야 한다.

중요
55 저당권설정등기의 말소등기에 관련한 다음 설명 중 옳은 것을 모두 고른 것은?

㉠ 저당권설정등기가 이전된 후에 말소등기를 신청하는 경우 저당권의 양수인만이 말소등기 의무자이다.
㉡ ㉠의 경우 말소할 등기의 표시로는 주등기와 부기등기를 모두 적어야 한다.
㉢ ㉠의 경우에 원래의 저당권설정등기필정보 및 저당권이전등기의 등기필정보를 첨부하여야 한다.
㉣ 저당권설정등기 후 소유권이 제3자에게 이전된 경우에 저당권말소등기를 하는 경우 원래의 저당권설정자는 저당권말소등기의 등기권리자가 될 수 있다.

① ㉠, ㉡
② ㉠, ㉣
③ ㉡, ㉢
④ ㉡, ㉣
⑤ ㉢, ㉣

56 부동산 공동저당의 등기에 관한 설명으로 옳은 것을 모두 고른 것은? 제35회

㉠ 공동저당의 설정등기를 신청하는 경우, 각 부동산에 관한 권리의 표시를 신청정보의 내용으로 등기소에 제공해야 한다.
㉡ 등기관이 공동저당의 설정등기를 하는 경우, 각 부동산의 등기기록 중 해당 등기의 끝부분에 공동담보라는 뜻의 기록을 해야 한다.
㉢ 등기관이 공동저당의 설정등기를 하는 경우, 공동저당의 목적이 된 부동산이 3개일 때에는 등기관은 공동담보목록을 전자적으로 작성해야 한다.

① ㉠
② ㉢
③ ㉠, ㉡
④ ㉡, ㉢
⑤ ㉠, ㉡, ㉢

57 등기관이 근저당권등기를 하는 경우에 관한 설명으로 틀린 것은? 제34회

① 채무자의 성명, 주소 및 주민등록번호를 등기기록에 기록하여야 한다.
② 채무자가 수인인 경우라도 채무자별로 채권최고액을 구분하여 기록할 수 없다.
③ 정보의 채권최고액이 외국통화로 표시된 경우, 외화표시금액을 채권최고액으로 기록한다.
④ 선순위근저당권의 채권최고액을 감액하는 변경등기는 그 저당목적물에 관한 후순위권리자의 승낙서가 첨부되지 않더라도 할 수 있다.
⑤ 수용으로 인한 소유권이전등기를 하는 경우, 특별한 사정이 없는 한 그 부동산의 등기기록 중 근저당권등기는 직권으로 말소하여야 한다.

58 근저당권등기에 관한 설명으로 옳은 것은? 제31회

① 근저당권의 약정된 존속기간은 등기사항이 아니다.
② 피담보채권의 변제기는 등기사항이 아니다.
③ 지연배상액은 등기하였을 경우에 한하여 근저당권에 의해 담보된다.
④ 1번 근저당권의 채권자가 여러 명인 경우, 그 근저당권설정등기의 채권최고액은 각 채권자별로 구분하여 기재한다.
⑤ 채권자가 등기절차에 협력하지 아니한 채무자를 피고로 하여 등기절차의 이행을 명하는 확정판결을 받은 경우, 채권자는 채무자와 공동으로 근저당권설정등기를 신청하여야 한다.

▲ 고득점
59 다음 중 근저당권의 등기에 대한 내용으로 <u>틀린</u> 것은?

- 근저당권의 피담보채권이 확정되기 전에 그 피담보채권이 양도 또는 대위변제된 경우 이를 원인으로 하는 근저당권이전등기를 할 수 (㉠).
- 근저당권의 피담보채권이 확정되기 전에 근저당권의 기초가 되는 기본 계약상의 채권자 지위가 제3자에게 전부양도된 경우 등기원인은 (㉡)로 기록한다.
- 근저당권의 피담보채권이 확정된 후에 제3자가 피담보채무를 면책적으로 인수한 경우 등기원인은 (㉢)로 기록한다.

① ㉠: 없다, ㉡: 채권양도, ㉢: 채무인수
② ㉠: 있다, ㉡: 채권양도, ㉢: 채무인수
③ ㉠: 없다, ㉡: 계약양도, ㉢: 채무인수
④ ㉠: 있다, ㉡: 계약양도, ㉢: 계약인수
⑤ ㉠: 없다, ㉡: 계약양도, ㉢: 계약인수

60 각 권리의 설정등기에 따른 필요적 기록사항으로 옳은 것을 모두 고른 것은?

> ㉠ 지상권: 설정목적과 범위, 지료
> ㉡ 지역권: 승역지 등기기록에서 설정목적과 범위, 요역지의 표시
> ㉢ 전세권: 전세금과 설정범위
> ㉣ 임차권: 차임과 범위
> ㉤ 저당권: 채권액과 변제기

① ㉠
② ㉡, ㉢, ㉣
③ ㉡, ㉣, ㉤
④ ㉠, ㉢, ㉣, ㉤
⑤ ㉠, ㉡, ㉢, ㉣, ㉤

61 다음 중 등기원인에 약정이 있더라도 등기기록에 기록할 수 없는 사항은? 제35회

① 지상권의 존속기간
② 지역권의 지료
③ 전세권의 위약금
④ 임차권의 차임지급시기
⑤ 저당권부 채권의 이자지급장소

☆ 중요
62 다음 각종 등기의 기록사항에 대한 설명으로 옳은 것은?

① 저당권설정등기 신청정보에는 채권액과 채무자, 이자를 기재하여야 한다.
② 근저당권설정등기 신청정보에는 채권최고액과 채무자를 기재하여야 하나, 근저당권이라는 뜻은 임의적 기록사항이다.
③ 지상권설정등기 신청정보에는 지상권설정의 목적과 범위를 기재하여야 하나, 목적의 경우에는 구체적으로 기재할 필요가 없다.
④ 환매특약의 경우 매수인이 지급한 매매대금과 비용은 반드시 기재하며, 환매기간은 등기원인정보에 정하여져 있는 경우에 신청정보에 기재하여야 한다.
⑤ 임차권설정등기 신청정보에는 차임과 임차보증금을 기재하여야 하나, 존속기간은 임의적 기재사항이다.

Point 46 집합건물에 관한 등기 ★★★★

정답 및 해설 p.48~49

> **Tip**
> - 구분건물에 관한 문제에서는 등기부의 구성에 관한 사항이 중요하다.
> - 대지권등기의 효력에 관한 정확한 이해가 필요하다.

63 구분건물과 관련한 다음 설명 중 틀린 것은?

① 1동 건물을 구분한 건물에 있어서는 1동의 건물에 속하는 전부에 대하여 1등기기록을 사용한다.
② 구분건물로 될 수 있는 객관적 요건을 갖춘 경우에는 건물소유자는 구분건물로 등기할 수 있다.
③ 대지권을 등기한 후에 한 건물에 대한 소유권에 관한 등기로서 건물만에 관한 뜻의 부기가 없는 것은 대지권에 대하여 동일한 등기로서의 효력이 있다.
④ 구분한 건물의 표제부에는 전유부분에 해당하는 건물의 표시를 하고, 그 전유부분의 대지권의 표시는 1동 건물의 표제부에 한다.
⑤ 상가건물도 일정한 요건을 갖춘 경우에는 구분점포마다 각각의 소유권보존등기를 할 수 있다.

🔍 신유형
64 규약상 공용부분이라는 뜻의 등기에 관한 다음 설명 중 틀린 것은?

① 규약상 공용부분이라는 뜻의 등기는 규약상 공용부분으로 한 건물의 소유권의 등기명의인이 단독으로 신청한다.
② 규약상 공용부분이라는 뜻의 등기신청이 있으면 표제부에 공용부분이라는 뜻을 기록하고 각 구의 소유권과 그 밖의 권리에 관한 등기를 말소하는 표시를 하여야 한다.
③ 규약상 공용부분으로 할 건물에 소유권의 등기 외의 권리에 관한 등기가 있을 때에는 그 명의인의 승낙을 증명하는 정보 또는 이에 대항할 수 있는 판결정본을 제공하여야 한다.
④ 공용부분이라는 뜻을 정한 규약을 폐지한 경우 공용부분 취득자는 기존의 구분소유자와 공동으로 소유권이전등기를 신청하여야 한다.
⑤ 규약을 폐지함에 따라 공용부분의 취득자가 소유권보존등기를 신청하는 경우에는 규약의 폐지를 증명하는 정보를 첨부정보로서 등기소에 제공하여야 한다.

65 대지권등기에 관련된 설명으로 틀린 것은?

① 대지권의 표시란에는 대지권의 목적인 토지의 일련번호를 기록함으로써 대지권의 목적인 토지의 표시를 갈음할 수 있다.
② 대지권에 대한 전세권설정등기는 하지 못한다.
③ 대지권을 등기한 건물의 등기기록에는 그 건물만에 관한 전세권설정등기를 할 수 있다.
④ 건물의 등기기록에 대지권등기를 한 경우 그 권리의 목적인 토지의 등기기록 중 표제부에 대지권인 뜻을 등기하여야 한다.
⑤ 부속건물에 대한 대지권의 표시를 하는 때에는 대지권의 표시 말미에 그 대지권이 부속건물에 대한 대지권인 뜻을 기록하여야 한다.

66 집합건물의 등기에 관한 설명으로 옳은 것은? 　　　　　제29회

① 등기관이 구분건물의 대지권등기를 하는 경우에는 건축물대장 소관청의 촉탁으로 대지권의 목적인 토지의 등기기록에 소유권, 지역권, 전세권 또는 임차권이 대지권이라는 뜻을 기록하여야 한다.
② 구분건물로서 그 대지권의 변경이 있는 경우에는 구분건물의 소유권의 등기명의인은 1동의 건물에 속하는 다른 구분건물의 소유권의 등기명의인을 대위하여 대지권의 변경등기를 신청할 수 있다.
③ '대지권에 대한 등기로서 효력이 있는 등기'와 '대지권의 목적인 토지의 등기기록 중 해당구에 한 등기'의 순서는 순위번호에 따른다.
④ 구분건물의 등기기록에 대지권이 등기된 후 건물만에 관해 저당권설정계약을 체결한 경우, 그 설정계약을 원인으로 구분건물만에 관한 저당권설정등기를 할 수 있다.
⑤ 토지의 소유권이 대지권인 경우 토지의 등기기록에 대지권이라는 뜻의 등기가 되어 있더라도, 그 토지에 대한 새로운 저당권설정계약을 원인으로 하여, 그 토지의 등기기록에 저당권설정등기를 할 수 있다.

67 구분건물의 등기에 관한 설명으로 틀린 것은?

제34회 수정

① 대지권의 표시에 관한 사항은 전유부분의 등기기록 표제부에 기록하여야 한다.
② 토지전세권이 대지권인 경우에 대지권이라는 뜻의 등기가 되어 있는 토지의 등기기록에는 특별한 사정이 없는 한 저당권설정등기를 할 수 없다.
③ 대지권의 변경이 있는 경우, 구분건물의 소유권의 등기명의인은 1동의 건물에 속하는 다른 구분건물의 소유권의 등기명의인을 대위하여 대지권변경등기를 신청할 수 있다.
④ 1동의 건물에 속하는 구분건물 중 일부만에 관하여 소유권보존등기를 신청하는 경우에는 나머지 구분건물의 표시에 관한 등기를 동시에 신청하여야 한다.
⑤ 집합건물의 규약상 공용부분이라는 뜻을 정한 규약을 폐지한 경우, 그 공용부분의 취득자는 소유권보존등기를 신청하여야 한다.

☆중요
68 대지권의 등기에 관련된 다음 설명 중 틀린 것은?

① 대지권을 등기한 건물에 대하여 소유권에 관한 등기를 신청하는 경우에 신청정보에 대지권을 적어야 하지만 건물만에 관한 등기를 신청하는 경우에는 그러하지 아니하다.
② 건물등기기록에 대지권등기를 한 경우에 그 권리의 목적인 토지등기기록 중 갑구 또는 을구에 대지권 뜻의 등기는 등기관이 직권으로 주등기 형식으로 실행한다.
③ 대지권을 등기한 건물의 등기기록에는 그 건물만에 관한 소유권이전등기를 하지 못한다.
④ 토지의 소유권이 대지권인 경우 그 뜻의 등기를 한 때에는 그 토지의 등기기록에 저당권설정등기를 하지 못한다.
⑤ 소유권이 대지권인 경우에 대지권이 있다는 뜻의 등기가 된 토지등기기록에는 소유권이전청구권가등기를 할 수 있다.

고득점
69 대지권등기에 관한 다음 설명 중에서 <u>틀린</u> 것을 모두 고른 것은?

> ㉠ 토지의 소유권이 대지권인 경우 대지권등기를 한 때에는 건물부분만에 대한 저당권등기를 할 수 없다.
> ㉡ 토지의 소유권이 대지권인 경우 대지권등기를 한 때에는 그 토지의 등기기록에 지상권등기는 하지 못한다.
> ㉢ 대지권등기 전에 건물만에 관한 저당권의 실행으로 인한 경매신청등기 및 매각(경락)으로 인한 소유권이전등기를 할 수 있다.
> ㉣ 토지의 지상권이 대지권인 경우에 대지권 뜻의 등기가 된 토지의 등기기록에는 소유권이전등기를 할 수 없다.

① ㉠, ㉡
② ㉠, ㉢
③ ㉡, ㉢
④ ㉡, ㉣
⑤ ㉢, ㉣

Point 47 가등기 *****

정답 및 해설 p.49~50

> **Tip**
> - 가등기에 관한 문제는 매년 출제되고 있으며, 가등기에 관한 전반적인 이해가 필요하다.
> - 특히 최근에는 공동가등기에서 본등기 방법, 본등기 후의 직권말소등기 부분이 매년 출제되고 있으므로 정확한 이해가 필요하다.

70 가등기에 관련된 설명으로 옳은 것은?

① 부동산소유권이전의 청구권이 정지조건부인 경우에 그 청구권을 보전하기 위해 가등기를 할 수 있다.
② 가등기에 기한 본등기의 실체법상 효력은 가등기한 날로 소급하여 발생한다.
③ 소유권이전청구권보전가등기에 기한 본등기를 한 경우 가등기 후에 완료된 해당 가등기에 대한 가압류등기는 직권말소된다.
④ 소유권에 관한 가등기명의인이 가등기말소등기를 신청하는 경우 가등기명의인의 인감증명을 첨부할 필요가 없다.
⑤ 가등기가처분명령에 의한 가등기는 가등기가처분의 명령법원이 이를 촉탁한다.

⭐중요
71 가등기에 관한 다음 설명 중 옳은 것을 모두 고른 것은?

> ㉠ 가등기는 권리의 설정·이전·변경이나 소멸의 청구권을 보전하기 위하여 할 수 있으나, 그 청구권이 장래에 있어서 확정될 것인 경우에는 허용되지 않는다.
> ㉡ 가등기를 한 후 본등기의 신청이 있을 때에는 가등기의 순위번호를 사용하여 본등기를 하여야 한다.
> ㉢ 가등기 후 가등기권자가 사망한 경우 가등기권자의 상속인은 상속등기를 생략하고 가등기의무자와 공동으로 직접 본등기를 신청할 수 있다.
> ㉣ 사인증여로 인하여 발생한 소유권이전등기청구권을 보전하기 위한 가등기는 할 수 없다.
> ㉤ 하나의 가등기에 대하여 수인의 가등기권리자가 있는 경우에 그 권리자 중 1인의 지분만에 대한 본등기는 신청할 수 없다.

① ㉠
② ㉢
③ ㉡, ㉢
④ ㉢, ㉤
⑤ ㉣, ㉤

🔺고득점
72 가등기에 관한 설명으로 옳은 것은?

① 청산절차를 거치지 아니하여 첨부정보를 제공하지 아니한 채 담보가등기에 기초하여 본등기가 이루어진 경우, 등기관은 그 본등기를 직권으로 말소할 수 있다.
② 가등기된 권리의 이전등기가 제3자에게 마쳐진 경우, 원래의 가등기권자가 본등기의 권리자가 된다.
③ 가등기 후 제3자에게 소유권이 이전된 경우, 가등기에 의한 본등기 신청의 등기의무자는 제3자인 현재의 소유자이다.
④ 가등기권리자가 가등기를 명하는 가처분명령을 신청할 경우, 가등기의무자의 주소지를 관할하는 지방법원에 신청한다.
⑤ 가등기권리자가 가등기에 의한 본등기로 소유권이전등기를 하지 않고 별도의 소유권이전등기를 한 경우, 그 가등기 후에 본등기와 저촉되는 중간등기가 없다면 가등기에 의한 본등기를 할 수 없다.

73 가등기에 관한 설명으로 옳은 것은? (다툼이 있으면 판례에 따름) 　　제35회

① 소유권이전등기청구권 보전을 위한 가등기에 기한 본등기가 경료된 경우, 본등기에 의한 물권변동의 효력은 가등기한 때로 소급하여 발생한다.
② 소유권이전등기청구권 보전을 위한 가등기가 마쳐진 부동산에 처분금지가처분등기가 된 후 본등기가 이루어진 경우, 그 본등기로 가처분채권자에게 대항할 수 있다.
③ 정지조건부의 지상권설정청구권을 보전하기 위해서는 가등기를 할 수 없다.
④ 가등기된 소유권이전등기청구권이 양도된 경우, 그 가등기상의 권리의 이전등기를 가등기에 대한 부기등기의 형식으로 경료할 수 없다.
⑤ 소유권이전등기청구권 보전을 위한 가등기가 있으면 소유권이전등기를 청구할 어떤 법률관계가 있다고 추정된다.

▲ 고득점
74 가등기에 관한 다음의 설명 중 틀린 것을 모두 고른 것은?

> ㉠ 유증으로 인한 소유권이전등기청구권 보전의 가등기는 유언자가 생존 중인 경우에도 이를 수리하여야 한다.
> ㉡ 가등기된 권리를 제3자에게 양도한 경우에 양도인과 양수인의 공동신청으로 가등기의 이전등기를 신청할 수 있으며 그 등기는 가등기에 대한 부기등기로 한다.
> ㉢ 소유권이전청구권가등기권자가 가등기에 의한 본등기를 하지 않고 다른 원인에 의한 소유권이전등기를 한 경우, 가등기 후 위 소유권이전등기 전에 제3자 앞으로 처분제한의 등기가 있는 경우에 그 가등기에 의한 본등기를 할 수 없다.
> ㉣ 토지거래허가구역 내의 토지에 관하여 소유권이전청구권가등기나 지상권설정청구권가등기를 신청하는 경우에는 토지거래허가서를 첨부하지 아니한다.

① ㉠, ㉡　　　　　　　　　　② ㉢, ㉣
③ ㉠, ㉢, ㉣　　　　　　　　④ ㉡, ㉢, ㉣
⑤ ㉠, ㉡, ㉢, ㉣

75 A건물에 대해 甲이 소유권이전등기청구권보전 가등기를 2024.3.4.에 하였다. 甲이 위 가등기에 의해 2024.10.18. 소유권이전의 본등기를 한 경우, A건물에 있던 다음 등기 중 직권으로 말소하는 등기는?

① 甲에게 대항할 수 있는 주택임차권에 의해 2024.7.4.에 한 주택임차권등기
② 2024.3.15. 등기된 가압류에 의해 2024.7.5.에 한 강제경매개시결정등기
③ 2024.2.5. 등기된 근저당권에 의해 2024.7.6.에 한 임의경매개시결정등기
④ 위 가등기상 권리를 목적으로 2024.7.7.에 한 가처분등기
⑤ 위 가등기상 권리를 목적으로 2024.7.8.에 한 가압류등기

76 X토지에 관하여 A등기청구권보전을 위한 가등기 이후, B-C의 순서로 각 등기가 적법하게 마쳐졌다. B등기가 직권말소의 대상인 것은? (A, B, C등기는 X를 목적으로 함)

제35회

	A	B	C
①	전세권설정	가압류등기	전세권설정본등기
②	임차권설정	저당권설정등기	임차권설정본등기
③	저당권설정	소유권이전등기	저당권설정본등기
④	소유권이전	저당권설정등기	소유권이전본등기
⑤	지상권설정	가압류등기	지상권설정본등기

중요
77 다음 중 가등기에 기한 본등기를 하는 경우에 직권으로 말소하는 등기를 모두 고른 것은?

> ㉠ 소유권이전청구권가등기에 기하여 소유권이전등기를 하는 경우 가등기 후에 완료된 전세권설정등기
> ㉡ 소유권이전청구권가등기에 기하여 본등기를 하는 경우 가등기 전에 완료된 저당권설정등기에 기하여 가등기 후 본등기 전에 완료된 임의경매신청등기
> ㉢ 전세권설정청구권가등기에 기하여 본등기를 하는 경우 가등기 후 본등기 전에 완료된 전세권설정등기
> ㉣ 소유권이전청구권가등기에 기하여 본등기를 하는 경우 가등기 후 본등기 전에 완료된 해당 가등기의 처분제한등기
> ㉤ 저당권설정청구권가등기에 기하여 본등기를 하는 경우 해당 가등기 후 본등기 전에 완료된 동일 범위의 저당권설정등기

① ㉠
② ㉠, ㉡
③ ㉠, ㉢
④ ㉡, ㉣
⑤ ㉢, ㉣, ㉤

Point 48 처분제한등기 ★★★

정답 및 해설 p.50

> **Tip**
> 가처분에 관한 문제는 최근 몇 년간 출제되지 않았지만 앞으로 다시 출제될 부분으로 기본적인 절차 위주의 학습이 필요하다.

78 가압류·가처분등기에 관한 설명으로 옳은 것은?

① 소유권에 대한 가압류등기는 부기등기로 한다.
② 처분금지가처분등기가 되어 있는 토지에 대하여는 지상권설정등기를 신청할 수 없다.
③ 가압류등기의 말소등기는 등기권리자와 등기의무자가 공동으로 신청해야 한다.
④ 부동산에 대한 처분금지가처분등기의 경우, 금전채권을 피보전권리로 기재한다.
⑤ 부동산의 공유지분에 대해서도 가압류등기가 가능하다.

고득점
79 乙 소유의 건물에 대하여 소유권이전청구권을 보전하기 위한 甲의 가처분이 2024.2.1. 등기되었다. 甲이 乙을 등기의무자로 하여 소유권이전등기를 신청하는 경우, 그 건물에 있던 다음의 제3자 명의의 등기 중 단독으로 등기의 말소를 신청할 수 있는 것은?

① 2024.1.7. 등기된 가압류에 의하여 2024.6.7.에 한 강제경매개시결정등기
② 2024.1.8. 등기된 가등기담보권에 의하여 2024.7.8.에 한 임의경매개시결정등기
③ 임차권등기명령에 의해 2024.4.2.에 한 甲에게 대항할 수 있는 주택임차권등기
④ 2024.1.9. 체결된 매매계약에 의하여 2024.8.1.에 한 소유권이전등기
⑤ 2024.1.9. 등기된 근저당권에 의하여 2024.9.2.에 한 임의경매개시결정등기

중요
80 등기신청에 관한 설명으로 틀린 것은? (다툼이 있으면 판례에 의함)

① 처분금지가처분등기가 된 후 가처분채무자를 등기의무자로 하여 소유권이전등기를 신청하는 가처분채권자는 그 가처분등기 후에 마쳐진 등기 전부의 말소를 신청할 수 있다.
② 가처분채권자가 가처분등기 후의 등기말소를 신청할 때에는 '가처분에 의한 실효'를 등기원인으로 하여야 한다.
③ 가처분채권자의 말소신청에 따라 가처분등기 후의 등기를 말소하는 등기관은 그 가처분등기도 직권말소하여야 한다.
④ 대지권을 등기한 구분건물의 경우에 그 건물 또는 토지만에 대한 가압류등기를 할 수 없다.
⑤ 가처분채무자가 법원으로부터 가처분취소결정을 받은 경우 그 결정에 의하여 직접 등기소에 말소등기를 신청할 수 있다.

중요
81 가처분권리자의 본안소송에서 승소하여 그 승소판결에 의한 등기를 실행하는 경우 가처분등기에 저촉되는 제3자 명의의 소유권이전등기의 말소절차는?

① 가처분권리자와 채무자의 공동신청에 의하여 말소한다.
② 채무자의 단독신청에 의하여 말소한다.
③ 가처분권리자의 단독신청에 의하여 말소한다.
④ 등기관이 직권말소한다.
⑤ 집행법원의 촉탁에 의하여 말소한다.

Memo

Memo

Memo

저자 약력

홍승한 교수
서울시립대학교 법학과 졸업
서울시립대학교 대학원 부동산학과 졸업(부동산학 석사)
상명대학교 일반대학원 부동산학 박사

현 | 해커스 공인중개사학원 부동산공시법령 대표강사
해커스 공인중개사 부동산공시법령 동영상강의 대표강사

전 | 금융연수원 부동산공시법령 강의
EBS 부동산공시법령 강의
웅진랜드캠프 부동산공시법령 강의
한국법학원 부동산공시법령 강의
새롬행정고시학원 부동산공시법령 강의

저서 | 부동산공시법령(기본서·문제집), 웅진랜드캠프, 2008~2009
부동산공시법령(기본서·문제집), 고시동네, 2010~2013
부동산공시법령(기본서·문제집), EBS, 2011~2012
부동산공시법령(기본서·문제집), 한국법학원, 2013~2016
부동산공시법령(기본서·문제집), 새롬행정고시학원, 2017~2019
부동산공시법령(기본서), 해커스패스, 2021~2025
부동산공시법령(한손노트), 해커스패스, 2024~2025
부동산공시법령(핵심요약집), 해커스패스, 2024~2025
부동산공시법령(단원별 기출문제집), 해커스패스, 2025
부동산공시법령(출제예상문제집), 해커스패스, 2021~2024
공인중개사 2차(기초입문서), 해커스패스, 2021~2025
공인중개사 2차(핵심요약집), 해커스패스, 2021~2023
공인중개사 2차(단원별 기출문제집), 해커스패스, 2021~2024
공인중개사 2차(회차별 기출문제집), 해커스패스, 2022~2025
공인중개사 2차(실전모의고사), 해커스패스, 2021~2024

출제예상문제집
+ 7개년 기출분석

2차 부동산공시법령

개정5판 1쇄 발행 2025년 5월 22일

지은이	홍승한, 해커스 공인중개사시험 연구소 공편저
펴낸곳	해커스패스
펴낸이	해커스 공인중개사 출판팀
주소	서울시 강남구 강남대로 428 해커스 공인중개사
고객센터	1588-2332
교재 관련 문의	land@pass.com
	해커스 공인중개사 사이트(land.Hackers.com) 1:1 무료상담
	카카오톡 플러스 친구 [해커스 공인중개사]
학원 강의 및 동영상강의	land.Hackers.com
ISBN	979-11-7404-144-9 (13360)
Serial Number	05-01-01

저작권자 ⓒ 2025, 홍승한
이 책의 모든 내용, 이미지, 디자인, 편집 형태는 저작권법에 의해 보호받고 있습니다.
서면에 의한 저자와 출판사의 허락 없이 내용의 일부 혹은 전부를 인용, 발췌하거나, 복제, 배포할 수 없습니다.

공인중개사 시험 전문,
해커스 공인중개사 land.Hackers.com

- 해커스 공인중개사학원 및 동영상강의
- 해커스 공인중개사 온라인 전국 실전모의고사
- 해커스 공인중개사 무료 학습자료 및 필수 합격정보 제공

해커스 공인중개사

교재만족도 96.5%!
베스트셀러 1위 해커스 교재

[96.5%] 해커스 공인중개사 수강생 온라인 설문조사(2023.10.28~12.27.) 결과(해당 항목 응답자 중 만족 의견 표시 비율)

기초부터 탄탄하게 입문서 & 기본서

만화로 시작하는
해커스 공인중개사

해커스 공인중개사
기초입문서

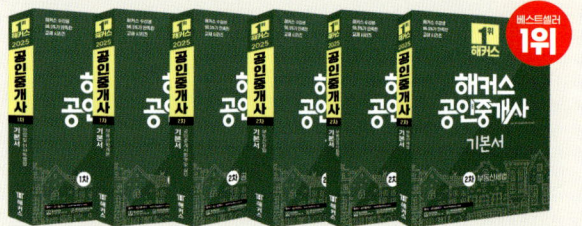

해커스 공인중개사
기본서

시험에 반드시 나오는 것만 엄선! 핵심요약집 & 부교재

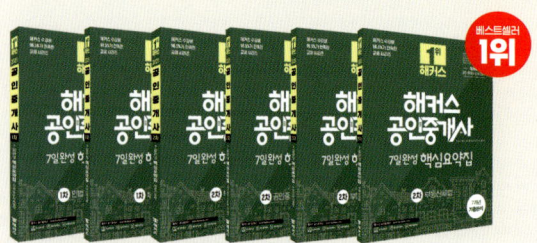

해커스 공인중개사
7일완성 핵심요약집

해커스 공인중개사
한눈에 보는 공법체계도

해커스 공인중개사
계산문제집 부동산학개론

[만화로 시작하는 해커스 공인중개사] 교보문고 취업/수험서 공인중개사/주택관리사 분야 베스트셀러(2021.1.18. 온라인 주간 집계 기준) [2024 해커스 공인중개사 1차 기초입문서] YES24 수험서 자격증 베스트셀러 공인중개사 기본서 분야 2023년 11월 주간 베스트 기준] [2025 해커스 공인중개사 2차 기초입문서 YES24 수험서 자격증 베스트셀러 기본서 분야 2023년 11월 주간 베스트 기준] [2025 해커스 공인중개사 1차 기본서] 부동산학개론 교보문고 취업/수험서 분야 공인중개사 베스트셀러 1위(2024.12.05. 온라인 주간 베스트 기준) [2025 해커스 공인중개사 2차 기본서] 공인중개사법령 및 실무 교보문고 취업/수험서 분야 공인중개사 2차 베스트셀러 1위(2024.12.05. 온라인 주간 베스트 기준) [2025 해커스 공인중개사 2차 기본서] 부동산공법 교보문고 취업/수험서 분야 공인중개사 2차 베스트셀러 1위(2024.12.06. 온라인 주간 베스트 기준) [2025 해커스 공인중개사 2차 기본서] 부동산공시법 교보문고 취업/수험서 분야 공인중개사 2차 베스트셀러 1위(2024.12.12. 온라인 주간 베스트 기준) [2025 해커스 공인중개사 2차 기본서] 부동산세법 교보문고 취업/수험서 분야 공인중개사 2차 베스트셀러 1위(2024.12.10. 온라인 주간 베스트 기준) [2025 해커스 공인중개사 1차 7일완성 핵심요약집 부동산학개론] 교보문고 취업/수험서 공인중개사/주택관리사 1차 분야 베스트셀러 1위(25.02.05. 온라인 주간베스트 기준) [2025 해커스 공인중개사 1차 7일완성 핵심요약집 민법 및 민사특별법] 교보문고 취업/수험서 공인중개사/주택관리사 1차 분야 베스트셀러 1위(25.02.06. 온라인 주간베스트 기준) [2025 해커스 공인중개사 2차 7일완성 핵심요약집 공인중개사법령 및 실무] 교보문고 취업/수험서 공인중개사/주택관리사 2차 분야 베스트셀러 1위(25.02.10. 온라인 주간베스트 기준) [2025 해커스 공인중개사 2차 7일완성 핵심요약집 부동산공시법] 교보문고 취업/수험서 공인중개사/주택관리사 2차 분야 베스트셀러 1위(25.02.11. 온라인 주간베스트 기준) [2025 해커스 공인중개사 2차 7일완성 핵심요약집 부동산세법] 교보문고 취업/수험서 공인중개사/주택관리사 2차 분야 베스트셀러 1위(25.02.12. 온라인 주간베스트 기준) [2023 해커스 공인중개사 한눈에 보는 공법체계도 2차 부동산공법] 교보문고 취업/수험서 베스트셀러 분야 1위(2023.04.03. 온라인 주간베스트 기준) [2025 해커스 공인중개사 신관식 계산문제집 1차 부동산학개론] 교보문고 취업/수험서 공인중개사/주택관리사 1차 분야 베스트셀러(25.02.20. 온라인 주간베스트 기준)

1588-2332   land.Hackers.com

해커스 공인중개사
출제예상문제집

2차 부동산공시법령

해설집

빠른 정답확인 + 정답 및 해설 + 지문분석

해커스 공인중개사 출제예상문제집

2차 부동산공시법령

해설집

land.Hackers.com

Contents

● 빠른 정답확인
● 정답 및 해설
    제1편 공간정보의 구축 및 관리 등에 관한 법률 …… 8
    제2편 부동산등기법 ………………………………… 26

빠른 정답확인

제1편 공간정보의 구축 및 관리 등에 관한 법률

제1장 p.20~24

01	④
02	③
03	⑤
04	⑤
05	⑤
06	⑤
07	③
08	①
09	④

제2장 p.29~49

문항	정답	문항	정답	문항	정답
01	④	14	④	27	④
02	①	15	④	28	④
03	②	16	③	29	②
04	②	17	③	30	⑤
05	⑤	18	②	31	⑤
06	③	19	⑤	32	①
07	⑤	20	③	33	①
08	④	21	④	34	④
09	①	22	⑤	35	①
10	⑤	23	⑤	36	⑤
11	⑤	24	④	37	⑤
12	③	25	④	38	④
13	③	26	③	39	③

40	③
41	②
42	③
43	⑤
44	④
45	①

제3장 p.52~68

문항	정답	문항	정답
01	③	16	③
02	③	17	③
03	②	18	④
04	①	19	①
05	⑤	20	①
06	①	21	④
07	⑤	22	②
08	③	23	④
09	①	24	④
10	③	25	④
11	②	26	①
12	④	27	①
13	⑤	28	②
14	④	29	⑤
15	③	30	④
		31	⑤
		32	⑤
		33	④
		34	⑤
		35	①
		36	③
		37	①

제4장 p.73~95

01	①
02	⑤
03	①
04	①
05	②
06	④
07	③
08	④
09	⑤
10	④
11	⑤
12	④
13	③
14	②
15	①
16	⑤
17	③
18	④
19	④
20	②
21	⑤
22	⑤
23	④
24	③
25	④
26	④
27	③
28	⑤
29	⑤
30	④
31	④
32	④
33	④
34	③
35	①
36	①
37	④
38	⑤
39	③
40	⑤
41	④
42	③
43	⑤
44	②

제5장 p.99~111

01	②
02	③
03	③
04	③
05	②
06	②
07	③
08	①
09	②
10	④
11	②
12	③
13	③
14	③
15	④
16	③
17	⑤
18	②
19	④
20	④
21	⑤
22	③
23	⑤
24	②
25	①
26	③
27	④
28	④

제2편 부동산등기법

제1장 p.118~128

01	③
02	③
03	⑤
04	④
05	④
06	②
07	②
08	⑤
09	②
10	②
11	②
12	②
13	①
14	④
15	③
16	⑤
17	③
18	④
19	③
20	③
21	③
22	④
23	④
24	①
25	⑤

제2장 p.132~139

01	④
02	③
03	③
04	④
05	③
06	③
07	②
08	④
09	③

10	②
11	②
12	①
13	②
14	③
15	②

제3장 p.150~185

01	⑤
02	④
03	⑤
04	①
05	④
06	②
07	③
08	⑤
09	①
10	④
11	②
12	②
13	③
14	⑤
15	⑤
16	①
17	④
18	④
19	③
20	④
21	③
22	⑤

23	②
24	③
25	⑤
26	②
27	③
28	④
29	④
30	①
31	③
32	⑤
33	⑤
34	①
35	②
36	⑤
37	②
38	⑤
39	⑤
40	⑤
41	⑤
42	①
43	③
44	③
45	①
46	⑤
47	③
48	⑤
49	③
50	①
51	③
52	③

53	①
54	②
55	⑤
56	⑤
57	④
58	⑤
59	②
60	⑤
61	②
62	⑤
63	⑤
64	④
65	④
66	①
67	④
68	②
69	④
70	③
71	②
72	②
73	⑤
74	⑤

제4장 p.188~192

01	④
02	③
03	④
04	③
05	④
06	②
07	②

| 08 | ③ |
| 09 | ① |

제5장 p.200~237

01	①
02	③
03	⑤
04	④
05	④
06	①
07	②
08	①
09	①
10	⑤
11	④
12	③
13	⑤
14	①
15	③
16	④
17	④
18	⑤
19	⑤
20	③
21	②
22	③
23	④
24	④
25	②
26	④
27	⑤

#	Ans		#	Ans
28	④		55	②
29	①		56	③
30	③		57	①
31	②		58	②
32	③		59	③
33	②		60	②
34	①		61	②
35	③		62	④
36	③		63	④
37	②		64	④
38	③		65	④
39	⑤		66	②
40	③		67	②
41	②		68	⑤
42	⑤		69	④
43	①		70	①
44	③		71	②
45	④		72	⑤
46	②		73	②
47	④		74	③
48	④		75	②
49	④		76	④
50	③		77	③
51	②		78	⑤
52	④		79	④
53	②		80	①
54	③		81	③

정답 및 해설

제1편 공간정보의 구축 및 관리 등에 관한 법률

제1장 총칙 p.20~24

01	④	02	③	03	⑤	04	⑤	05	⑤
06	⑤	07	③	08	①	09	④		

Point 01 「공간정보의 구축 및 관리 등에 관한 법률」 총칙

01 ④
지적사무는 국가사무이므로 등록주체는 <u>국가의 하부기관</u>으로서의 시장·군수·구청장이다.

02 ③
도해지적은 좌표지적에 비하여 일반인이 쉽게 이해할 수 있으나 <u>정밀도가 낮고</u>, 좌표지적은 도해지적에 비하여 정밀도가 높으나 일반인이 쉽게 파악하기 어렵다.

보충 도해지적과 좌표지적의 비교

구분	도해지적	좌표지적
정밀도	낮음	높음
도면이해	시각적으로 양호 (이해 쉬움)	일반인이 이해하기 곤란
측량기술	고도의 기술을 필요로 하지 않음	고도의 기술을 필요로 함
측량방법	측판측량	경위의측량
대상지역	농촌지역, 산간지역	도시지역, 도시개발사업지역

03 ⑤
지적공부의 열람·등본교부신청, 경계복원측량, 지적측량기준점성과의 열람은 지적공개주의의 표현이지만, <u>토지이동조사</u>는 <u>실질적 심사주의</u>의 한 표현이다.

지문분석
① 지적국정주의에 대한 설명이다.
② 지적형식주의에 대한 설명이다.
③ 직권등록주의(적극적 등록주의)에 대한 설명이다.
④ 실질적 심사주의에 대한 설명이다. 이 외에도 모든 지적업무는 국민에게 공개되어야 한다는 지적공개주의 이념이 있다.

04 ⑤
대장과 등기 모두 동·리별 <u>지번순</u>으로 편철한다.

05 ⑤
우리나라는 지적공부와 등기기록이 이원화되어 있고 각각의 감독관청이 다르다. 즉, 지적공부는 지적소관청이 관리·감독하고, 등기는 법원이 관리·감독함으로써 양자의 불일치가 발생할 우려가 있는데, 불일치가 발생한 경우에 토지의 표시사항의 불일치에 대해서는 <u>지적공부를 기초로</u> 하여 등기기록을 고치고, 권리 자체의 변동의 불일치에 대해서는 <u>등기기록을 기초로</u> 지적공부를 고친다.

Point 02 법상의 용어정의

06 ⑤
'지목'이란 토지의 <u>주된</u> 용도에 따라 토지의 종류를 구분하여 지적공부에 등록한 것을 말한다.

07 ③
㉠은 <u>연속지적도</u>, ㉡은 <u>경계</u>, ㉢은 <u>축척변경</u>이다.

08 ①

지문분석
② '경계'란 필지별로 경계점들을 직선으로 연결하여 지적공부에 등록한 선을 말한다. 지문은 <u>경계점</u>에 관한 설명이다.
③ 합병의 경우에는 <u>지적측량을 필요로 하지 아니한다.</u>
④ <u>소유자 변경은 토지의 이동이 아니다.</u>
⑤ '축척변경'이란 <u>지적도</u>에 등록된 경계점의 정밀도를 높이기 위하여 작은 축척을 큰 축척으로 변경하여 등록하는 것을 말한다.

09 ④
국토교통부장관은 연속지적도를 체계적으로 관리하기 위하여 연속지적도 정보관리체계를 구축·운영할 수 있다.

제2장 토지의 등록   p.29~49

01	④	02	①	03	②	04	②	05	⑤
06	③	07	⑤	08	④	09	①	10	⑤
11	⑤	12	③	13	③	14	④	15	④
16	③	17	③	18	②	19	⑤	20	③
21	④	22	④	23	⑤	24	⑤	25	④
26	③	27	④	28	④	29	②	30	⑤
31	⑤	32	①	33	①	34	⑤	35	①
36	⑤	37	④	38	④	39	⑤	40	③
41	②	42	④	43	⑤	44	④	45	①

Point 03 토지등록의 원칙

01 ④
㉠은 국토교통부장관, ㉡은 지적소관청이다.
- 국토교통부장관은 모든 토지에 대하여 필지별로 소재·지번·지목·면적·경계 또는 좌표 등을 조사·측량하여 지적공부에 등록하여야 한다(「공간정보의 구축 및 관리 등에 관한 법률」 제64조 제1항).
- 지적공부에 등록하는 지번·지목·면적·경계 또는 좌표는 토지이동이 있을 때 토지소유자(법인이 아닌 사단이나 재단의 경우에는 그 대표자나 관리인을 말한다)의 신청을 받아 지적소관청이 결정한다(「공간정보의 구축 및 관리 등에 관한 법률」 제64조 제2항).
- 「공간정보의 구축 및 관리 등에 관한 법률」 이하 제1편에서 '법'이라 한다.
- 「공간정보의 구축 및 관리 등에 관한 법률 시행령」 이하 제1편에서 '영'이라 한다.
- 「공간정보의 구축 및 관리 등에 관한 법률 시행규칙」 이하 제1편에서 '규칙'이라 한다.

02 ①
㉠은 시·군·구, ㉡은 읍·면·동이다.
지적소관청은 토지의 이동현황을 직권으로 조사·측량하여 토지의 지번·지목·면적·경계 또는 좌표를 결정하려는 때에는 토지이동현황 조사계획을 수립하여야 한다. 이 경우 토지이동현황 조사계획은 시·군·구별로 수립하되, 부득이한 사유가 있는 때에는 읍·면·동별로 수립할 수 있다(규칙 제59조 제1항).

03 ②
지적소관청의 직권에 의한 토지의 조사·등록절차는 ㉠ ⇨ ㉣ ⇨ ㉢ ⇨ ㉡ ⇨ ㉤이다.

> **보충 토지의 조사·등록절차**
> 1. 토지이동현황 조사계획 수립
>   지적소관청은 토지의 이동이 발생하였음에도 불구하고 토지소유자의 신청이 없는 경우 토지의 이동현황을 직권으로 조사·측량하여 토지의 지번, 지목, 면적, 경계, 좌표를 결정하고자 하는 때에는 시·군·구별로 토지이동현황 조사계획을 수립하여야 한다.
> 2. 토지이동현황조사
>   지적소관청은 토지이동이 실제로 발생했는지 여부의 현황을 조사하여야 한다.
> 3. 토지이동조사부 작성
>   지적소관청은 토지이동현황을 조사한 경우에는 토지이동조사부에 토지의 이동현황을 적어야 한다.
> 4. 토지이동정리 결의서 첨부
>   지적소관청은 지적공부를 정리하고자 하는 이동정리의 명확성을 위하여 토지이동정리 결의서를 첨부한다.
> 5. 지적공부의 정리
>   토지이동정리 결의서를 기초로 지적공부를 정리한다.

Point 04 필지의 성립요건

04 ②
1필지가 될 수 있는 조건을 갖춘 토지는 ㉡이다.
㉠ 지번부여지역(법정동)이 다르므로 1필지가 될 수 없다.
㉢ 토지가 연접하지 않으므로 1필지가 될 수 없다.
㉣ 등기 여부가 다르므로 1필지가 될 수 없다.

필지의 성립요건

- 소유자의 동일
- 용도(지목)의 동일
- 지번부여지역(법정동)의 동일
- 토지가 연접할 것
- 등기 여부의 동일
- 축척의 동일

05 ⑤
1필지로 등록하기 위해서는 등기 여부가 동일하여야 한다. 그러므로 기등기지 사이에는 1필지가 될 수 있으며, 미등기지 사이에도 1필지로 등록할 수 있다.

06 ③
과수원인 지목은 일정한 구역에 사과, 배, 밤 등 과수류를 집단적으로 재배하는 토지이다. 다만, 과수원 안에 있는 주거용 건축물의 부지는 지목을 '대'로 별개의 필지로 하여야 한다.

07 ⑤
지문분석
①② 종된 토지의 면적이 330m²를 초과하는 경우이므로 1필지로 할 수 없다.
③④ 종된 용도의 토지면적이 주된 용도의 토지면적의 10%를 초과하는 경우이므로 1필지로 할 수 없다.

Point 05 토지이동에 따른 지번부여

08 ④
지번은 지적소관청이 지번부여지역별로 순차적으로 부여한다(법 제66조 제1항).

09 ①
옳은 것은 ㉠㉡이다.
㉢ 해당 토지가 이미 등록된 토지와 멀리 떨어져 있는 경우에는 최종 본번의 다음 번호의 본번을 부여할 수 있다.
㉣ 해당 토지가 여러 필지로 되어 있는 경우에는 최종 본번의 다음 번호의 본번을 부여할 수 있다.

 신규등록·등록전환시의 지번부여

원칙	그 지번부여지역 안에서 인접토지의 본번에 부번을 붙여서 지번을 부여한다.
예외	다만, 다음에 해당하는 경우에는 그 지번부여지역의 최종 본번의 다음 순번부터 본번으로 하여 부여할 수 있다. • 대상토지가 그 지번부여지역 안의 최종 지번의 토지에 인접하여 있는 경우 • 대상토지가 이미 등록된 토지와 멀리 떨어져 있어서 등록된 토지의 본번에 부번을 부여하는 것이 불합리한 경우 • 대상토지가 여러 필지로 되어 있는 경우

10 ⑤
신규등록 및 등록전환의 경우에는 그 지번부여지역에서 인접토지의 본번에 부번을 붙여서 지번을 부여할 것. 다만, 다음의 어느 하나에 해당하는 경우에는 그 지번부여지역의 최종 본번의 다음 순번부터 본번으로 하여 순차적으로 지번을 부여할 수 있다(영 제56조 제3항).
• 대상토지가 그 지번부여지역의 최종 지번의 토지에 인접하여 있는 경우
• 대상토지가 이미 등록된 토지와 멀리 떨어져 있어서 등록된 토지의 본번에 부번을 부여하는 것이 불합리한 경우
• 대상토지가 여러 필지로 되어 있는 경우

11 ⑤
분할 후의 필지 중 1필지의 지번은 분할 전 지번으로 하고, 나머지 필지는 분할 전 지번의 본번의 최종 부번 다음 순번으로 부번을 부여한다. 따라서 지번이 17인 토지가 처음 3필지로 분할된 경우 지번은 17, 17-1, 17-2이고 이후 다시 3필지로 분할하였으므로 17, 17-3, 17-4가 올바른 지번이다.

분할시의 지번부여

원칙	분할의 경우에는 분할 후의 필지 중 1필지의 지번은 분할 전의 지번으로 하고, 나머지 필지의 지번은 본번의 최종 부번의 다음 순번으로 부번을 부여한다.
예외	주거·사무실 등의 건축물이 있는 필지에 대하여는 분할 전의 지번을 우선하여 부여하여야 한다.

12 ③
이 경우 합병으로 결번처리한 지번은 원칙적으로 다시 사용할 수 없다(70, 70-1, 71-1, 71-2, 72는 결번처리함). 분할 후 지번을 부여하는 경우에는 분할 전 지번 '71'과 분할 전 본번의 최종 부번(71-2)의 다음 순번에 해당하는 '71-3'이 부여된다.

13 ③
합병되는 토지에 건축물이 존재하는 경우에 별도의 신청이 없으면 원칙대로 선순위의 본번을 합병 후의 지번으로 하여야 한다. 물론 소유자의 신청이 있는 경우에는 15-4를 합병 후의 지번으로 부여하여야 한다.

합병시의 지번부여

원칙	합병의 경우에는 합병대상 지번 중 선순위의 지번을 그 지번으로 하되, 본번으로 된 지번이 있는 때에는 본번 중 선순위의 지번을 합병 후의 지번으로 한다.
예외	토지소유자가 합병 전의 필지에 주거·사무실 등의 건축물이 있어서 그 건축물이 위치한 지번을 합병 후의 지번으로 신청하는 때에는 그 지번을 합병 후의 지번으로 부여하여야 한다.

14 ④
틀린 것은 ㉠㉢㉣이다.
㉠ 분할의 경우에는 분할 후의 필지 중 1필지의 지번은 분할 전의 지번으로 하고, 나머지 필지의 지번은 <u>본번의 최종 부번 다음 순번으로 부번을 부여</u>한다(영 제56조 제3항 제3호).
㉢ 분할의 경우 분할되는 필지에 주거·사무실 등의 건축물이 있는 경우에는 그 필지에 분할 전의 지번을 <u>우선하여 부여하여야 한다</u>(영 제56조 제3항 제3호).
㉣ 지적소관청은 도시개발사업 등의 준공 전에 사업시행자가 <u>사업계획도에 의하여 지번부여신청을 하는 경우에는</u> 지번을 부여할 수 있다(영 제56조 제4항).

15 ④
부여할 수 있는 종전 지번의 수가 새로이 부여할 지번의 수보다 적은 경우에는 해당 지번부여지역의 최종 본번의 다음 순번부터 <u>본번</u>으로 하여 지번을 부여할 수 있다.

지적확정측량 시행지역에 있어서의 지번부여

원칙	다음의 지번을 제외한 본번으로 부여한다. • 지적확정측량을 실시한 지역 안의 종전 지번과 지적확정측량을 실시한 지역 밖에 있는 본번이 같은 지번이 있을 경우 그 지번 • 지적확정측량을 실시한 지역의 경계에 걸쳐 있는 지번
예외	다만, 부여할 수 있는 종전 지번의 수가 새로이 부여할 지번의 수보다 적은 경우에는 다음과 같이 부여할 수 있다. • 블록 단위로 하나의 본번을 부여한 후 필지별로 부번을 부여 • 그 지번부여지역의 최종 본번의 다음 순번부터 본번으로 하여 순차적으로 지번을 부여
준용	• 도시개발사업 등의 준공 전 지번부여하는 경우 • 지번부여지역 안의 지번변경시 • 행정구역 개편에 따라 새로이 지번을 부여하는 경우 • 축척변경 시행지역에서의 지번부여

16 ③
각 필지에 지번을 새로 부여하는 방법을 준용하는 것은 ㉠㉡㉢이다.
지번부여지역의 지번을 변경할 때, 행정구역 개편에 따라 새로 지번을 부여할 때, 축척변경 시행지역의 필지에 지번을 부여할 때는 지적확정측량의 방법을 준용한다(영 제56조 제3항 제6호).

17 ③
지적소관청은 지번을 변경하려면 지번변경사유를 적은 승인신청서에 지번변경대상지역의 지번·지목·면적·소유자에 대한 상세한 내용(이하 '지번 등 명세'라 한다)을 기재하여 시·도지사 또는 대도시 시장에게 제출하여야 한다. 이 경우 시·도지사 또는 대도시 시장은 지번변경 대상지역의 지적도 및 임야도를 확인하여야 한다.

Point 06 지목

18 ②
공원은 정식명칭이 공원이다(~용지: 체육용지, 수도용지, 종교용지, 공장용지, 학교용지, 철도용지, 주유소용지, 창고용지, 목장용지).

19 ⑤
지목의 종류에 해당하는 것은 ⓒⓓⓔ이다.
선로용지와 항만용지는 지목의 종류에 해당하지 아니한다(영 제58조).

20 ③
토지가 일시적 또는 임시적인 용도로 사용될 때에는 지목을 변경하지 아니한다(영 제59조 제2항).

21 ④
지목이 대인 것은 ⓐⓑⓒⓓⓔⓕ이다.
ⓐⓑⓒⓓⓔ 지목이 '대'이다.
ⓖ 자동차운전학원 등의 부지는 '잡종지'이다.

22 ⑤
옳은 것은 ⓒⓓⓔ이다.
ⓐ 동력으로 바닷물을 끌어들여 소금을 제조하는 공장시설의 부지는 '공장용지'로 한다.
ⓑ 자동차 등의 판매 목적으로 설치된 물류장 및 야외전시장은 '잡종지'로 한다.

23 ⑤
교통 운수를 위하여 일정한 궤도 등의 설비와 형태를 갖추어 이용되는 토지와 이에 접속된 역사·차고·발전시설 및 공작창 등 부속시설물의 부지는 '철도용지'로 한다.

24 ④
ⓐ은 공원, ⓑ은 체육용지, ⓒ은 유원지이다.

25 ④

지문분석
① 육상에 인공으로 조성된 수산생물의 번식 또는 양식을 위한 시설을 갖춘 부지는 '양어장'으로 한다.
② 물건 등을 보관하거나 저장하기 위하여 독립적으로 설치된 보관시설물의 부지는 '창고용지'로 하고, 실외에 물건을 쌓아두는 곳은 '잡종지'로 한다.
③ 지하에서 온수·약수·석유류 등이 용출되는 용출구와 그 유지에 사용되는 부지는 '광천지'로 하지만, 온수·약수·석유류 등을 일정한 장소로 운송하는 송수관·송유관 및 저장시설의 부지는 '광천지'에서 제외한다.
⑤ 제조업을 하고 있는 공장시설물의 부지와 같은 구역에 있는 의료시설 등 부속시설물의 부지는 '공장용지'로 한다.

26 ③
물이 고이거나 상시적으로 물을 저장하고 있는 댐·저수지·소류지·호수·연못 등의 토지는 '유지'로 한다. 그러나 물을 상시적으로 직접 이용하여 연·왕골 등의 식물을 주로 재배하는 토지는 '답'으로 한다.

27 ④

지문분석
① 온수·약수·석유류 등을 일정한 장소로 운송하는 송수관송유관 및 저장시설의 부지는 '광천지'에서 제외한다.
② 일반 공중의 종교의식을 위하여 예배·법요·설교·제사 등을 하기 위한 교회·사찰·향교 등 건축물의 부지와 이에 접속된 부속시설물의 부지는 '종교용지'로 한다.
③ 자연의 유수(流水)가 있거나 있을 것으로 예상되는 토지는 '하천'으로 한다.
⑤ 일반 공중의 보건·휴양 및 정서생활에 이용하기 위한 시설을 갖춘 토지로서「국토의 계획 및 이용에 관한 법률」에 따라 공원 또는 녹지로 결정·고시된 토지는 '공원'으로 한다.

28 ④
모래·바람 등을 막기 위하여 설치된 방사제·방파제 등의 부지는 '제방'으로 한다.

29 ②
지번 14의 지목은 '주유소용지'이다. 지목의 표기는 원칙적으로 두문자주의를 취하지만 예외적으로 두문자가 겹치는 경우에는 차문자주의를 취한다. 그러므로 주유소용지는 '주'로 표기하고, 주차장은 '차'로 표기한다(규칙 제64조).

30 ⑤
지적도나 임야도에는 지목을 기록할 때에는 원칙적으로 두문자주의(頭文字主義)에 따라 지목의 첫 번째 글자로 표기한다. 그러나 예외적으로 주차장(차), 공장용지(장), 하천(천), 유원지(원)은 차문자주의에 따른다.

Point 07 경계

31 ⑤
지상경계의 구획을 형성하는 지형·지물 또는 지상구조물 등의 소유자가 다른 경우에는 그 소유권에 의하여 지상경계를 결정한다.

32 ①

지문분석

② 공유수면매립지의 토지 중 제방 등을 토지에 편입하여 등록하는 경우: 바깥쪽 어깨부분
③ 도로·구거 등의 토지에 절토(땅깎기)된 부분이 있는 경우: 그 경사면의 상단부
④ 토지가 해면 또는 수면에 접하는 경우: 최대만조위 또는 최대만수위가 되는 선
⑤ 연접되는 토지간에 높낮이 차이가 없는 경우: 그 구조물 등의 중앙

33 ①

지상경계점등록부에는 토지의 소재와 지번, 경계점의 사진 파일, 경계점표지의 종류 및 경계점 위치, 공부상 지목과 실제 토지이용 지목은 등록하지만, 지적도면의 번호는 등록하지 아니한다(법 제65조 제2항, 규칙 제60조 제2항).

34 ④

지상경계점등록부의 등록사항에 해당하는 것은 ㉠㉡㉣이다. 지상경계점등록부의 등록사항은 토지의 소재와 지번, 경계점 좌표(경계점좌표등록부 시행지역에 한정한다), ㉣ 경계점 위치 설명도, ㉡ 공부상 지목과 실제 토지이용 지목, ㉢ 경계점의 사진 파일, ㉠ 경계점표지의 종류 및 경계점 위치 등이 있다(법 제65조 제2항, 규칙 제60조 제2항).

35 ①

지적소관청은 토지의 이동에 따라 지상경계를 새로 정한 경우에는 지상경계점등록부를 작성·관리하여야 한다(법 제65조 제2항).

36 ⑤

매매 등 소유권이전을 위하여 토지를 분할하는 경우 지상 경계는 지상건축물을 걸리게 결정할 수 없다.

37 ⑤

㉠㉡㉢㉣㉤ 모두 지상경계점에 경계점표지를 설치한 후 측량할 수 있는 경우에 해당한다.

38 ④

옳은 것은 ㉡㉢이다.
㉠ 지적소관청은 토지의 이동에 따라 지상 경계를 새로 정한 경우에는 경계점 위치 설명도 등을 등록한 지상경계점등록부를 작성·관리하여야 한다.
㉣ 토지이용상 불합리한 지상 경계를 시정하기 위하여 분할하고자 하는 경우 지상건축물을 걸리게 결정할 수 없다.

Point 08 면적

39 ③

면적측정의 대상에 해당하는 것은 ㉠㉣㉤㉥㉧ 5개이다.

핵심 면적측정 대상 여부

면적측정의 대상 ○	면적측정의 대상 ×
1. 신규등록, 등록전환	1. 지번변경
2. 분할, 축척변경	2. 지목변경
3. 지적공부 복구	3. 합병
4. 지적확정측량	4. 위치정정
5. 면적 또는 경계를 정정하는 경우	5. 경계복원측량, 지적현황측량
6. 경계복원측량, 지적현황측량에 면적측정이 수반되는 경우	

40 ③

옳은 것은 ㉡㉢이다.
㉠ 경계점좌표등록부에는 면적이 등록되지 않는다.
㉣ 경위의측량방법으로 세부측량을 한 지역의 필지별 면적측정은 좌표면적계산법에 의한다. 전자면적계산법은 도해측량지역에서의 면적계산방법이다.
㉡㉢ 축척이 1/600인 지역과 경계점좌표등록부 시행지역(1/500)은 결정면적이 0.1m² 미만인 경우에는 최소면적이 0.1m²로 등록되고, 기타 지역은 결정면적이 1m² 미만인 경우에는 최소면적이 1m²로 등록된다.

41 ②

축척이 1/600인 지역이므로 면적의 최소등록단위가 0.1이므로 145.4는 우선적으로 등록이 된다. 끝수처리의 경우에 0.050은 0.05로 끝난 경우이므로 앞의 숫자가 4인 짝수이므로 0.050은 버린다. 그러므로 145.4m²로 등록한다.

42 ③

지적도의 축척이 1/600인 지역과 경계점좌표등록부 시행지역인 경우에 1필지의 면적이 0.1m² 미만인 때에는 0.1m²로 한다.

43 ⑤

토지의 고유번호 11번째 숫자가 2이므로, 임야대장 및 임야도에 등록된 토지를 가리킨다. 임야도에 등록된 지역은 축척이 1/3,000, 1/6,000인 지역이므로 임야대장에 등록할 면적 385m²는 우선적으로 등록이 되고, 단수처리에 있어 0.55이

므로 0.5를 초과하여 올림하여야 한다. 그러므로 386m²로 등록하게 된다.

44 ④

㉠은 0.4, ㉡은 1, ㉢은 235이다.
- 1필지 면적이 0.35m²로 측정되면 축척이 경계점좌표등록부 시행지역에서 면적은 0.4m²로 결정하고, 임야도 지역에서 면적은 1m²로 결정한다.
- 토지의 면적을 측정한 결과 면적이 234.55m²라면 축척이 1/1,200인 지역에서는 235는 우선 등록이 되고, 0.55는 0.5를 초과하므로 올린다. 그러므로 235m²로 결정한다.

45 ①

지문분석
② 지적소관청은 토지의 이동현황을 직권으로 조사·측량하여 토지의 지번·지목·면적·경계 또는 좌표를 결정하려는 때에는 토지이동현황 조사계획을 수립하여야 한다.
③ 지번변경은 지적소관청의 권한이므로 소유자가 신청할 수 없다.
④ 지번부여지역의 일부가 행정구역의 개편으로 다른 지번부여지역에 속하게 되었으면 지적소관청은 새로 속하게 된 지번부여지역의 지번을 부여하여야 한다.
⑤ 지적도의 축척이 600분의 1인 지역과 경계점좌표등록부에 등록하는 지역의 토지면적은 제곱미터 이하 한 자리 단위로 한다.

제3장 지적공부 p.52~68

01	③	02	③	03	②	04	①	05	⑤
06	①	07	⑤	08	③	09	①	10	③
11	②	12	④	13	⑤	14	④	15	③
16	③	17	③	18	④	19	①	20	①
21	④	22	②	23	④	24	⑤	25	④
26	①	27	④	28	②	29	⑤	30	④
31	⑤	32	⑤	33	④	34	⑤	35	①
36	③	37	①						

Point 09 지적공부의 등록사항

01 ③

보충 지적공부의 종류

지적공부	가시적 지적공부	대장: 토지대장, 임야대장, 공유지연명부, 대지권등록부
		도면: 지적도, 임야도
		경계점좌표등록부
	불가시적 지적공부	전산지적공부

02 ③

토지대장 및 임야대장의 등록사항에 해당하는 것은 ㉠㉡㉢㉤㉥이다.
토지대장에는 ㉠ 토지의 소재, 지번, 지목, 면적, ㉡ 토지소유자의 성명 또는 명칭, ㉢ 개별공시지가와 기준일, ㉤ 토지의 고유번호, ㉥ 도면번호와 축척은 기록하지만, ㉣ 소유권의 지분, ㉦ 건축물의 위치는 기록하지 아니한다.

03 ②

토지소유자가 변경된 날과 그 원인은 등기기록을 가지고 토지대장(임야대장)을 정리하고, 토지대장(임야대장)에 소유권 지분은 등록하지 아니한다.

04 ①

토지대장에는 지적도 또는 임야도의 번호와 토지대장 또는 임야대장의 장번호 및 축척을 기록한다.

지문분석
② 토지이동사유에 1973년 8월 1일 등록전환으로 기록되어 있다.
③ 1980년 2월 2일 토지이동사유에 분할로 기록되어 있다. 100번지의 토지가 분할 전 100m²에서 60m²로 면적이 줄어들었으므로 100-1번지 토지의 최초면적은 40m²라는 것을 알 수 있다.
④ 2001년 9월 9일 토지이동사유에 지목변경으로 기록되어 있다. '대'로 지목이 변경되었다.
⑤ 2006년 1월 3일 토지이동사유에 합병으로 기록되어 있으며, 합병 후 80m²로 면적이 증가하였다. 따라서 101번지 토지의 면적은 20m²임을 알 수 있다.

05 ⑤

대지권 비율은 대지권등록부의 등록사항이다. 공유지연명부에는 토지의 소재와 지번, 토지의 고유번호, 소유자에 관한 사항, 소유권의 지분 등을 등록한다.

> **핵심** 공유지연명부의 기록사항
>
> 1. 토지의 소재 및 지번
> 2. 고유번호
> 3. 소유자의 성명 또는 명칭, 주소 및 주민등록번호
> 4. 소유권의 변동일자 및 변동원인
> 5. 소유권 지분
> 6. 필지별 공유지연명부의 장번호

06
대지권등록부의 등록사항에 <u>지목은 포함되지 아니한다</u>.

> **핵심** 대지권등록부의 기록사항
>
> 1. 토지의 소재 및 지번
> 2. 고유번호
> 3. 소유자의 성명(명칭)·주소·주민등록번호(단체인 경우 등록번호)
> 4. 소유권의 변동일자 및 변동원인
> 5. 소유권 지분
> 6. 건물의 명칭
> 7. 전유부분의 건물의 표시
> 8. 대지권의 비율
> 9. 집합건물별 대지권등록부의 장번호

07 ⑤
㉠㉡㉢㉣㉤ 모두 공유지연명부와 대지권등록부의 등록사항이다.

08 ③
토지의 고유번호로 지목을 알 수는 <u>없다</u>.

지문분석
①② 11번째 숫자가 2이므로 임야대장에 등록된 토지이며 숫자 앞에 '산'을 붙인다.
④ 이 필지는 대장에 면적을 1m²단위로 등록하므로 면적측정 결과가 550.6m²라면 끝수가 0.5를 초과하여 551m²로 등록한다.

09 ①
틀린 것은 ㉠㉡이다.
㉠ 토지의 고유번호는 행정구역, 대장구분, 지번으로 구성되어 있으며, <u>지목은 표시하지 아니한다</u>.
㉡ 토지의 고유번호는 토지대장, 임야대장, 공유지연명부, 대지권등록부, 경계점좌표등록부에는 등록하지만, <u>지적도와 임야도에는 등록하지 아니한다</u>.

> **핵심** 토지의 고유번호
>
> • **의의**: 각 필지를 서로 구별하기 위하여 필지마다 붙이는 고유한 번호
> • **기능**: 토지의 특정성을 부여하고 지적업무의 전산화에 따라 각종 자료의 검색에 중요한 역할
> • **구성**(총 19자리의 숫자)
>
> | 10자리
(행정구역) | 대장번호
(1: 토지대장,
2: 임야대장) | 8자리
(지번: 본번 4자리,
부번 4자리) |
> |---|---|---|
>
> 🔍 고유번호는 도면에는 등록되지 않으며, 행정구역·대장·지번을 나타내고, 소유자·지목 등은 알 수 없다.

10 ③
도면의 등록사항으로는 토지의 소재, <u>지번</u>, 지목, <u>경계</u>, <u>도면의 색인도</u>, 도면의 제명 및 축척, 도곽선과 그 수치, <u>삼각점 및 지적기준점의 위치</u>, 건축물 및 구조물 등의 위치 등이 있다.

> **핵심** 지적도 및 임야도의 등록사항
>
> 1. 토지의 소재와 지번
> 2. 지목
> 3. 경계
> 4. 도면의 색인도
> 5. 도면의 제명 및 축척
> 6. 도곽선 및 도곽선의 수치
> 7. 좌표에 의하여 계산된 경계점간의 거리(경계점좌표등록부 시행지역의 지적도에 한함)
> 8. 삼각점 및 지적기준점의 위치
> 9. 건축물 및 구조물 등의 위치
>
> 🔍 지적도 및 임야도에 등록하지 않는 사항: 고유번호, 면적, 좌표, 소유자 등

11 ②
도면의 좌측상단의 <u>색인도</u>는 도면의 연결관계를 나타낸다. 일람도는 지번부여지역별로 만들어 놓은 별도의 도면이다.

12 ④
지적도의 축척에 해당하는 것은 ⓒⓒⓒ이다.
지적도면의 축척은 지적도는 1/500, 1/600, 1/1,000, 1/1,200, 1/2,400, 1/3,000, 1/6,000, 임야도는 1/3,000, 1/6,000의 구분에 따른다(규칙 제69조 제6항).

13 ⑤
지적도와 임야도의 공통된 축척은 1/3000, 1/6000 두 가지이다.

핵심 지적도면의 법정축척

지적도	1/500, 1/600, 1/1000, 1/1200, 1/2400, 1/3000, 1/6000
임야도	1/3000, 1/6000

14 ④
73-2의 경계선상에 등록된 '22.41'은 경계점간의 거리를 나타낸다. 두 점 사이의 거리는 22m 41cm이다.

15 ③
축척이 1/500이고 가로 3cm, 세로 2cm인 경우의 실제 지상거리는 가로 15m, 세로 10m이다. 따라서 직사각형의 면적산출은 가로 × 세로이므로 15m × 10m = 150m²가 된다.

16 ③
축척이 1/1,000이라는 말은 지도의 1cm는 1,000cm, 즉 10m를 나타낸다. 가로가 40cm이므로 40 × 10 = 400m이고 세로가 30cm이므로 30 × 10 = 300m이다. 그러므로 400m × 300m = 120,000m²이다.

보충 도면의 축척별 도곽선의 거리 및 포용면적

구분	축척	도상거리 가로(cm)	도상거리 세로(cm)	지상거리 가로(m)	지상거리 세로(m)	포용면적(m²)
지적도	1 : 500	40	30	200	150	30,000
	1 : 1,000	40	30	400	300	120,000
임야도	1 : 3,000	50	40	1,500	1,200	1,800,000
	1 : 6,000	50	40	3,000	2,400	7,200,000

17 ③
좌표에 의하여 계산된 경계점 간의 거리는 경계점좌표등록부를 갖춰 두는 지역에서만 등록한다.

18 ④
경계점좌표등록부를 비치하는 지역의 지적도에 좌표에 의해서 계산된 경계점간의 거리를 등록한다.

19 ①
대지권등록부와 경계점 좌표등록부의 공통 등록사항은 것은 ㉠ⓒⓒ이다.
토지의 소재(ⓒ)와 지번(㉠)은 모든 지적공부의 등록사항이다. 토지의 고유번호(ⓒ)는 도면에만 등록하지 아니한다.

20 ①
경계점좌표등록부를 갖춰 두는 지역의 지적도에는 해당 도면의 제명 끝에 '(좌표)'라고 표시하고, 도곽선의 오른쪽 아래 끝에 '이 도면에 의하여 측량을 할 수 없음'이라고 적어야 한다(규칙 제69조 제3항).

21 ④
공유지연명부에 지번, 소유권 지분, 소유자가 변경된 날과 그 원인은 등록하지만, 지목은 등록하지 아니한다.

22 ②

지문분석
① 토지대장에 경계는 등록하지 아니한다.
③ 공유지연명부에 지목은 등록하지 아니한다.
④ 대지권등록부에 좌표는 등록하지 아니한다.
⑤ 지적도에 부호 및 부호도는 등록하지 아니한다.

23 ④
옳은 것은 ⓒⓒⓒ이다.
㉠ 토지대장에 지적기준점의 위치는 등록하지 아니한다.
ⓒ 경계점좌표등록부에 색인도는 등록하지 아니한다.

핵심 지적공부의 종류별 고유한 등록사항

구분	소재, 지번	지목	면적	경계	좌표	소유자	고유번호
토지·임야대장	O	O	O	X	X	O	O
공유지연명부	O	X	X	X	X	O	O
대지권등록부	O	X	X	X	X	O	O
지적도·임야도	O	O	X	O	X	X	X
경계점좌표등록부	O	X	X	X	O	X	O

Point 10 지적공부의 열람, 등본교부

24 ④
정보처리시스템을 통하여 기록·저장된 지적공부(지적도 및 임야도는 제외한다)를 열람하거나 그 등본을 발급받으려는 경우에는 특별자치시장, 시장·군수 또는 구청장이나 읍·면·동의 장에게 신청할 수 있다.

25 ④
옳은 것은 ㉠㉡㉢이다.
㉣ 카드로 된 토지대장·임야대장 등은 100장 단위로 바인더(binder)에 넣어 보관하여야 한다(규칙 제66조 제1항).

26 ①
정보처리시스템을 통하여 기록·저장된 지적공부(지적도 및 임야도는 제외한다)를 열람하거나 그 등본을 발급받으려는 경우에는 특별자치시장, 시장·군수 또는 구청장이나 읍·면·동의 장에게 신청할 수 있다.

27 ①
지적공부에 관한 전산자료를 이용 또는 활용하고자 하는 자는 관계 중앙행정기관의 심사를 거쳐야 한다.

28 ②
틀린 것은 ㉠㉢이다.
㉠ 지적전산자료를 이용하고자 하는 자는 미리 관계 중앙행정기관의 심사를 거쳐야 한다.
㉢ 시·도 단위의 지적전산자료를 활용하려는 자는 미리 관계 중앙행정기관의 심사를 거친 후 시·도지사 또는 지적소관청에 신청하여야 한다.

29 ⑤
국토교통부장관은 지적공부의 효율적인 관리 및 활용을 위하여 지적정보 전담 관리기구를 설치·운영한다(법 제70조 제1항).

30 ④
지적위성기준점관측자료는 포함하지 아니한다.

> **법 제70조【지적정보 전담 관리기구의 설치】** ① 국토교통부장관은 지적공부의 효율적인 관리 및 활용을 위하여 지적정보 전담 관리기구를 설치·운영한다.
> ② 국토교통부장관은 지적공부를 과세나 부동산정책자료 등으로 활용하기 위하여 주민등록전산자료, 가족관계등록전산자료, 부동산등기전산자료 또는 공시지가전산자료 등을 관리하는 기관에 그 자료를 요청할 수 있으며 요청을 받은 관리기관의 장은 특별한 사정이 없으면 그 요청을 따라야 한다.

Point 11 부동산종합공부와 지적공부의 복구

31 ⑤
부동산종합공부에 지적공부, 건축물대장, 토지이용계획확인서, 부동산의 공시지가에 관한 사항은 기록하지만, 토지적성평가서는 포함되지 아니한다.

32 ⑤
부동산종합공부를 열람하거나 부동산종합공부 기록사항의 전부 또는 일부에 관한 증명서(이하 '부동산종합증명서'라 한다)를 발급받으려는 자는 지적소관청이나 읍·면·동의 장에게 신청할 수 있다(법 제76조의4 제1항).

33 ④
토지소유자가 부동산종합공부의 등록사항의 불일치를 발견하면 지적소관청에게 등록사항의 정정을 신청할 수 있다(법 제76조의5).

34 ⑤
㉠㉡㉢㉣ 모두 지적공부의 복구자료에 해당한다.

보충 | 지적공부의 복구자료

토지표시에 관한 사항	소유자에 관한 사항
• 지적공부 등본 • 측량결과도 • 토지이동정리 결의서 • 토지(건물)등기사항증명서 등 등기사실을 증명하는 서류 • 지적소관청이 작성하거나 발행한 지적공부의 등록내용을 증명하는 서류 • 법원확정판결서 정본 또는 사본 🔍 측량준비도, 소유자정리 결의서, 한국국토정보공사가 발행한 지적도사본 ×	부동산등기부 또는 법원의 확정판결

35 ①
복구절차: 복구자료조사 ⇨ 복구자료 조사서 및 복구자료도 작성 ⇨ 복구측량 ⇨ 복구사항 게시(15일 이상) ⇨ 이의신청 ⇨ 지적공부 복구

36 ③
지적공부의 복구자료로는 지적공부의 등본, 측량 결과도, 토지이동정리 결의서, 토지(건물)등기사항증명서 등, 지적소관청이 작성하거나 발행한 지적공부의 등록내용을 증명하는 서류, 법원의 확정판결서 정본 또는 사본 등이 해당한다(규칙 제72조).

37 ①
틀린 것은 ㉠㉡이다.
㉠ 지적소관청이 지적공부를 복구하려는 경우에는 관할 시·도지사나 대도시 시장의 승인을 요하지 아니한다.
㉡ 지적공부를 정보처리시스템을 통하여 기록·저장한 경우에 시·도지사, 시장·군수 또는 구청장은 지적공부의 전부 또는 일부가 멸실되거나 훼손된 경우에는 지체 없이 이를 복구하여야 한다(법 제74조).

제4장 토지의 이동 및 지적정리 p.73~95

01	①	02	⑤	03	①	04	①	05	②
06	④	07	③	08	④	09	⑤	10	④
11	⑤	12	④	13	③	14	②	15	①
16	⑤	17	③	18	④	19	④	20	④
21	⑤	22	④	23	④	24	⑤	25	④
26	④	27	③	28	⑤	29	⑤	30	④
31	④	32	④	33	④	34	③	35	①
36	①	37	④	38	⑤	39	③	40	⑤
41	④	42	③	43	⑤	44	②		

Point 12 토지이동의 종류

01 ①
토지의 이동사유에 해당하지 않는 것은 ㉡㉢㉣이다.
토지이동이란 토지의 표시(소재, 지번, 지목, 면적, 경계 또는 좌표)를 새로이 정하거나 변경 또는 말소하는 것을 말한다(법 제2조 제28호).

핵심 | 토지의 이동 해당 여부

토지의 이동에 해당하는 경우	토지의 이동에 해당하지 않는 경우
• 신규등록, 등록전환 • 분할, 합병, 지목변경 • 바다로 된 토지의 등록말소, 축척변경 • 행정구역 명칭변경, 도시개발사업 • 등록사항 정정 등	• 토지소유자의 변경 • 토지소유자의 주소변경 • 토지의 등급변경 • 개별공시지가의 변경

02 ⑤
신규등록의 경우에는 소유권을 증명하는 서류를 첨부하지만 아직 등기기록이 존재하지 않으므로 등기사항증명서는 이에 해당하지 아니한다.

신규등록신청시 첨부서류

1. 법원의 확정판결서 정본 또는 사본
2. 「공유수면 관리 및 매립에 관한 법률」에 따른 준공검사확인증 사본
3. 도시계획구역의 토지를 그 지방자치단체의 명의로 등록하는 때에는 기획재정부장관과 협의한 문서의 사본
4. 그 밖에 소유권을 증명할 수 있는 서류의 사본

03 ①
신규등록의 경우는 등록전환 등과는 달리 등기촉탁사유에 해당하지 아니한다.

04 ①
㉠㉡㉢ 등록전환의 대상에 해당한다.
㉣㉤ 지목변경의 대상에 해당한다.

05 ②
「산지관리법」에 따른 산지전용허가·신고, 산지일시사용허가·신고, 「건축법」에 따른 건축허가·신고 또는 그 밖의 관계 법령에 따른 개발행위 허가 등을 받은 경우에는 등록전환을 신청할 수 있다. 현행법은 지목변경을 요건으로 하지 아니한다.

06 ④
임야대장의 면적과 등록전환될 면적의 차이가 계산식에 따른 허용범위 이내인 경우에는 등록전환될 면적을 등록전환면적으로 결정하고, 허용범위를 초과하는 경우에는 임야대장의 면적 또는 임야도의 경계를 지적소관청이 직권으로 정정하여야 한다(영 제19조 제1항 제1호 나목).

07 ③
1필지의 일부가 용도(지목)가 다르게 된 경우에만 60일의 신청의무가 있고, 이때에는 분할신청서와 지목변경신청서를 함께 제출하여야 한다.

08 ④
분할을 위하여 면적을 정함에 있어서 오차가 발생하는 경우 그 오차가 허용범위 이내인 때에는 그 오차를 분할 후의 각 필지의 면적에 따라 나누고, 허용범위를 초과하는 경우에는 지적공부상의 면적 또는 경계를 정정한다.

09 ⑤
합병의 경우에는 경계와 면적은 측량하지 않고 도면 위에서 처리한다. 즉, 경계는 필요 없게 된 부분은 말소하여 정하고, 면적은 합병 전의 각 필지의 면적을 합산하여 그 필지의 면적으로 한다.

10 ④
「주택법」에 의한 공동주택부지 또는 도로, 하천, 제방, 구거, 유지, 공장용지, 학교용지, 철도용지, 수도용지, 공원, 체육용지 등의 지목으로서 연접하여 있으나 구획 내에 2필지 이상으로 등록된 토지로 합병할 토지가 있는 경우에는 토지소유자는 합병사유가 발생한 날로부터 60일 이내에 지적소관청에 신청하여야 한다.

11 ⑤
도로, 제방, 하천, 구거, 유지, 공장용지, 학교용지, 철도용지, 수도용지, 공원, 체육용지 등의 지목의 토지로서 합병할 토지가 있는 경우에 토지소유자는 합병사유가 발생한 날부터 60일 이내에 지적소관청에 합병을 신청하여야 한다.

12 ④
합병하려는 토지의 소유자에 대한 소유권이전등기 연월일이 서로 다른 경우에 소유자가 동일하면 합병할 수 있다.

13 ③
토지의 합병요건에 해당하는 것은 ㉡㉢㉤이다.
㉠ 합병하려는 토지에 소유권·지상권·전세권 또는 임차권의 등기, 승역지(承役地)에 대한 지역권의 등기 이외의 등기가 있는 경우는 합병할 수 없다.
㉡㉢ 창설적 공동저당과 공동신탁등기는 합병할 수 있다.
㉣ 합병하려는 각 필지의 지목은 같으나 일부 토지의 용도가 다르게 되어 분할 대상토지가 있는 경우에는 합병할 수 없다.
㉤ 합병하려는 토지소유자의 주소가 서로 다른 경우에는 합병할 수 없다. 다만, 신청을 접수받은 지적소관청이 행정정보의 공동이용을 통하여 다음의 사항을 확인(신청인이 주민등록표 초본 확인에 동의하지 않는 경우에는 해당 자료를 첨부하도록 하여 확인)한 결과 토지소유자가 동일인임을 확인할 수 있는 경우는 제외한다.
• 토지등기사항증명서
• 법인등기사항증명서(신청인이 법인인 경우만 해당한다)
• 주민등록표 초본(신청인이 개인인 경우만 해당한다)

14 ②
지목설정원칙 중 영속성의 원칙에 반하는 일시적인 사용목적변경으로 토지의 용도가 변경된 경우에는 지목변경을 할 수 없다.

15 ①
㉠은 준공, ㉡은 준공 전이다.
지목변경의 대상은 「국토의 계획 및 이용에 관한 법률」 등 관계 법령에 따른 토지의 형질변경 등의 공사가 준공된 경우, 도시개발사업 등의 원활한 사업추진을 위해 사업시행자가 공사 준공 전에 토지의 합병을 신청하는 경우 등이 있다.

16 ⑤
지목변경신청에 따른 첨부서류를 해당 지적소관청이 관리하는 경우에는 지적소관청의 확인으로 그 서류의 제출을 갈음할 수 있다.

17 ③
지적소관청이 직권으로 토지의 등록말소를 할 경우에는 시·도지사 또는 대도시 시장의 승인을 요하지 아니한다.

18 ④
지적소관청은 토지소유자가 통지받은 날부터 90일 이내에 등록말소 신청을 하지 아니하는 경우에는 지적소관청이 직권으로 말소하여야 한다.

Point 13 축척변경

19 ④
청산금의 납부고지를 받은 자는 그 고지를 받은 날부터 6개월 이내에 청산금을 지적소관청에 납부하여야 한다.

20 ②
㉠은 20일 이내, ㉡은 1개월 이내이다.
지적소관청은 청산금의 결정을 공고한 날부터 20일 이내에 토지소유자에게 청산금의 납부고지 또는 수령통지를 하여야 한다(영 제76조 제1항). 또한 이의신청을 받은 지적소관청은 1개월 이내에 축척변경위원회의 심의·의결을 거쳐 그 인용(認容) 여부를 결정한 후 지체 없이 그 내용을 이의신청인에게 통지하여야 한다(영 제77조).

21 ⑤
지문분석
① 합병하려는 토지가 축척이 다른 지적도에 등록되어 있어 축척변경을 하는 경우에는 축척변경위원회의 의결과 시·도지사 등의 승인을 요하지 아니한다.
② 지적소관청은 축척변경 시행기간 중에는 지적공부정리 등을 정지하지만, 경계점표지의 설치를 위한 경계복원측량은 그러하지 아니하다.
③ 지적소관청은 시행공고일 현재를 기준으로 그 축척변경 시행지역 안의 토지에 대하여 지번별 m²당 금액을 미리 조사하여 축척변경위원회에 제출하여야 한다.
④ 무청산특약은 서면제출을 요한다.

22 ⑤
지문분석
① 도시개발사업 등의 시행지역에 있는 토지로서 그 사업시행에서 제외된 토지의 축척변경을 하는 경우 축척변경위원회의 심의 및 시·도지사 또는 대도시 시장의 승인을 요하지 아니한다.
② 지적소관청은 시·도지사 또는 대도시 시장으로부터 축척변경 승인을 받았을 때에는 지체 없이 축척변경의 목적, 시행지역 및 시행기간, 축척변경의 시행에 관한 세부계획, 축척변경의 시행에 따른 청산금액의 내용, 축척변경의 시행에 따른 토지소유자 등의 협조에 관한 사항을 20일 이상 공고하여야 한다.
③ 지적소관청은 축척변경에 관한 측량을 한 결과 측량 전에 비하여 면적의 증감이 있는 경우에는 그 증감면적에 대하여 청산을 하여야 한다. 다만, 토지소유자 전원이 청산하지 아니하기로 합의하여 서면으로 제출한 경우에는 그러하지 아니하다.
④ 지적소관청은 청산금을 내야 하는 자가 납부고지를 받은 날부터 1개월 이내에 청산금에 관한 이의신청을 하지 아니하고, 고지를 받은 날부터 6개월 이내에 지적소관청에 청산금을 내지 아니하면 「지방행정제재·부과금의 징수 등에 관한 법률」에 따라 징수할 수 있다.

23 ④
축척변경위원회의 심의·의결사항은 ㉡㉢㉣이다.
㉠ 축척변경 승인에 관한 사항은 시·도지사의 권한에 포함된다.

축척변경위원회의 심의·의결사항

1. 축척변경 시행계획에 관한 사항
2. 지번별 m²당 금액의 결정과 청산금의 산정에 관한 사항
3. 청산금의 이의신청에 관한 사항
4. 그 밖에 축척변경과 관련하여 지적소관청이 부의한 사항

24 ③
지적소관청은 축척변경에 관한 측량을 완료하였을 때에는 시행공고일 현재의 지적공부상의 면적과 측량 후의 면적을 비교하여 그 변동사항을 표시한 축척변경 지번별 조서를 작성하여야 한다(영 제73조).

25 ④
위원장은 축척변경위원회의 회의를 소집할 때에는 회의일시, 장소 및 심의안건을 회의 개최 5일 전까지 각 위원에게 서면으로 통지하여야 한다.

Point 14 토지이동의 신청권자

26 ④
토지이동의 대위신청권자에 지상권자는 해당하지 아니한다.

토지이동의 대위신청

1. 학교용지, 도로, 철도용지, 제방, 하천, 구거, 유지, 수도용지 등의 지목으로 될 토지는 그 사업시행자
2. 국가 또는 지방자치단체가 매입 등으로 취득할 토지는 그 토지를 관리할 행정기관장 또는 지방자치단체장
3. 「주택법」에 의한 공동주택의 부지의 경우에는 「집합건물의 소유 및 관리에 관한 법률」에 의한 관리인(관리인이 없으면 공유자가 선임한 대표자) 및 사업시행자
4. 「민법」 제404조에 의한 채권자

27 ③
공공사업 등으로 인하여 학교용지, 도로, 철도용지, 제방, 하천, 구거, 유지, 수도용지 등의 지목으로 되는 토지의 경우에는 그 사업시행자가 대위하여 신청할 수 있다.

28 ⑤
법률이 정하는 토지개발사업의 경우에 그 사업시행자가 지적소관청에 토지이동을 신고를 하여야 한다. 「지적재조사에 관한 특별법」에 따른 지적재조사사업은 대규모 토지개발사업에 해당하지 아니한다.

29 ⑤

지문분석

① 토지소유자는 신규등록할 토지가 있으면 그 사유가 발생한 날부터 60일 이내에 지적소관청에 신규등록을 신청하여야 한다.
② 공동주택의 경우에 관리인의 대위신청이 허용되지만, 주차전용 건축물 및 이에 접속된 부속시설물의 부지인 경우에는 대위신청이 허용되지 아니한다.
③ 「도시개발법」에 따른 도시개발사업의 시행자는 그 사업의 착수·변경 및 완료사실을 지적소관청에 신고하여야 한다.
④ 도시개발사업 등의 사업의 착수 또는 변경의 신고가 된 토지의 소유자가 해당 토지의 이동을 원하는 경우에는 해당 사업의 시행자에게 그 토지이동을 신청하도록 요청하여야 한다(법 제86조 제4항).

30 ④
㉠은 지적소관청, ㉡은 15일이다.
• 「도시개발법」에 따른 도시개발사업, 「농어촌정비법」에 따른 농어촌정비사업, 그 밖에 대통령령으로 정하는 토지개발사업의 시행자는 그 사업의 착수·변경 및 완료 사실을 지적소관청에 신고하여야 한다(법 제86조 제1항).
• 도시개발사업 등의 착수·변경 또는 완료 사실의 신고는 그 사유가 발생한 날부터 15일 이내에 하여야 한다(영 제83조 제2항).

31 ④
사업의 착수 또는 변경의 신고가 된 토지의 소유자가 해당 토지의 이동을 원하는 경우에는 해당 사업의 시행자에게 그 토지의 이동을 신청하도록 요청하여야 하며, 요청을 받은 시행자는 해당 사업에 지장이 없다고 판단되면 지적소관청에 그 이동을 신청하여야 한다(법 제86조 제4항).

핵심 도시개발사업 등 토지이동신청 특례

- 도시개발사업 등 공공사업의 토지이동신청은 그 사업시행자(토지소유자 ✕)가 신청한다. 다만, 주택건설사업의 경우 파산시 시공을 보증한 자 또는 입주예정자가 신청한다.
- 도시개발사업 등의 착수, 변경 또는 완료 사실의 신고는 그 사유가 발생한 날로부터 15일 이내에 하여야 한다.
- 도시개발사업 등의 착수 또는 변경신고가 된 토지에 대하여는 그 사업이 완료되는 때까지는 사업시행자 외의 자가 토지이동을 신청할 수 없다.
- 환지를 수반하는 경우에는 사업완료 신고로써 토지이동신청에 갈음한다.
- 토지이동시기: 토지의 형질변경 등의 공사가 준공된 때

Point 15 지적정리 등

32 ④
지적소관청은 필요하다고 인정하는 경우에 등기부를 열람하여 지적공부와 부동산등기부가 일치하는지 여부를 조사·확인하여야 하며, 일치하지 아니하는 사항을 발견하면 등기사항증명서 등에 따라 지적공부를 직권으로 정리하거나, 토지소유자에게 필요한 신청 등을 하도록 요구할 수 있다(법 제88조 제4항).

33 ④
㉠은 신규등록, ㉡은 지적소관청이다.
지적공부에 등록된 토지소유자의 변경사항은 등기관서에서 등기한 것을 증명하는 등기필증, 등기완료통지서, 등기사항증명서 또는 등기관서에서 제공한 등기전산정보자료에 따라 정리한다. 다만, 신규등록하는 토지의 소유자는 지적소관청이 직접 조사하여 등록한다(법 제88조 제1항).

34 ③
옳은 것은 ㉠㉢이다.
㉡ 지적공부와 부동산등기부의 토지표시사항이 부합하지 아니하는 경우에는 토지소유자를 정리할 수 없다. 이때에는 그 뜻을 관할 등기관서에 통지하여야 한다(법 제88조 제3항).
㉣ 토지이동정리 결의서에는 토지이동신청서 또는 도시개발사업 등의 완료신고서 등을 첨부하여야 하며, 소유자정리 결의서를 작성하는 경우에는 등기필증, 등기부 등본 또는 그 밖에 토지소유자가 변경되었음을 증명하는 서류를 첨부하여야 한다.

35 ①
옳은 것은 ㉠㉡㉢이다.
㉣ 등기기록과 지적공부의 토지의 표시가 불일치하는 경우는 지적소관청의 직권정정사유에 해당하지 아니한다. 등기기록과 지적공부에서 토지의 표시가 불일치하면 토지의 표시는 지적공부가 기준이므로 등기부를 수정하여야 하므로 직권정정사유가 아니다.

36 ①
연속지적도가 잘못 작성된 경우는 지적소관청의 직권정정사유에 해당하지 아니한다.

37 ④
㉠은 등록사항 정정 대상토지, ㉡은 붉은색이다.
지적소관청은 토지의 표시가 잘못되었음을 발견하였을 때에는 지체 없이 등록사항 정정에 필요한 서류와 등록사항 정정 측량성과도를 작성하고, 토지이동정리 결의서를 작성한 후 대장의 사유란에 '등록사항 정정 대상토지'라고 적고, 토지소유자에게 등록사항 정정신청을 할 수 있도록 그 사유를 통지하여야 한다. 등록사항 정정 대상토지에 대한 대장을 열람하게 하거나 등본을 발급하는 때에는 '등록사항 정정 대상토지'라고 적은 부분을 흑백의 반전(反轉)으로 표시하거나 붉은색으로 적어야 한다(규칙 제94조 제1항·제2항).

38 ⑤
미등기토지의 경우에는 지적소관청은 직권으로 소유자에 관한 사항을 정정할 수 없고, 소유자의 신청에 의하여 정정할 수 있다. 미등기토지의 지적공부상 소유자 표시에 관한 정정은 신청에 의한 정정만을 인정하고 있다.

39 ③
지적소관청은 제64조 제2항(신규등록은 제외한다), 제66조 제2항, 제82조, 제83조 제2항, 제84조 제2항 또는 제85조 제2항에 따른 사유로 토지의 표시 변경에 관한 등기를 할 필요가 있는 경우에는 지체 없이 관할 등기관서에 그 등기를 촉탁하여야 한다(법 제89조).

등기촉탁의 사유

1. 토지의 이동정리를 한 경우
2. 지번을 변경한 경우
3. 바다로 된 토지의 등록말소신청
4. 축척을 변경한 경우
5. 행정구역 개편으로 새로이 지번을 정한 경우
6. 등록사항의 오류를 지적소관청이 직권으로 조사·측량하여 정정한 경우

🔍 신규등록 및 소유권을 정리한 경우에는 등기촉탁할 필요가 없다.

40 ⑤
토지소유자의 변경은 토지의 이동사유에 해당하지 아니하므로 등기촉탁의 대상이 아니다.

41 ④
지적소관청이 직권으로 지적정리를 한 경우에는 소유자에게 지적정리를 통지하지만 소유권 변경사실의 통지에 의하여 토지소유자를 정리한 경우에는 그러하지 아니하다.

42 ③
㉠은 지적공부, ㉡은 7일, ㉢은 등기완료의 통지서, ㉣은 15일이다.
지적소관청이 토지소유자에게 지적정리 등을 통지하여야 하는 시기는 다음의 구분에 따른다(영 제85조).
- 토지의 표시에 관한 변경등기가 필요하지 아니한 경우: 지적공부에 등록한 날부터 7일 이내
- 토지의 표시에 관한 변경등기가 필요한 경우: 그 등기완료의 통지서를 접수한 날부터 15일 이내

43 ⑤
지적소관청이 지적공부정리를 한 경우에 통지받는 자의 주소 또는 거소를 알 수 없는 때에는 일간신문, 시·군·구의 공보 또는 인터넷 홈페이지에 공고하여야 한다.

44 ②
옳은 것은 ㉠㉣이다.
㉡ 소유자를 정리한 경우는 등기촉탁사유에 해당하지 아니한다.

㉢ 지적소관청이 지적공부에 등록하거나 지적공부를 복구 또는 말소하거나 등기촉탁을 하였으면 해당 토지소유자에게 통지하여야 한다(법 제90조). 토지의 변경등기가 필요한 경우에는 등기완료통지서를 접수한 날로부터 15일 이내에 통지하여야 한다.

제5장 지적측량   p.99~111

01	②	02	③	03	③	04	③	05	②
06	②	07	③	08	①	09	②	10	④
11	②	12	③	13	③	14	③	15	④
16	②	17	⑤	18	②	19	④	20	④
21	⑤	22	③	23	⑤	24	②	25	①
26	③	27	④	28	④				

Point 16 지적측량의 대상과 절차

01 ②
옳은 것은 ㉠㉢㉣이다.
㉡ 지적측량 중 기초측량은 지적기준점을 설치하는 경우에 실시한다. 위성기준점 및 공공기준점은 지적기준점에 해당하지 아니한다.
㉤ 연속지적도는 측량에 활용할 수 없다.

02 ③
지적현황측량은 건축물의 현황과 도상의 경계를 대비하기 위한 측량이다. 그러므로 건축물의 현황과 담장과의 관계를 대비하는 경우는 지적측량의 대상이 아니다.

03 ③
지상건축물 등의 현황을 지적도 및 임야도에 등록된 경계와 대비하여 표시하는 데에 필요한 경우에는 지적현황측량을 실시한다(영 제18조).

04 ③
㉠은 4일, ㉡은 4점, ㉢은 4분의 3, ㉣은 4분의 1이다.

지적측량 및 검사기간(규칙 제25조 제3항·제4항)

- 지적측량의 측량기간은 5일로 하며, 측량검사기간은 4일로 한다. 다만, 지적기준점을 설치하여 측량 또는 측량검사를 하는 경우 지적기준점이 15점 이하인 경우에는 4일을, 15점을 초과하는 경우에는 4일에 15점을 초과하는 4점마다 1일을 가산한다.
- 지적측량의뢰인과 지적측량수행자가 서로 합의하여 따로 기간을 정하는 경우에는 그 기간에 따르되, 전체 기간의 4분의 3은 측량기간으로, 전체 기간의 4분의 1은 측량검사기간으로 본다.

05 ②
측량기간은 30일, 측량검사기간은 10일로 한다. 지적측량의뢰인과 지적측량수행자가 서로 합의하여 따로 기간을 정하는 경우에는 그 기간에 따르되, 전체 기간의 4분의 3은 측량기간으로, 전체 기간의 4분의 1은 측량검사기간으로 본다(규칙 제25조 제4항).

06 ②
㉠은 5, ㉡은 4, ㉢은 4, ㉣은 4, ㉤은 40이다.
지적측량의 측량기간은 5일로 하며, 측량검사기간은 4일로 한다. 다만, 지적기준점을 설치하여 측량 또는 측량검사를 하는 경우 지적기준점이 15점 이하인 경우에는 4일을, 15점을 초과하는 경우에는 4일에 15점을 초과하는 4점마다 1일을 가산한다(규칙 제25조 제3항).

 지적기준점의 설치에 따른 측량·검사기간

구분	지적측량기준점수	
	15개 이하	15개 초과
측량기간	4일	4일 + 초과하는 4점마다 1일을 가산
검사기간		

07 ③
지적기준점을 설치하고 경계복원측량을 하는 경우이다. 따라서 지적기준점을 설치하기 위한 측량기간은 15개의 기준점에 4일을 기본으로 하며, 초과하는 4개를 기준으로 1일을 추가하여 정하므로 16점을 설치하는 측량기간은 5일이며, 경계복원측량을 위한 측량기간은 5일이다. 결국 문제의 경우에는 지적측량기준점을 설치하기 위한 측량기간 5일, 경계복원측량을 하기 위한 측량기간 5일을 합하여 측량기간은 10일이다.

08 ①
지적측량수행자는 지적측량 의뢰를 받은 때에는 측량기간, 측량일자 및 측량 수수료 등을 적은 지적측량 수행계획서를 그 다음 날까지 지적소관청에 제출하여야 한다. 제출한 지적측량 수행계획서를 변경한 경우에도 같다(규칙 제25조 제2항).

09 ②
지적수행자에게 지적측량을 의뢰하여야 하는 경우가 아닌 것은 ㉠㉣이다.
토지소유자 등 이해관계인은 법 제23조 제1항 제1호 및 제3호(자목은 제외한다)부터 제5호까지의 사유로 지적측량을 할 필요가 있는 경우에는 지적측량수행자에게 지적측량을 의뢰하여야 한다(법 제24조 제1항). 검사측량과 지적재조사측량은 지적측량수행자에게 지적측량을 의뢰할 수 없다.

10 ④
지문분석
① 토지소유자 등 이해관계인은 지적측량을 하여야 할 필요가 있는 때에는 지적측량수행자에게 해당 지적측량을 의뢰하여야 한다.
② 검사측량은 지적소관청이 실시하므로 지적측량수행자에게 지적측량을 의뢰할 수 없다.
③ 기초측량은 계획수립, 준비 및 현지답사, 선점 및 조표, 관측 및 계산과 성과표의 작성 순으로 실시한다.
⑤ 경계복원측량은 검사측량을 요하지 아니한다.

11 ②
검사측량을 요하지 않는 측량이란 지적공부를 정리하지 아니하는 측량으로서 경계복원측량 및 지적현황측량을 하는 경우를 말한다.

12 ③
지적측량수행자의 지적측량성과에 대해서는 일반적으로 지적소관청이 검사하나, 지적삼각측량성과와 경위의측량방법으로 실시한 지적확정측량성과(국토교통부장관이 정하여 고시하는 면적 이상인 경우)는 시·도지사나 대도시 시장이 검사한다.

13 ③
옳은 것은 ㉠㉢㉣이다.
㉡ 검사측량, 지적재조사측량은 지적측량수행자에게 측량을 의뢰할 수 없다. 검사측량, 지적재조사측량은 지적소관청이 실시한다.

14 ③
지적삼각측량성과 및 경위의측량방법으로 실시한 지적확정측량성과의 경우(일정면적 이상인 경우)에도 측량성과에 관한 자료를 시·도지사, 대도시 시장에게 제출하여 검사를 받아야 한다.

15 ④
지적측량수행자는 지적소관청의 검사를 받지 아니한 지적측량성과도를 측량의뢰인에게 발급할 수 없다.

16 ③

> **지문분석**

① 지적측량기준점성과 또는 그 측량부를 열람하거나 등본을 발급받으려는 자는 지적삼각보조점성과 및 지적도근점성과에 대해서는 지적소관청에 신청하여야 한다(규칙 제26조 제1항).
② 지적측량을 의뢰하려는 자는 지적측량 의뢰서(전자문서로 된 의뢰서를 포함한다)에 의뢰 사유를 증명하는 서류(전자문서를 포함한다)를 첨부하여 지적측량수행자에게 제출하여야 한다(규칙 제25조 제1항).
④ 지적측량수행자는 지적측량 의뢰를 받은 때에는 측량기간, 측량일자 및 측량 수수료 등을 적은 지적측량 수행계획서를 그 다음 날까지 지적소관청에 제출하여야 한다(규칙 제25조 제2항).
⑤ 지적측량 의뢰인과 지적측량수행자가 서로 합의하여 따로 기간을 정하는 경우에는 그 기간에 따르되, 전체 기간의 4분의 3은 측량기간으로, 전체 기간의 4분의 1은 측량검사기간으로 본다(규칙 제25조 제4항).

> **지적측량기준점**

구분	기준점표지의 설치	기준점성과의 관리	기준점성과의 열람·등본
지적삼각점	지적소관청	시·도지사	시·도지사, 지적소관청
지적삼각보조점	지적소관청	지적소관청	지적소관청
지적도근점	지적소관청	지적소관청	지적소관청
이상 유무 조사	지적소관청은 연 1회 이상 지적측량기준점표지의 이상 유무를 조사하여 재설치하거나 폐기		

17 ⑤
지적기준점성과의 등본이나 그 측량기록의 사본을 발급받으려는 자는 국토교통부령으로 정하는 바에 따라 시·도지사나 지적소관청에 그 발급을 신청하여야 한다. 지적기준점을 총칭하는 경우와 그 종류를 구별하는 경우를 구별하여야 한다.

Point 17 지적측량을 위한 필요한 조치

18 ②
타인의 토지 등에 출입하려는 자는 관할 특별자치도지사, 시장·군수 또는 구청장의 허가를 받아야 하며, 출입하려는 날의 3일 전까지 해당 토지 등의 소유자·점유자 또는 관리인에게 그 일시와 장소를 통지하여야 한다.

19 ④
손실을 보상하여야 할 자 또는 손실을 입은 자는 손실보상에 관하여 협의가 성립되지 아니하거나 협의를 할 수 없는 때에는 관할 토지수용위원회에 재결(裁決)을 신청할 수 있다.

Point 18 지적측량수행자의 의무

20 ④
도해지적지역에서의 경계복원측량은 지적측량업자의 업무범위에 포함되지 아니한다.

> **지적측량업자의 업무범위**

지적측량업의 등록을 한 자(이하 '지적측량업자'라 한다)는 지적측량 중(검사측량 제외) 다음 각 호의 지적측량과 지적전산자료를 활용한 정보화사업을 할 수 있다.
1. 경계점좌표등록부가 있는 지역에서의 지적측량
2. 「지적재조사에 관한 특별법」에 따른 지적재조사사업에 따라 실시하는 지적확정측량(경계점좌표등록부에 토지의 표시를 새로 등록하기 위한 측량을 말한다)
3. 도시개발사업 등이 끝남에 따라 하는 지적확정측량
4. 지적전산자료를 활용한 정보화사업이라 함은 다음의 사업을 말한다.
   - 지적(임야)도 작성, 연속지적도 작성, 도시개발사업 등의 계획을 위한 지적도 등의 정보처리시스템을 통한 기록, 저장 업무
   - 토지대장·임야대장의 전산화 업무

21 ⑤
지적측량수행자가 타인의 의뢰에 의하여 지적측량을 함에 있어서 고의 또는 과실로 지적측량을 부실하게 함으로써 지적측량의뢰인이나 제3자에게 재산상의 손해를 발생하게 한 때에는 지적측량수행자는 그 손해를 배상할 책임이 있다. 정

신상의 손해를 발생하게 한 때에는 배상책임이 없다.

Point 19 지적위원회 및 지적측량적부심사 절차

22 ③
지적재조사 기본계획의 수립 및 변경에 관한 사항은 국토교통부장관의 권한이다(「지적재조사에 관한 특별법」 제4조).

23 ⑤
위원장이 중앙지적위원회의 회의를 소집할 때에는 회의 일시·장소 및 심의 안건을 회의 5일 전까지 각 위원에게 서면으로 통지하여야 한다(영 제21조 제5항).

24 ②
옳은 것은 ⓒⓓ이다.
㉠ 중앙지적위원회의 간사는 국토교통부의 지적업무 담당 공무원 중에서 국토교통부장관이 임명하며, 회의 준비, 회의록 작성 및 회의 결과에 따른 업무 등 중앙지적위원회의 서무를 담당한다.
㉢ 위원장이 중앙지적위원회의 회의를 소집할 때에는 회의 일시·장소 및 심의 안건을 회의 5일 전까지 각 위원에게 서면으로 통지하여야 한다.

25 ①
㉠은 30일, ㉡은 60일, ㉢은 90일이다.
- 지적측량 적부심사청구를 받은 시·도지사는 30일 이내에 지방지적위원회에 회부하여야 한다.
- 지적측량 적부심사청구를 회부받은 지방지적위원회는 그 심사청구를 회부받은 날부터 60일 이내에 심의·의결하여야 한다.
- 의결서를 받은 자가 지방지적위원회의 의결에 불복하는 경우에는 그 의결서를 받은 날부터 90일 이내에 국토교통부장관을 거쳐 중앙지적위원회에 재심사를 청구할 수 있다.

26 ③
지방지적위원회는 지적측량 적부심사를 의결하였으면 위원장과 참석위원 전원이 서명 및 날인한 지적측량 적부심사 의결서를 지체 없이 시·도지사에게 송부하여야 한다.

27 ④
지문분석
① 지적측량 적부심사청구를 받은 시·도지사는 30일 이내에 다툼이 되는 지적측량의 경위 및 그 성과 등 현황 실측도를 조사하여 지방지적위원회에 회부하여야 한다.
② 지적측량 적부심사청구를 회부받은 지방지적위원회는 부득이한 경우가 아닌 경우 그 심사청구를 회부받은 날부터 60일 이내에 심의·의결하여야 한다.
③ 지방지적위원회는 부득이한 경우에 심의기간을 해당 지적위원회의 의결을 거쳐 30일 이내에서 한 번만 연장할 수 있다.
⑤ 의결서를 받은 자가 지방지적위원회의 의결에 불복하는 경우에는 그 의결서를 받은 날부터 90일 이내에 국토교통부장관을 거쳐 중앙지적위원회에 재심사를 청구할 수 있다.

28 ④
시·도지사는 중앙지적위원회의 의결서를 받은 경우에는 그 의결서 사본에 지방지적위원회의 의결서 사본을 첨부하여 지적소관청에 보내야 한다.

제2편 부동산등기법

제1장 총칙 p.118~128

01 ③	02 ③	03 ⑤	04 ④	05 ④
06 ②	07 ②	08 ⑤	09 ②	10 ②
11 ②	12 ②	13 ①	14 ④	15 ③
16 ⑤	17 ②	18 ④	19 ③	20 ③
21 ③	22 ④	23 ④	24 ①	25 ⑤

Point 20 등기의 의의

01 ③
㉠㉢㉣이 옳다.
㉡ 등기관이 등기를 마친 경우 그 등기는 접수한 때로부터 효력을 발생한다.

02 ③
㉠은 등기부, ㉡은 등기기록, ㉢은 등기부부본자료이다.
- 등기부란 전산정보처리조직에 의하여 입력·처리된 등기정보자료를 대법원규칙으로 정하는 바에 따라 편성한 것을 말한다.
- 등기기록이란 1필의 토지 또는 1개의 건물에 관한 등기정보자료를 말한다.
- 등기부부본자료란 등기부와 동일한 내용으로 보조기억장치에 기록된 자료를 말한다.

03 ⑤

현행 「부동산등기법」에는 예고등기, 멸실회복등기에 관한 규정을 삭제하였다. 예고등기는 처분제한등기와 같은 기능을 하는 등기이므로 삭제하였고, 멸실회복등기는 종이등기부가 멸실 또는 훼손된 경우에 등기부를 다시 만드는 것을 말하므로 삭제하였다.

Point 21 등기의 종류

04 ④

등기가 완료된 후 그 내용에 착오 또는 빠뜨림이 있어 원시적으로 등기의 일부와 실체관계 사이에 불일치가 생긴 경우에 이를 시정하기 위한 등기는 <u>경정등기</u>이다. 불일치의 이유가 후발적인 경우에 변경등기를 한다.

> **핵심** 부동산등기의 종류
>
> 1. 기능에 따른 분류
>   - 표시에 관한 등기(사실의 등기, 표제부의 등기)
>   - 권리에 관한 등기(권리의 등기, 갑구·을구의 등기)
> 2. 내용에 따른 분류
>   - **기입등기**: 소유권보존·이전등기, 각종 설정등기
>   - 변경등기, 경정등기
>   - 말소등기, 멸실등기
>   - 말소회복등기
> 3. 효력에 따른 분류
>   - 종국등기(본등기)
>   - 예비등기: 가등기·처분제한등기
> 4. 방법(형식)에 따른 분류
>   - 주등기(독립등기)
>   - 부기등기

05 ④

처분제한의 등기인 가압류나 가처분등기가 경료된 경우에 해당 부동산을 제3자에게 처분할 수 <u>있다</u>.

> **지문분석**
> ① 현행 「부동산등기법」은 구분건물의 표시도 등기할 사항임을 명문으로 인정하고 있으며 예외적으로 표시의 등기를 독립적으로 인정하는 경우도 있다(규약상 공용부분, 1동 건물의 표제부).

06 ②

틀린 것은 ㉠㉢이다.
㉠ 지상권설정등기는 <u>주등기</u>로 실행한다.

㉢ 소유권처분제한의 등기는 <u>주등기</u>로 실행한다.

07 ②

공유물 분할금지의 약정등기는 <u>부기등기</u>로 실행한다.

> **지문분석**
> ①③④⑤ 모두 주등기로 실행한다.

08 ⑤

등기관이 권리의 변경이나 경정의 등기를 할 때에는 부기로 하여야 한다. 다만, 등기상 이해관계 있는 제3자의 승낙이 없는 경우에는 그러하지 아니하다(「부동산등기법」 제52조).
- 「부동산등기법」 이하 제2편에서 '법'이라 한다.
- 「부동산등기규칙」 이하 제2편에서 '규칙'이라 한다.

09 ②

항상 부기등기의 형식에 의하는 것은 ㉠㉡㉢이다.
㉣ 전부말소회복등기는 <u>주등기</u>로 실행하고, 일부말소회복등기는 부기등기로 실행한다.
㉤ 권리변경등기는 <u>이해관계인의 승낙서 유무에 따라 주등기나 부기등기</u>로 행하여진다.
㉥ 저당부동산의 저당권의 실행을 위한 경매개시결정등기는 소유권을 경매하므로 <u>주등기</u>로 실행한다.

10 ②

「부동산등기법」에 따라 환매특약등기는 부기등기로 실행하지만, <u>신탁등기는 주등기</u>로 실행한다.

Point 22 등기의 대상

11 ②

<u>부동산의 일부에 대한 용익권(지상권, 지역권, 전세권, 임차권)은 허용되나, 처분행위(소유권이전이나 저당권설정)는 할 수 없다.</u> 처분행위에는 가등기, 가압류, 가처분 등이 포함된다. 그러나 <u>권리의 일부(지분)에 대해서는 소유권이전이나 저당권설정은 가능하나, 용익권은 불가능하다.</u>

 부동산의 일부와 권리의 일부 비교

구분	용익권등기	소유권이전, 저당권설정 (가등기, 가압류, 가처분 등)
부동산의 일부	○	×
권리의 일부(지분)	×	○

12 ②
용익권은 1필지의 일부에 성립할 수 있는 권리이므로 분필절차 없이 성립할 수 있다.

13 ①
등기할 수 없는 것은 ㉠㉢이다.
분묘기지권(㉠)과 주위토지통행권(㉢)은 등기할 대상에 해당하지 아니한다. 전세권목적의 저당권(㉡)이나 구분지상권(㉣)은 등기의 대상에 해당한다.

14 ④
옳은 것은 ㉠㉣㉤이다.
㉡「하천법」상의 하천으로 편입된 토지에 대해서는 소유권이전등기나 저당권설정등기를 신청할 수 있다.
㉢ 공작물대장에 등재된 해상관광용 호텔선박은 등기할 수 없다.
㉥ 아파트 분양약관상의 일정기간 전매금지특약은 등기할 수 없다. 그러나 「주택법」상의 전매금지특약은 부기등기로 실행한다.

15 ③
㉠㉣㉥은 등기할 물건에 해당한다.
㉡ 호텔로 수선되고, 해안가 해저면에 있는 암반에 앵커로 고정된 폐유조선은 토지에 정착되지 않았으므로 등기할 수 없다.
㉢ 실외수영장, 주유소 캐노피는 지붕이 없는 구조물이므로 등기할 수 없다.
㉤ 임시로 지은 견본주택은 토지에 정착되지 않은 것으로 보아 등기할 수 없다.

16 ⑤
「공익사업을 위한 토지 등의 취득 및 보상에 관한 법률」에 의한 수용의 경우에는 수용개시일(수용한 날)에 등기없이 해당 부동산의 소유권을 취득한다.

Point 23 등기의 효력(종국등기의 효력)

17 ③
옳은 것은 ㉠㉢㉤이다.
㉡ 등기된 부동산에 대하여 점유의 추정력을 부정하는 것이 판례의 입장이다.
㉣ 소유권에 대한 이전금지가처분등기가 경료되면 부동산의 소유자는 부동산을 제3자에게 처분할 수 있다. 가처분등기에 처분금지효는 없다.

18 ④

지문분석
① 등기관이 등기를 마치면 그 등기는 접수된 때부터 효력이 발생한다.
② 구「부동산소유권 이전등기 등에 관한 특별조치법」에 의하여 경료된 등기는 실체적 권리관계에 부합하는 등기로 추정력을 인정한다.
③ 추정력에 관한 명문의 법률규정이 없다.
⑤ 소유권이전등기가 경료되어 있는 경우 그 등기명의자는 그 전(前) 소유자에 대해서는 적법한 원인에 의하여 소유권을 취득한 것으로 추정된다.

19 ③
등기가 부적법 말소된 경우에 해당 등기의 효력은 존속한다. 부적법 말소된 등기를 말소회복등기를 하면 종전 등기의 순위와 효력을 회복한다.

20 ③
가등기권리자는 실체법상의 권리자가 아니므로 무효인 중복소유권보존등기의 말소를 청구할 권리가 없다.

지문분석
⑤ 진정명의회복을 위한 소유권이전등기이다.

21 ③
사망자 명의의 신청으로 이루어진 이전등기는 원인무효의 등기로서 등기의 추정력을 인정할 여지가 없으므로 등기의 유효를 주장하는 자가 현재의 실체관계와 부합함을 증명할 책임이 있다(대판 2017.12.22, 2017다360).

Point 24 등기의 유효요건

22 ④

지문분석
① 모두생략등기로서 실체관계에 부합하므로 등기는 유효하다.
② 다른 원인에 의한 등기이지만 실체관계에 부합하므로 유효하다.
③ 표제부의 유용은 허용하지 아니한다.
⑤ 토지거래허가지역에서의 중간생략등기는 무효이다.

23 ④
등기된 권리내용의 양이 물권행위상 그것보다 큰 경우에는 '물권행위의 한도' 내에서 효력이 생기는 것으로 본다.

24 ①
대법원규칙에 따른 중복등기의 정리는 토지의 경우에 해당하고 건물의 경우에는 별도의 등기예규에서 규정하고 있다.

25 ⑤
중복등기기록 중 어느 한 등기기록의 최종 소유권의 등기명의인은 자기 명의의 등기기록을 폐쇄하여 중복등기기록을 정리하도록 신청할 수 있다. 다만, 등기상 이해관계인이 있을 때에는 그 승낙이 있음을 증명하는 정보를 첨부정보로서 등기소에 제공하여야 한다(규칙 제39조 제1항).

제2장 등기기관과 설비 p.132~139

01	④	02	③	03	③	04	④	05	③
06	③	07	②	08	④	09	③	10	②
11	②	12	①	13	②	14	②	15	②

Point 25 등기소와 등기관

01 ④
동일한 채권에 관하여 여러 개의 부동산에 관한 권리를 목적으로 하는 저당권설정(공동저당)등기의 신청은 그 중 하나의 관할 등기소에서 해당 신청에 따른 등기사무를 담당할 수 있다(법 제7조의2).

02 ③
대법원장은 등기소에서 정상적인 등기사무의 처리가 어려운 경우에는 기간을 정하여 등기사무의 정지를 명령하거나 등기사무의 처리를 위하여 필요한 처분을 명령할 수 있다.

핵심 등기사무의 명령권자

등기사무 위임권자(정지권자)	대법원장
등기기록의 복구·손상	대법원장
관할등기소 지정권자	상급법원장
등기관 지정권자	지방법원장 또는 지원장

03 ③
등기관은 자기, 배우자 또는 4촌 이내의 친족(이하 '배우자 등'이라 한다)이 등기신청인인 때에는 그 등기소에서 소유권등기를 한 성년자로서 등기관의 배우자 등이 아닌 자 2명 이상의 참여가 없으면 등기를 할 수 없다. 배우자 등의 관계가 끝난 후에도 같다.

Point 26 등기부 등

04 ④
토지등기기록 표제부는 표시번호란, 접수란, 소재·지번란, 지목란, 면적란, 등기원인 및 기타사항란으로 구성되어 있다. 순위번호란은 갑구와 을구에 있다.

05 ③
갑구 또는 을구에 기록할 등기사항이 아닌 것은 ⓒⓔ이다.
ⓒ 구분건물에 대지권이 있는 경우 대지권에 관한 사항은 구분건물등기기록 표제부에 기록한다.
ⓔ 건물의 종류, 구조에 관한 사항은 건물등기기록 표제부에 기록한다.

06 ③
지문분석
① 전세권의 실행인 임의경매개시결정등기는 소유권에 대한 경매이므로 갑구에 기록한다.
② 피보전권리가 지상권설정등기청구권인 가처분은 소유권에 대한 가처분이므로 갑구에 기록한다.
④ 가처분등기는 갑구나 을구에 기록한다.
⑤ 소유권이 대지권인 경우 대지권 뜻의 등기는 토지등기기록의 갑구에 기록한다.

07 ②
구분건물에 대하여는 전유부분마다 부동산고유번호를 부여한다(규칙 제12조 제2항).

08 ④
1동의 건물의 표제부에는 대지권의 목적인 토지의 표시를 위한 표시번호란, 소재지번란, 지목란, 면적란, 등기원인 및 기타사항란을 둔다.

09 ③
甲지의 일부를 乙지로 분필등기한 경우 乙지의 등기기록을 개설하고 甲지의 등기기록은 변경등기를 하여야 한다.

10 ②
신청서나 그 부속서류에 대하여는 법관이 발부한 영장에 의하여 압수할 수 있지만, 등기부는 압수의 대상이 아니다.

11 ②
㉠은 대법원장, ㉡은 법원행정처장, ㉢은 등기부부본자료이다.
- 등기부의 전부 또는 일부가 손상되거나 손상될 염려가 있을 때에는 ㉠ 대법원장은 등기부의 복구·손상방지 등 필요한 처분을 명령할 수 있다.
- ㉠ 대법원장은 등기부의 손상방지 또는 손상된 등기부의 복구 등의 처분명령에 관한 권한을 ㉡ 법원행정처장에게 위임한다.
- 등기부의 전부 또는 일부가 손상된 경우에 전산운영책임관은 ㉢ 등기부부본자료에 의하여 그 등기부를 복구하여야 한다.

Point 27 인터넷에 의한 등기부의 열람 등

12 ①
대리인이 신청서나 그 밖의 부속서류의 열람을 신청할 때에는 신청서에 그 권한을 증명하는 서면을 첨부하여야 한다.

13 ②
신용카드의 결제 등으로 수수료를 결제한 경우에는 등기기록의 열람 및 등기사항증명서 발급 신청은 수수료를 결제한 당일에 한하여 전부에 대해서만 그 결제를 취소할 수 있다. 다만, 인감증명서 발급예약에 따라 등기소에서 인감증명서 발급이 완료된 후에는 당일인 경우에도 그 결제를 취소할 수 없다.

14 ③
틀린 것은 ㉠㉡이다.
- ㉠ 등기기록의 부속서류에 대하여는 이해관계 있는 부분만 열람을 청구할 수 있다.
- ㉡ 대리인이 신청서나 그 밖의 부속서류의 열람을 신청할 때에는 신청서에 그 권한을 증명하는 서면을 첨부하여야 한다(규칙 제26조 제2항). 등기기록은 누구나 열람할 수 있으므로 권한을 증명하는 서면을 첨부하지 아니한다.

15 ②
신청사건이 계류 중인 등기기록을 열람하고자 하는 경우에는 그 사실을 알려주지만, 등기사항증명서는 발급하지 아니한다.

제3장 등기절차 총론   p.150~185

01	⑤	02	④	03	⑤	04	①	05	④
06	②	07	③	08	⑤	09	①	10	④
11	②	12	③	13	③	14	⑤	15	⑤
16	①	17	④	18	④	19	③	20	④
21	③	22	⑤	23	②	24	③	25	⑤
26	②	27	③	28	④	29	④	30	①
31	③	32	⑤	33	⑤	34	⑤	35	②
36	⑤	37	②	38	⑤	39	⑤	40	⑤
41	⑤	42	①	43	③	44	⑤	45	①
46	⑤	47	④	48	⑤	49	⑤	50	①
51	③	52	⑤	53	①	54	⑤	55	⑤
56	④	57	④	58	⑤	59	②	60	⑤
61	②	62	⑤	63	⑤	64	④	65	④
66	①	67	④	68	②	69	④	70	③
71	②	72	②	73	⑤	74	⑤		

Point 28 등기신청의 형태

01 ⑤
등기관의 처분에 대한 이의신청이 이유 있는 것으로 인정된 경우 관할 지방법원의 명령에 의해 등기가 실행된다.

02 ④
옳은 것은 ㉠㉡㉣이다.
- ㉢ 토지등기기록의 해당구에 등기하는 대지권 뜻의 등기는 등기관이 직권으로 실행한다.

관공서의 촉탁에 의하여 행하여지는 등기

1. 처분제한(압류, 가압류, 경매신청, 처분금지가처분)의 등기 및 말소등기
2. 매각(경락)에 의한 소유권이전등기, 매수인이 인수하지 아니한 부동산의 부담에 관한 기입의 말소등기 및 경매개시결정등기의 말소등기
3. 국·공유부동산에 관한 권리의 등기
4. (주택)임차권명령등기
5. 관공서가 기업자인 경우 토지수용으로 인한 소유권이전등기

03 ⑤
법 제29조 제11호는 그 등기명의인이 등기신청을 하는 경우에 적용되는 규정이므로, 관공서가 등기촉탁을 하는 경우에는 등기기록과 대장상의 부동산의 표시가 부합하지 아니하더라도 그 등기촉탁을 수리하여야 한다(2017.7.7. 등기예규 제1625호).

04 ①
관공서가 체납처분으로 인한 압류등기를 촉탁하는 경우에는 등기명의인 또는 상속인, 그 밖의 포괄승계인을 갈음하여 부동산의 표시, 등기명의인의 표시의 변경, 경정 또는 상속, 그 밖의 포괄승계로 인한 권리이전의 등기를 함께 촉탁할 수 있다(법 제96조).

05 ④
부동산의 처분금지가처분권리자가 본안사건에서 승소하여 그 확정판결의 정본을 첨부하여 소유권이전등기를 신청하는 경우, 그 가처분등기 이후에 제3자 명의의 소유권이전등기가 완료되어 있을 때에는 반드시 위 소유권이전등기신청과 함께 단독으로 그 가처분등기 이후에 경료된 제3자 명의의 소유권이전등기의 말소신청도 동시에 신청하여야 한다(2020. 7.21. 등기예규 제1690호).

06 ②
등기관의 직권에 의한 등기는 ㉠㉢㉤이다.
㉡ 매각으로 인한 소유권이전등기시 매수인이 인수하지 아니한 부동산의 부담에 관한 기입등기의 말소는 집행법원의 촉탁으로 한다.
㉣ 규약상 공용부분 뜻의 등기는 소유자가 단독으로 신청한다.

Point 29 등기신청적격

07 ③
등기는 당사자의 신청 또는 관공서의 촉탁에 따라 한다라고 규정하므로 관공서의 촉탁등기도 신청주의에 해당한다.

08 ⑤
丙의 채무담보를 위하여 甲과 乙이 근저당권설정계약을 체결한 경우, 채무자인 丙은 근저당권설정등기신청에서 등기당사자적격이 없다. 근저당권설정등기의 당사자는 근저당권자와 근저당권설정자이다.

지문분석
① 아파트 입주자대표회의는 비법인 사단으로 실체가 있으므로 그 명의로 대표자 또는 관리인이 등기를 신청할 수 있다.
② 대학교는 학교 명의로 등기할 수 없으며 학교의 재단법인의 명의로 등기한다.
③ 특별법에 의한 농업협동조합은 법인이므로 농업협동조합 명의로 등기할 수 있다.
④ 동(洞)이 법인 아닌 사단을 구성하는 경우에는 법인 아닌 사단 명의로 등기할 수 있다.

09 ①
등기적격이 인정되는 것은 ㉠㉢이다.
㉡ 「민법」상 조합 명의의 등기는 허용되지 아니한다.
㉢ 학교 명의의 등기는 허용되지 아니하고 학교의 재단법인의 명의로 등기할 수 있다.
㉣ 상속인 지위에 있다가 상속등기를 하기 전에 사망한 자 명의로 등기할 수 없다.
㉤ 아직 출생하지 아니한 태아 명의의 등기는 허용되지 아니한다.

10 ④
「민법」상 조합은 등기신청적격이 인정되지 않으며, 「민법」상 조합의 경우에 채무자로 표시하여 근저당권설정등기를 신청할 수도 없다.

11 ②
현행법상 사립대학은 등기신청적격이 인정되지 않으므로, 사립대학이 부동산을 기증을 받은 경우에 학교 명의로 소유권이전등기를 할 수 없다. 학교의 재단법인 명의로 등기할 수 있다.

12 ②
법인 아닌 사단에 속하는 부동산에 관한 등기는 <u>그 사단의 명의로 대표자 또는 관리인이</u> 등기를 신청할 수 있다.

13 ③
종중이 등기를 신청할 경우 <u>정관 기타 규약을 제출하여야 한다</u>.

14 ⑤
법인 아닌 사단이 등기의무자인 경우에는 부동산등기용등록번호를 증명하는 서면을 첨부하지 아니하고, 법인 아닌 사단이 <u>등기권리자</u>인 경우에는 부동산등기용등록번호를 증명하는 서면을 첨부하여야 한다.

Point 30 공동신청 - 등기권리자와 등기의무자의 구별

15 ⑤
부동산이 甲 ⇨ 乙 ⇨ 丙으로 매도되었으나 등기명의가 甲에게 남아 있어 丙이 乙을 대위등기를 신청하는 경우, 절차법상 등기권리자는 <u>乙</u>이 된다.

16 ①
옳은 것은 ㉠㉡㉢이다.
㉣ 전세권 감액을 원인으로 전세권변경등기를 신청하는 경우에 등기권리자는 <u>전세권설정자</u>, 등기의무자는 <u>전세권자</u>이다.

17 ④
채무자변경을 원인으로 저당권변경등기를 신청하는 경우 채무자가 변경되어도 저당권의 변화는 없으므로 등기권리자는 저당권자, 등기의무자는 저당권설정자이다. 저당권등기에서 채무자는 당사자가 아니다.

18 ④
옳은 것은 ㉠㉢이다.
㉠ 甲 소유로 등기된 토지에 설정된 乙 명의의 근저당권을 丙에게 이전하는 등기를 신청하는 경우, 저당권이전등기의 등기권리자는 <u>丙(저당권양수인)</u>, 등기의무자는 <u>乙(저당권자 또는 저당권양도인)</u>이다.
㉡ 甲에서 乙로, 乙에서 丙으로 순차로 소유권이전등기가 이루어졌으나 乙 명의의 등기가 원인무효임을 이유로 甲이 丙을 상대로 丙 명의의 등기 말소를 명하는 확정판결을 얻은 경우, <u>甲이 乙을 대위하여 丙 명의의 등기를 말소하므로 등기권리자는 乙, 등기의무자는 丙이다</u>.

㉢ 채무자 甲에서 乙로 소유권이전등기가 이루어졌으나 甲의 채권자 丙이 등기원인이 사해행위임을 이유로 그 소유권이전등기의 말소판결을 받은 경우, <u>乙의 등기가 말소되고 소유권이 甲에게 복귀하므로 등기권리자는 甲이다</u>.

19 ③
옳은 것은 ㉠㉢㉣이다.
㉡ 채권자대위등기를 신청하는 경우, <u>채권자</u>가 등기신청인이 된다.

Point 31 단독신청

20 ④
신탁재산에 속하는 부동산의 신탁등기는 <u>수탁자</u>가 단독으로 신청한다.

21 ③
공동신청에 의하여야 할 등기는 ㉠㉣이다.
㉡ 가처분권리자가 가처분에 기한 소유권이전등기를 신청하는 경우 가처분등기 후에 경료된 제3자 명의의 소유권이전등기의 말소등기는 동시에 <u>단독</u>으로 신청한다.
㉢ 승역지에 지역권설정등기를 하였을 경우, 요역지 지역권등기는 <u>등기관이 직권으로</u> 등기한다.
㉣ 가등기의 이해관계인이 가등기명의인의 승낙서를 첨부하면 <u>단독으로 가등기말소를 신청할 수 있다</u>.

22 ⑤
피담보채권의 소멸에 의해 근저당권설정등기의 말소등기는 등기권리자와 등기의무자가 공동으로 신청한다.

23 ②
단독으로 등기신청할 수 있는 것은 ㉠㉡이다.
㉠㉡ 가등기명의인의 가등기말소등기 신청 또는 토지를 수용한 한국토지주택공사의 소유권이전등기 신청은 <u>단독</u>으로 신청할 수 있다.
㉢ 근저당권의 채권최고액을 감액하는 근저당권자의 변경등기 신청은 공동으로 한다.
㉣ 포괄유증을 원인으로 하는 수증자의 소유권이전등기 신청은 공동으로 한다.

24 ③
매매계약이 무효라는 확인판결에 의한 소유권이전등기의 말소등기신청은 허용되지 아니한다(2024.11.25. 등기예규 제1786호).

지문분석

① 공유물분할의 판결이 확정되거나 재판상 화해가 성립되면 공유자는 각자 분할된 부분에 대한 단독소유권을 취득하게 되므로, 그 소송의 당사자는 원·피고에 관계없이 그 확정판결이나 화해조서정본을 첨부하여 등기권리자 단독으로 공유물분할을 원인으로 한 지분이전등기를 신청할 수 있다(2024.11.25, 등기예규 제1786호).
② 법 제23조 제4항의 판결은 확정판결이어야 한다. 따라서 확정되지 아니한 가집행선고가 붙은 판결에 의하여 등기를 신청한 경우 등기관은 그 신청을 각하하여야 한다.
④ 근저당권설정등기를 명하는 판결주문에 필수적 기재사항인 채권최고액이나 채무자가 명시되지 아니한 경우에도 등기를 신청할 수 없다(2024.11.25, 등기예규 제1786호).
⑤ 소유권이전등기절차의 이행을 명하는 판결이 확정된 후 10년이 경과한 경우에도 판결에 의한 등기를 신청할 수 있다.

25 ⑤
판결에 의하여 소유권이전등기를 신청하는 경우에 해당 허가서 등의 현존사실이 판결서 등에 기재되어 있어도 별도의 행정관청의 허가 등을 증명하는 서면은 제출하여야 한다.

Point 32 제3자에 의한 등기신청

26 ②
상속인에 의한 등기의 등기원인은 상속 외의 원인(매매 등)이고, 등기원인일자는 생전의 매매계약서 작성일이 된다. 이와는 달리 상속으로 인한 등기의 등기원인은 상속이 된다.

핵심 상속으로 인한 등기와 포괄승계인(상속인)에 의한 등기의 구별

구분	상속으로 인한 등기	포괄승계인(상속인)에 의한 등기
등기원인	상속	상속 외의 원인 (피상속인과 제3자의 매매 등)
등기신청	단독신청	상속인과 제3자의 공동신청
등기원인 정보	가족관계등록부	매매계약서 등
등기필 정보	첨부 불필요	첨부 필요(피상속인)
인감증명	첨부 불필요	첨부 필요(상속인)

27 ③
채권자가 채무자를 대위하여 등기를 신청하는 경우 채무자로부터 채권자 자신으로의 등기를 동시에 신청하지 않는 때라도 이를 수리하여야 한다.

28 ④
옳은 것은 ㉠㉢㉣이다.
㉡ 대위등기신청에서는 甲이 등기신청인이다.

29 ④
틀린 것은 ㉠㉢㉣이다.
㉠ 일부의 구분건물의 소유자가 소유권보존등기를 신청하는 경우 다른 구분건물의 소유자를 대위하여 그 건물의 표시에 관한 등기를 신청할 수 있다.
㉢ 가등기말소등기는 공동신청이 원칙이지만 등기상 이해관계인은 가등기명의인의 승낙서 또는 이에 대항할 수 있는 재판의 등본을 첨부한 때에는 단독으로 가등기말소를 신청할 수 있다. 즉, 대위신청이 아니라 단독신청이다.
㉣ 구분건물로서 그 대지권의 변경이 있는 경우에는 구분건물의 소유권의 등기명의인은 1동의 건물에 속하는 다른 구분건물의 소유권의 등기명의인을 대위하여 그 변경등기를 신청할 수 있다.

30 ①
상속인이 한정승인 또는 상속포기를 할 수 있는 기간 내에 상속등기를 한 때에는 상속의 단순승인으로 인정된 경우가 있을 것이나, 상속등기가 상속재산에 대한 처분행위라고 볼 수 없으므로 채권자가 상속인을 대위하여 상속등기를 하였다 하더라도 단순승인의 효력을 발생시킬 수는 없다. 상속인의 한정승인 또는 포기할 수 있는 권한에는 아무런 영향도 미치는 것이 아니므로 채권자의 대위권행사에 의한 상속등기를 거부할 수 없다(대결 1964.4.3, 63마54).

Point 33 등기신청의무

31 ③
토지의 멸실등기를 하는 경우는 과태료 부과대상이 아니다.

32 ⑤
만일 甲이 乙에게 X부동산을 매도하였다면, 쌍무계약에 의한 소유권이전등기신청은 반대급부의 이행이 완료된 날로부터 60일 이내에 신청하여야 한다.

33 ⑤
㉠ 부동산의 소유권이전을 내용으로 하는 계약을 체결한 자는 계약당사자의 일방만이 채무를 부담하는 경우에는 계약의 효력이 발생한 날로부터 60일 이내에 소유권이전등기를 신청하여야 한다.

Point 34 등기신청정보 및 첨부정보

34 ①
관할 등기소가 다른 여러 개의 부동산과 관련하여 공동저당의 등기를 신청하는 경우에는 해당 부동산 전부에 관한 사항을 신청정보의 내용으로 등기소에 제공하여야 한다.

35 ②

지문분석
① 등기의무자의 등기필정보를 첨부하여야 한다.
③ 표시번호는 등기소에서 기록한다.
④ 신청인이 법인인 경우에 그 대표자의 성명과 주소를 기록한다.
⑤ 대리인이 등기를 신청하는 경우에 대리인의 성명과 주소를 기록한다.

36 ⑤
같은 채권의 담보를 위하여 여러 개의 부동산에 대한 저당권설정등기를 신청하는 경우, 부동산의 관할등기소가 서로 다르면 1건의 신청정보로 일괄하여 등기를 신청할 수 있다.

37 ②
무허가건물이나 미등기건물이라도 검인을 받아야 한다(1994. 3.28, 등기선례 제4-93호).

지문분석
① 등기원인정보가 집행력 있는 판결서 정본인 경우 검인대상이다.
③ 신탁해지약정서를 원인서면으로 하여 소유권이전등기를 신청하는 경우 검인대상이다.
④ 계약해지로 인한 소유권이전등기의 말소등기는 소유권이전등기에 해당하지 않으므로 검인대상이 아니다.
⑤ 토지거래허가를 받은 경우 건물에 대하여 별도의 검인은 요하지 아니한다.

38 ⑤
토지수용으로 인한 소유권이전등기를 신청할 때에 등기원인이 계약이 아닌 수용이므로 등기원인정보인 재결서 또는 협의성립확인서에는 검인을 받지 아니한다.

39 ⑤
검인을 받아야 하는 경우는 ㉢㉣㉤이다.
계약을 원인으로 소유권이전등기를 신청할 때에는 계약서에 검인신청인을 표시하여 부동산의 소재지를 관할하는 시장·군수 또는 그 권한의 위임을 받은 자의 검인을 받아 관할 등기소에 이를 제출하여야 한다(「부동산등기 특별조치법」제3조 제1항). 공유물분할합의, 양도담보계약, 명의신탁해지약정 등의 경우는 계약이 원인인 경우에 해당하므로 검인을 받아야 한다.

40 ⑤
소유권이전청구권가등기를 신청하는 경우에는 실거래가액 등기대상이 아니고, 소유권이전청구권가등기에 의한 본등기를 신청하는 경우에 실거래가액등기를 하여야 한다.

> **보충 거래신고필증과 매매목록**
>
> 1. 거래가액의 등기의 대상
>   - 2006.1.1. 이후 작성된 매매계약서를 등기원인증서로 하여 소유권이전등기를 신청하는 경우
>   - 소유권이전청구권가등기에 의한 본등기를 신청하는 경우
> 2. 매매목록의 제출이 필요한 경우: 매매목록에는 거래가액 및 목적부동산을 기재
>   - 1개의 신고필증에 2개 이상의 부동산이 기재되어 있는 경우
>   - 신고필증에 기재된 부동산이 1개라 하더라도 수인과 수인 사이의 매매인 경우

41 ⑤
등기관이 거래가액을 등기할 때에는 등기기록 중 갑구의 권리자 및 기타사항란에 거래가액을 기록하는 방법으로 등기한다(규칙 제125조).

42 ①

지문분석
② 환매등기를 신청하는 경우에 등기의무자의 등기필정보를 첨부하지 아니한다.
③ 유증을 원인으로 하는 소유권이전등기는 공동신청에 의한 등기이므로 등기의무자인 유증자의 등기필정보를 첨부하여야 한다.
④ 등기 후 등기의무자에게 등기사실을 알린다.
⑤ 가등기에 기한 본등기시에는 가등기의무자의 권리에 관한 등기필정보를 첨부하는 것이지 가등기필정보를 첨부하는 것이 아니다.

43 ③
등기필정보는 재발급하지 아니한다.

44 ③
등기의무자 또는 그 법정대리인이 신청서 중 등기의무자의 작성부분에 공증을 받아 그 부본 1통을 제출하면 된다. 확정일자는 임대차에 관련되는 제도이다.

45 ①

지문분석

② 법정대리인이 등기를 신청하는 경우, 등기필정보는 법정대리인에게 통지된다(규칙 제108조 제2항).
③ 등기절차의 인수를 명하는 판결에 따라 승소한 등기의무자가 단독으로 등기를 신청하는 경우, 등기필정보를 등기소에 제공하여야 한다.
④ 등기권리자의 채권자가 등기권리자를 대위하여 등기신청을 한 경우, 등기필정보는 등기권리자에게 작성·교부하지 아니한다. 채권자대위등기의 경우에 등기신청인과 등기명의인이 불일치하므로 등기필정보를 작성·교부하지 아니한다(규칙 제109조 제2항).
⑤ 등기명의인의 포괄승계인은 등기필정보의 실효선고를 할 수 있다(규칙 제110조 제1항).

46 ⑤
등기필정보를 작성·교부하는 경우는 ⓒⓜ이다.
㉠ 권리의 보존, 설정, 이전등기를 경료한 경우에는 등기필정보를 작성·교부한다. 그러나 말소등기를 경료한 경우에는 작성·교부하지 아니한다.
㉡ 등기명의인 표시변경등기의 경우에 등기필정보는 작성하지 않는다.
㉢ 甲 단독소유를 甲·乙 공유로 경정하는 경우에는 등기필정보를 작성한다.
㉣ 등기필정보는 등기신청인과 등기명의인이 일치하는 경우에 작성한다.
㉤ 권리의 설정 또는 이전청구권 보전을 위한 가등기를 경료한 경우에 등기필정보를 작성·교부한다.

47 ③

지문분석

① 「부동산등기법」 제3조 기타 법령에서 등기할 수 있는 권리로 규정하고 있는 권리를 보존, 설정, 이전하는 등기를 하는 경우에 등기필정보를 작성 및 통지하여야 한다.
② 등기명의인 표시를 경정 또는 변경등기를 하는 경우에 등기필정보를 작성 및 통지하지 아니한다.
④ 채권자대위에 의한 등기를 경료한 경우에 등기명의인을 위한 등기필정보를 작성·교부하지 아니한다.
⑤ 승소한 등기권리자의 신청에 의한 등기를 경료한 경우에 등기명의인을 위한 등기필정보를 작성·교부한다.

48 ⑤
소유권에 관한 가등기명의인이 가등기의 말소등기를 신청하는 경우 가등기명의인의 인감증명을 첨부하여야 한다.

49 ③

지문분석

① 등기필정보를 분실한 소유권 외의 권리의 등기명의인이 등기소에 직접 출석하여 등기관의 확인조서를 작성하는 방법으로 등기를 신청하는 경우는 인감증명을 첨부하여야 한다.
② 협의분할에 의한 상속등기시에 상속인 전원의 인감증명서가 필요하다.
④ 인감증명을 제출하여야 하는 자가 다른 사람에게 권리의 처분권한을 수여한 경우에는 그 대리인의 인감증명을 함께 제출하여야 한다.
⑤ 법정대리인의 인감만 필요하다.

50 ①
상속, 포괄유증, 상속인에 대한 특정적 유증, 취득시효 완성 등을 원인으로 하여 소유권이전등기를 신청하는 경우에는 농지취득자격증명의 첨부를 요하지 아니한다.

51 ③
토지거래허가구역 내의 토지매매계약체결일에 허가를 받지 못하여 등기신청을 못하고 있던 중 규제지역의 지정이 해제된 경우 토지거래허가세는 계약체결시와 등기신청시 모두 허가구역인 경우에만 제출한다.

52 ③
옳은 것은 ㉠㉡㉢이다.
㉣ 농지에 대한 소유권이전등기를 신청하는 경우, 등기원인을 증명하는 정보가 집행력 있는 판결인 때에는 특별한 사정이 없는 한 농지취득자격증명을 첨부하여야 한다.

53 ①
등기권리자와 등기의무자가 권리에 관한 등기를 공동으로 신청하는 경우와 등기절차의 인수를 명하는 판결에서 승소한 등기의무자가 단독으로 권리에 관한 등기를 신청하는 경우에는 등기의무자의 등기필정보를 신청정보의 내용으로 제공하여야 한다(등기예규 제1647호).

54 ②

지문분석

① 법인의 부동산등기용등록번호는 주된 사무소(회사의 경우에는 본점, 외국법인의 경우에는 국내에 최초로 설치 등기를 한 영업소나 사무소를 말한다) 소재지 관할등기소의 등기관이 부여한다.
③ 외국인의 등록번호는 체류지(국내에 체류지가 없는 경우에는 대법원 소재지에 체류지가 있는 것으로 본다)를 관할하는 지방출입국·외국인관서의 장이 부여한다.
④ 법인 아닌 사단이나 재단의 등록번호는 시장(「제주특별자치도 설치 및 국제자유도시 조성을 위한 특별법」 제10조 제2항에 따른 행정시의 시장을 포함하며, 「지방자치법」 제3조 제3항에 따라 자치구가 아닌 구를 두는 시의 시장은 제외한다), 군수 또는 구청장(자치구가 아닌 구의 구청장을 포함한다)이 부여한다.
⑤ 국내에 영업소나 사무소의 설치 등기를 하지 아니한 외국법인의 등록번호는 시장(「제주특별자치도 설치 및 국제자유도시 조성을 위한 특별법」 제10조 제2항에 따른 행정시의 시장을 포함하며, 「지방자치법」 제3조 제3항에 따라 자치구가 아닌 구를 두는 시의 시장은 제외한다), 군수 또는 구청장(자치구가 아닌 구의 구청장을 포함한다)이 부여한다.

보충: 부동산등기용등록번호 부여기관

국가·지방자치단체·국제기관·외국정부	국토교통부장관이 지정·고시
법인 (외국법인 포함)	그 주된 사무소 소재지를 관할하는 등기소의 등기관이 부여
법인 아닌 사단·재단	시장(「제주특별자치도 설치 및 국제자유도시 조성을 위한 특별법」 제10조 제2항에 따른 행정시의 시장을 포함하며, 「지방자치법」 제3조 제3항에 따라 자치구가 아닌 구를 두는 시의 시장은 제외한다), 군수 또는 구청장(자치구가 아닌 구의 구청장을 포함한다)이 부여
주민등록번호가 없는 재외국민	대법원 소재지를 관할하는 등기소의 등기관이 부여
외국인	체류지(국내에 체류지가 없는 경우에는 대법원 소재지)를 관할하는 지방출입국·외국인관서의 장이 부여

55 ⑤
등기의무자인 경우에만 인감증명이 필요하다.

핵심: 법인 아닌 사단·재단의 등기신청시 첨부정보

1. 정관 그 밖의 규약
2. 대표자·관리인임을 증명하는 서면
3. 대표자·관리인의 주민등록등본
4. 「민법」 제276조의 결의서[사원총회결의서(법인 아닌 사단이 등기의무자인 경우에 한함)]
5. 대표자, 관리인의 인감증명(법인 아닌 사단·재단이 등기의무자인 경우에 한함)
6. 부동산등기용등록번호를 증명하는 서면

56 ⑤
법인 아닌 사단이 부동산을 처분하는 (등기의무자인) 경우에만 사원총회의 결의가 필요하다.

57 ④
토지의 소유권보존등기신청시 도면을 첨부하지 아니한다.

보충: 도면의 첨부 여부

1. 건물의 도면을 첨부하는 경우
   - 1필지나 여러 필지 위에 여러 개의 건물이 있는 경우의 소유권보존등기
   - 구분건물의 소유권보존등기
   - 건물의 일부에 대한 전세권·임차권등기
   - 건물의 분할등기나 구분등기의 경우 1필지에 여러 개의 건물이 있게 되므로 도면을 첨부한다.
2. 지적도를 첨부하는 경우
   토지의 일부에 대한 지상권·지역권·전세권·임차권설정등기 신청시에는 신청서에 지적도를 첨부하여야 한다.

Point 35 전자신청

58 ⑤

지문분석

① 사용자등록을 한 자연인(외국인 포함)과 전자증명서를 발급받은 법인은 전자신청을 할 수 있다.

② 법인 아닌 사단이나 재단의 경우는 그 명칭과 사무소 소재지와 부동산등기용등록번호 외에 그 대표자나 관리인의 성명과 주소 및 <u>주민등록번호를 기록하여야 한다</u>.
③ 변호사나 법무사[법무법인·법무법인(유한)·법무사합동법인을 포함한다](자격자대리인)가 아닌 자는 다른 사람을 대리하여 전자신청을 할 수 <u>없다</u>.
④ 사용자등록을 한 법무사에게 전자신청에 관한 대리권을 수여한 등기권리자는 <u>사용자등록을 하지 아니하여도</u> 법무사가 대리하여 전자신청을 할 수 있다.

59 ②
틀린 것은 ㉠㉣이다.
㉠ 보정사항이 있는 경우 등기관은 보정사유를 등록한 후 <u>전자우편, 구두, 전화 기타 모사전송의 방법</u>에 의하여 그 사유를 신청인에게 통지하여야 한다.
㉣ 전자신청에 대한 각하 결정의 방식 및 고지방법은 <u>서면신청과 동일한 방법으로 처리한다</u>.

60 ⑤
집단사건이나 판단이 어려운 사건과 같이 만일 접수 순서대로 처리한다면 후순위로 접수된 다른 사건의 처리가 상당히 지연될 것이 예상될 경우에는, 이들 신청사건보다 나중에 접수된 사건을 먼저 처리할 수 <u>있다</u>.

Point 36 신청 후의 절차

61 ②
접수번호는 대법원예규에서 정하는 바에 따라 전국 모든 등기소를 통합하여 부여하되, 매년 새로 부여하여야 한다.

62 ⑤
법 제29조의 각하사유는 열거적 사항이므로 등기관은 그 밖의 사유에 의하여 등기신청을 <u>각하할 수 없다</u>.

63 ⑤
가등기가처분명령에 의하여 가등기권리자 甲이 乙 소유건물에 대하여 단독으로 가등기신청을 한 경우는 <u>적법한 신청에 해당한다</u>.

64 ④
'사건이 등기할 것이 아닌 경우'에 해당하는 것은 ㉡㉢㉣이다.
㉠ 위조한 개명허가서를 첨부한 등기명의인 표시변경등기 신청은 법 제29조 <u>제9호</u> '등기에 필요한 첨부정보를 제공하지 아니한 경우'에 해당하므로 법 제29조 제2호 위반에 해당하지 아니한다.

65 ④
㉣ 소유권 외의 권리가 등기되어 있는 일반건물에 대해 멸실등기를 신청한 경우는 적법한 등기신청에 해당한다.

66 ①
'사건이 등기할 것이 아닌 때'에 해당하지 않는 것은 ㉠㉢㉤이다. ㉡㉣은 각하사유인 법 제29조 제2호 위반에 해당한다.
㉠ 가처분등기 후 그에 반하는 소유권이전등기는 허용되며 <u>가처분권자가 본안소송 후 말소를 신청할 수 있다</u>.
㉢ 가등기도 처분이 가능하므로 <u>가등기상의 권리의 처분을 금지하는 가처분등기는 허용된다</u>.
㉤ 직권에 의한 등기명의인 표시변경등기의 예에 해당한다.

 등기할 사항인 권리변동과 등기할 사항이 아닌 권리변동

등기할 사항인 권리변동	등기할 사항이 아닌 권리변동(법 제29조 제2호)
• 소유권의 일부(지분)에 대한 이전·처분제한·저당권 등기	• 부동산의 특정일부에 대한 이전·처분제한·저당권 설정등기
• 부동산의 특정일부에 대한 용익물권	• 가등기에 기한 본등기금지 가처분등기
• 미등기건물에 대한 강제경매기입등기 촉탁시	• 가등기권리자 중 1인이 공유물보존행위에 준하여 신청한 부동산 전체에 대한 본등기
• 가등기상 권리의 처분금지 가처분	
• 여러 명의 가등기권리자 중 자기지분만에 대한 본등기신청	• 공동상속인 중 자기지분만에 대한 상속등기신청
• 처분금지가처분 이후의 새로운 등기신청	• 공유자 중 일부의 자기지분만에 대한 소유권보존등기신청
• 공동상속인 중 일부의 자가 신청한 상속인 전원명의의 상속등기	• 합유자의 지분에 대한 합유지분이전등기
• 공유자 중 일부의 자가 신청한 공유자 전원명의의 소유권보존등기	• 유언자가 생존 중에 신청한 유증으로 인한 소유권이전청구권보전가등기
• 여러 명의 수증자 중 자기지분만에 대한 소유권이전등기신청	• 구분소유자가 전유부분과 분리하여 대지사용권을 처분하는 등기를 신청하는 경우

67 ④
동일한 신청서로 여러 개의 부동산에 관한 등기신청을 한 경우 일부 부동산에 대한 등기신청을 취하할 수 <u>있다</u>.

68 ②

> **지문분석**

① 등기관은 등기신청서류를 심사하여 흠결을 발견하였을 경우 이를 보정하도록 명령하거나 석명할 의무는 없다.
③ 등기관이 등기신청에 대하여 보정을 명하는 경우에 보정할 사항을 구체적으로 적시하고 그 근거법령이나 예규, 보정기간 등을 제시하여야 한다.
④ 방문신청의 보정은 반드시 등기관의 면전에서 하여야 하며 보정을 위하여 신청서 또는 그 부속서류를 신청인에게 반환할 수 없다.
⑤ 법 제29조 제1호·제2호 위반의 등기만 직권말소할 수 있다.

Point 37 이의신청

69 ④

소극적 부당은 모두 이의신청할 수 있으나, 등기신청과 관련한 적극적 부당은 법 제29조 제1호(관할위반)·제2호(사건이 등기할 것이 아닌 경우)의 경우에만 이의신청을 할 수 있다.

> **지문분석**

①⑤ 적극적 부당으로 법 제29조 제1호(①)·제2호(⑤)에 해당하여 이의신청의 대상이 된다.
②③ 소극적 부당으로 이의신청의 대상이 된다.

70 ③

틀린 것은 ㉠㉡㉢이다.
㉠ 이의에는 집행정지의 효력이 없다.
㉡ 이의신청자는 새로운 사실을 근거로 이의신청을 할 수 없다.
㉢ 등기관은 이의가 이유 없다고 인정하면 이의신청일로부터 3일 이내에 의견을 붙여 이의신청서를 그 결정 또는 처분을 한 등기관이 속한 지방법원(관할 지방법원)에 보내야 한다.

71 ②

등기관의 결정 또는 처분에 이의가 있는 자는 그 결정 또는 처분을 한 등기관이 속한 지방법원(관할 지방법원)에 이의신청을 할 수 있다. 이의의 신청은 결정 또는 처분을 한 등기관이 속한 등기소에 이의신청서를 제출하는 방법으로 한다(법 제100조, 제101조).

72 ②

채권자가 채무자를 대위하여 완료된 등기가 채무자의 신청에 의하여 말소된 경우 그 말소처분에 대하여 채권자는 등기상 이해관계인으로서의 이의신청을 할 수 있다(2020.7.21, 등기예규 제1689호).

> **핵심** 이의신청할 수 있는지의 여부에 대한 구체적 예시(등기예규 제1689호)

1. 채권자가 채무자를 대위하여 경료한 등기가 채무자의 신청에 의하여 말소된 경우 그 말소처분에 대하여 채권자는 등기상 이해관계인으로서 이의신청을 할 수 있다.
2. 상속인이 아닌 자는 상속등기가 위법하다고 하여 이의신청을 할 수 없다.
3. 저당권설정자는 저당권의 양수인과 양도인 사이의 저당권이전의 부기등기에 대하여 이의신청을 할 수 없다.
4. 등기의 말소신청에 있어서 법 제57조 소정의 이해관계 있는 제3자의 승낙서 등 서면이 첨부되어 있지 아니하였다는 사유는 제3자의 이해에 관련된 것이므로 말소등기의무자는 말소처분에 대하여 이의신청을 할 수 있는 등기상 이해관계인에 해당되지 아니하여 이의신청을 할 수 없다.

73 ⑤

등기관은 대장과 등기기록을 일치시키고 세금 징수의 편의를 위하여 소유권의 변동이 있는 경우에만 대장소관청(시장, 군수, 구청장)에 알려야 한다.

> **핵심** 대장소관청에 등기완료통지를 하는 경우

1. 소유권보존 또는 이전등기시(가등기 불포함)
2. 소유권의 등기명의인의 표시변경·경정등기시
3. 소유권의 변경·경정등기시
4. 소유권의 말소·말소회복등기시
   다만, 소유권에 대한 처분제한등기(압류, 가압류, 가처분 등)의 경우에는 등기완료통지를 하지 아니한다.

74 ⑤

㉠㉡㉢㉣ 모두 해당한다.

등기관이 등기를 완료한 때에는 등기완료통지서를 작성하여 신청인 및 다음에 해당하는 자에게 등기완료사실을 통지하여야 한다(등기예규 제1841호).
• 승소한 등기의무자의 등기신청에 있어서 등기권리자
• 대위채권자의 등기신청에 있어서 등기권리자
• 직권보존등기에 있어서 등기명의인
• 등기필정보(등기필증 포함)를 제공해야 하는 등기신청에서 등기필정보를 제공하지 않고 확인정보 등을 제공한 등기신청에 있어서 등기의무자
• 공유자 중 일부가 「민법」 제265조 단서에 따른 공유물의 보존행위로서 공유자 전원을 등기권리자로 하여 권리에 관한 등기를 신청한 경우 그 나머지 공유자(예 공동상속인 중 일부가 상속등기를 신청한 경우 신청인이 아닌 공동상속인)
• 관공서의 등기촉탁에 있어서 그 관공서

03 ④

소유권 · 지상권 · 전세권 · 임차권 및 승역지에 하는 지역권의 등기 외의 권리에 관한 등기가 있는 토지에 대하여는 합필(合筆)의 등기를 할 수 없다. 다만, 모든 토지에 대하여 등기원인 및 그 연월일과 접수번호가 동일한 저당권에 관한 등기가 있는 경우, 신탁원부의 등기사항이 동일한 신탁등기가 있는 경우에는 그러하지 아니하다.

04 ③

합필등기를 신청할 수 있는 것은 ㉠㉡㉣이다.
㉠ 용익권등기가 존재하는 경우에는 합필등기가 허용된다.
㉡ 2필지 이상의 토지가 「공간정보의 구축 및 관리 등에 관한 법률」의 규정에 따라 합병된 후 합필등기가 되기 전에 합병토지의 일부에 합필등기를 제한하는 권리의 등기가 있는 경우에도 해당 합병토지의 소유자는 이해관계인의 승낙서를 첨부하여 그 권리의 목적물을 합필 후의 토지에 관한 지분으로 하는 합필등기를 신청할 수 있다.
㉢ 甲토지와 乙토지에 관하여 모두 등기원인 및 그 연월일과 접수번호가 동일한 체납처분에 의한 압류등기가 경료되어 있는 경우는 소유자가 달라질 수 있으므로 합필등기가 허용되지 아니한다.
㉣ 합병하려는 모든 건물에 있는 신탁원부의 등기사항이 동일한 신탁등기가 존재하는 경우에는 합필할 수 있다.

05 ④

소유권 · 전세권 및 임차권의 등기 외의 권리에 관한 등기가 있는 건물에 관하여는 합병의 등기를 할 수 없다(법 제42조 제1항).

06 ②

건물이 멸실되어 멸실등기를 신청하는 경우에는 멸실 또는 부존재를 증명하는 건축물대장등본이나 이를 증명하는 판결서 등을 첨부하면 족하고, 반드시 건축물대장을 첨부하여야 하는 것은 아니다.

Point 38 표시에 관한 등기

01 ④

지문분석

① 변경등기는 등기사항의 일부의 변경시 후발적 불일치를 일치시키기 위하여 행하는 등기이다.
② 행정구역의 명칭의 변경이 있는 경우 등기관의 직권에 의한 부동산표시변경등기가 인정된다.
③ 부동산의 변경등기는 주등기에 의한다.
⑤ 건물의 구조가 변경되어 변경등기를 하는 경우에는 종전 등기사항을 말소한다.

02 ③

합필하려는 모든 토지에 있는 등기원인 및 그 연월일과 접수번호가 동일한 저당권에 관한 등기가 있는 경우에도 합필의 등기를 할 수 있다(창설적 공동저당).

Point 39 경정등기

07 ②

법인 아닌 사단과 법인은 등기의 동일성이 인정되지 않으므로 경정등기의 대상이 아니다.

08 ③
옳은 것은 ㉡㉢이다.
㉠ 단독소유를 공유로 하거나 공유를 단독소유로 하는 경우는 등기명의인 표시경정이 아니라 권리에 관한 경정으로서 처리한다.
㉣ 법인 아닌 사단을 법인으로 경정하는 등기를 신청하는 등 동일성을 해하는 등기명의인 표시경정등기신청은 수리할 수 없다.

09 ①
등기관은 등기의 착오 또는 빠진 부분이 등기관의 잘못으로 인한 것임을 발견한 경우에는 지체 없이 이를 경정하여야 한다. 다만, 등기상 이해관계 있는 제3자가 있는 경우에는 제3자의 승낙이 있어야 한다.

제5장 권리에 관한 등기 p.200~237

01	①	02	③	03	⑤	04	④	05	④
06	①	07	②	08	①	09	①	10	⑤
11	④	12	③	13	⑤	14	①	15	③
16	④	17	④	18	⑤	19	⑤	20	③
21	②	22	④	23	④	24	④	25	②
26	④	27	⑤	28	④	29	①	30	④
31	②	32	③	33	②	34	①	35	④
36	③	37	④	38	④	39	⑤	40	④
41	②	42	⑤	43	①	44	④	45	④
46	④	47	④	48	④	49	④	50	④
51	④	52	④	53	④	54	④	55	②
56	③	57	④	58	②	59	④	60	②
61	②	62	④	63	④	64	⑤	65	④
66	④	67	②	68	④	69	④	70	④
71	②	72	⑤	73	④	74	③	75	②
76	④	77	③	78	⑤	79	④	80	①
81	③								

Point 40 권리등기의 통칙

01 ①
등기관이 권리의 변경등기를 할 때에는 부기로 하여야 한다. 다만, 등기상 이해관계 있는 제3자의 승낙이 없는 경우에는 그러하지 아니하다(법 제52조).

02 ③
등기관이 권리의 변경이나 경정의 등기를 할 때에는 부기등기로 하여야 한다. 다만, 권리의 변경이나 경정의 등기는 등기상 이해관계 있는 제3자의 승낙이 없는 경우에는 그러하지 아니하다(법 제52조).

03 ⑤
권리변경등기의 경우에 등기상 이해관계 있는 제3자가 있는 경우 그의 승낙서나 재판의 등본을 첨부하면 부기등기로, 첨부하지 않으면 주등기로 등기를 할 수 있다.

04 ④
소유권이전등기시에 주소증명서면을 첨부하므로 이 경우에만 등기관은 그 첨부된 서면에 의하여 직권으로 그 변경등기를 할 수 있다.

지문분석
① '주민등록표등본'이나 '가족관계등록부'는 「부동산등기법」상의 등기원인정보에 해당한다.
② 등기명의인의 표시변경등기는 부기등기에 의하고, 등기를 한 경우에는 종전 등기에 말소하는 표시를 하여야 한다(법 제52조 제1호).
③ 소유권 외의 권리의 말소등기를 함에 있어서 그 표시변경을 증명하는 서면을 첨부하여 그 등기명의인의 표시변경등기를 생략할 수 있다.
⑤ 등기명의인 표시변경등기는 표시등기에 해당하므로 등기상 이해관계 있는 제3자가 존재하지 아니한다. 그러므로 저당권설정자의 승낙을 받을 필요가 없다.

05 ④

지문분석
① 저당권이전등기 후 저당권말소등기를 신청하는 경우 저당권의 양수인은 저당권설정자와 공동으로 신청한다.
② 근저당권설정등기 후 소유권이 제3자에게 이전된 경우, 제3취득자와 근저당권자 또는 근저당권설정자와 근저당권자가 공동으로 그 근저당권말소등기를 신청할 수 있다.
③ 말소할 권리가 전세권 또는 저당권인 경우에 제권판결에 의하지 않고 전세금반환증서 또는 영수증에 의하여 등기권리자가 단독으로 말소등기를 신청할 수 없다.

⑤ 등기관이 가등기 이후의 등기를 직권으로 말소하였을 때에는 지체 없이 그 사실을 말소된 권리의 등기명의인에게 통지하여야 한다(법 제92조 제2항).

06 ①
환매권 행사로 권리취득의 등기(소유권이전등기)를 하면 등기관이 직권으로 환매특약의 등기를 말소하나, 환매권 행사 외의 사유로 환매권이 소멸한 경우에는 당사자들의 '공동'신청에 의하여 환매특약등기를 말소하여야 한다.

07 ②
이해관계 있는 제3자에 해당하는 것은 ㉠㉢이다.
㉠ 지상권등기를 말소하는 경우 그 지상권을 목적으로 하는 저당권자, ㉢ 소유권보존등기를 말소하는 경우 가압류권자는 말소될 권리를 목적으로 하고 있으므로 말소등기의 이해관계인에 해당한다.

08 ①
말소등기시 이해관계인은 말소등기가 실행됨으로써 등기기록상 형식적으로 손해를 보는 자이나, 순위 1번 저당권설정등기를 말소하는 경우 순위 2번으로 설정된 전세권자는 유리한 자이므로 이해관계인이 아니다.

09 ①
가처분채권자의 신청에 따라 가처분채권자의 권리를 침해하는 가처분등기 이후의 등기를 말소하는 경우 해당 가처분등기는 등기관이 직권으로 말소한다.

지문분석
② 지상권설정의 본등기를 경료하면 소유권이전등기는 양립할 수 있으므로 직권말소할 수 없다.
③ 수용으로 인한 소유권이전등기를 하는 경우에 그 부동산을 위하여 존재하는 지역권등기는 직권으로 말소할 수 없다.
④ 위조된 서류에 의하여 경료된 등기는 각하사유 중 법 제29조 제3호 이하에 해당하므로 직권으로 말소할 수 없다.
⑤ 위조된 서류에 의하여 경료된 등기이므로 직권말소할 수 없다.

직권말소등기
1. 법 제29조 제1호(관할위반)·제2호(사건이 등기할 것이 아닌 경우)에 위반된 등기
2. 환매권행사에 의한 권리취득등기를 한 경우의 환매특약등기
3. 가등기에 기한 본등기 후 가등기와 본등기 사이에 행하여진 중간처분의 등기
4. 토지수용에 의한 소유권이전등기시 그 부동산 위에 존재하는 소유권이나 소유권 외의 권리의 등기(다만, 그 부동산을 위하여 존재하는 지역권과 재결로 존속된 권리는 제외된다)
5. 말소등기시 등기상 이해관계 있는 제3자의 등기의 말소

🔍 지상권을 목적으로 하는 저당권설정등기는 지상권말소등기시 직권말소된다.

10 ⑤
판례에 의하면 등기관의 잘못으로 부적법하게 말소된 경우에는 등기관이 직권으로 회복등기를 하여야 하고, 말소회복등기절차 이행을 소(訴)로써 구할 이익이 없다.

11 ④
순위 1번의 저당권등기를 회복함에 있어서 그 저당권의 말소등기 전에 설정등기를 한 순위 2번의 저당권자는 회복등기가 시행됨으로써 등기기록상 형식적으로 손해를 입는 사람이므로 이해관계인이 될 수 있다.

Point 41 소유권보존등기

12 ③
지문분석
① 그 이후의 권리변동은 등기기록을 중심으로 하여 이루어진다.
② 특별자치도지사, 시장, 군수 또는 구청장의 확인에 의하여 자기의 소유권을 증명하는 자[건물의 경우로 한정한다(법 제65조 제4호)]는 소유권보존등기를 신청할 수 있다.
④ 1동의 건물에 속하는 구분건물 중 일부만에 관하여 소유권보존등기를 신청하는 경우에는 나머지 구분건물의 표시에 관한 등기를 동시에 신청하여야 한다.
⑤ 소유권보존등기는 1필지의 토지 또는 1동의 건물 전부에 관하여 이를 신청하여야 하고, 그 부동산의 특정된 일부나 공유자 어느 지분만에 관하여는 이를 신청할 수 없다.

13 ⑤
체납처분으로 인한 압류등기는 법원의 촉탁등기에 해당하지 아니하므로 직권에 의한 소유권보존등기의 사유에 해당하지 아니한다.

14 ①
소유권보존등기를 신청하는 경우에는 법 제65조 각 호의 어느 하나에 따라 등기를 신청한다는 뜻을 신청정보의 내용으로 등기소에 제공하여야 한다. 이 경우 등기원인과 그 연월일은 신청정보의 내용으로 등기소에 제공할 필요가 없다(규칙 제121조 제1항).

15 ③
군수의 확인에 의해 소유권을 증명하여 소유권보존등기를 신청할 수 있는 경우는 건물의 경우로 한정한다. 토지의 경우에는 관련이 없다(법 제65조 제4호).

16 ④
건축물대장의 소유자표시란이 공란이거나 소유자표시에 일부 누락이 있어 대장상의 소유자를 확정할 수 없는 미등기 건물에 관하여 甲이 시장·군수·구청장을 상대로 하여 해당 건물이 그의 소유임을 확인하는 내용의 확정판결을 받았다면, 甲은 그 판결정본을 첨부하여 그 명의의 소유권보존등기를 신청할 수 있다(2013.2.22, 등기예규 제1483호).

17 ④
소유권보존등기 신청시에 제3자 허가·동의·승낙에 관한 정보를 필요로 하지 아니하므로 토지거래허가서를 첨부하지 아니한다.

 첨부정보

첨부할 정보	첨부하지 않는 정보
• 대장등본 기타 소유자 증명서면(판결서 등) • 신청인 주소증명정보 • 도면(1필지에 여러 개 건물의 보존등기시)	• 등기원인정보 • 등기원인에 대한 제3자의 허가·동의·승낙정보 • 등기의무자의 등기필정보, 인감증명

Point 42 소유권 일부이전

18 ⑤
공유자 중 1인의 지분포기로 인한 소유권이전등기는 지분을 포기하는 공유자와 잔존공유자가 공동으로 신청하여야 한다.

19 ⑤
지문분석
① 부동산의 특정 일부 또는 공유자 중 1인의 자기공유지분만에 대한 소유권보존등기는 허용되지 않는다.
② 공유자 중 1인의 지분포기로 인한 소유권이전등기는 공동으로 신청한다.
③ 등기된 공유물 분할금지기간 약정을 갱신하는 경우에 공동으로 신청한다.
④ 공유지분에 대한 전세권설정등기는 허용되지 아니한다.

20 ③
옳은 것은 ㉡㉢이다.
㉠ 공유물분할금지약정과 부동산의 소유권 일부에 관한 이전등기는 다른 사항이므로 허용된다.
㉣ 공유물분할금지약정이 등기된 경우, 그 약정의 변경등기는 공유자 전원이 공동으로 신청할 수 있다.

21 ②
지문분석
① 합유자 1인이 다른 합유자 전원의 동의를 얻어 자신의 지분을 제3자에게 처분하는 경우, 합유명의인 변경등기를 한다.
③ 농지에 대하여 공유물분할을 원인으로 한 소유권이전등기를 신청하는 경우, 농지취득자격증명을 첨부하지 아니한다.
④ 「민법」상 조합의 소유인 부동산을 등기할 경우, 조합원 전원의 명의로 합유등기를 한다.
⑤ 법인 아닌 사단 A 명의의 부동산에 관해 A와 B의 매매를 원인으로 이전등기를 신청하는 경우, 비법인 사단이 등기의무자이므로 A의 사원총회결의가 있음을 증명하는 정보를 첨부하여야 한다.

22 ③
합유지분을 처분한 합유자와 합유지분을 취득한 합유자 및 잔존합유자의 공동신청으로 '○년 ○월 ○일 합유자 변경을 원인으로 한 잔존합유자 및 합유지분을 취득한 합유자의 합유로 하는 합유명의인 변경등기신청을 하여야 하고, 이 경우 합유지분을 처분한 합유자의 인감증명을 첨부하여야 한다(1998.1.14, 등기예규 제911호).

Point 43 소유권이전등기

23 ④
상속인은 피상속인이 사망한 경우 등기 없이 권리를 취득하나, 등기를 하여야 그 권리를 처분할 수 있다(「민법」 제187조).

24 ④

지문분석

① 상속인 중 1인은 자기지분만에 관한 상속등기를 신청할 수 없다.
② 법정상속분에 따른 상속등기를 한 후에도 상속재산의 협의분할을 할 수 있으며, 이 경우에는 공동으로 소유권경정등기를 신청하여야 한다.
③ 상속등기 후 상속재산을 협의분할하는 경우 등기원인일자는 협의분할일이다.
⑤ 피상속인의 사망으로 상속이 개시된 후 상속등기를 하지 않은 상태에서 공동상속인 중 1인이 사망한 경우에는 나머지 상속인들과 사망한 공동상속인의 상속인들이 상속재산 협의분할을 할 수 있다.

핵심 협의분할에 따른 상속등기의 실행방법

구분	등기실행방법	등기원인일자
상속등기 전 협의분할	소유권이전등기	피상속인 사망일
상속등기 후 협의분할	소유권경정등기	협의분할일

25 ②
수증자가 여러 명인 포괄적 유증의 경우에는 수증자 전원이 공동으로 신청하거나 각자가 자기지분만에 대하여 등기신청을 할 수 있다.

지문분석

①⑤ 등기예규 제1512호

26 ④
특정유증의 목적부동산이 미등기인 경우, 유언집행자가 상속인 명의로 소유권보존등기를 한 다음 유증을 원인으로 한 소유권이전등기를 신청하여야 한다.

27 ⑤

지문분석

① 유증을 원인으로 한 소유권이전등기는 포괄유증이든 특정유증이든 모두 상속등기를 거치지 않고 유증자로부터 직접 수증자 명의로 등기를 신청하여야 한다(등기예규 제1512호).
② 포괄적 수증자의 소유권보존등기 및 유증으로 인한 소유권이전등기 신청이 상속인의 유류분을 침해하는 내용이라 하더라도 등기관은 이를 수리하여야 한다(등기예규 제1512호).
③ 상속재산의 분할은 상속개시된 때에 소급하여 그 효력이 미치므로, 상속재산분할심판에 따른 소유권이전등기는 법정상속분에 따른 상속등기를 거치지 않고 막바로 할 수 있다(1997.9.29. 등기 3402-718 질의회답).
④ 상속등기 경료 전의 상속재산분할협의에 따라 상속등기를 신청하는 경우, 등기원인일자는 '상속개시일'로 한다.

28 ④
토지수용으로 인한 소유권이전등기를 하는 경우에 그 부동산을 위하여 존재하는 지역권의 등기 또는 토지수용위원회의 재결로써 존속이 인정된 권리의 등기는 직권말소의 대상이 아니다.

29 ①
토지수용으로 인한 소유권이전등기시 수용의 날 이전에 상속을 원인으로 한 소유권이전등기는 직권말소하지 아니한다(2024.2.1. 상속을 원인으로 2024.5.1.에 한 소유권이전등기). 2024.2.1. 상속을 원인으로 2024.5.1.에 한 소유권이전등기는 기준일자가 2024.2.1.이고, 수용개시일 이전이므로 존속한다.

30 ③
옳은 것은 ㉠㉢㉤이다.
㉡ 등기원인은 '토지수용'으로, 등기원인일자는 '수용의 시기' 또는 '수용한 날'로 기록한다.
㉢ 수용으로 인한 등기신청시 농지취득자격증명을 첨부하지 아니한다.

31 ②
수용으로 인한 소유권이전등기를 하는 경우에 수용의 개시일 이후에 경료된 소유권이전등기는 직권으로 말소한다. 다만, 수용의 개시일 이전의 상속을 원인으로 한 소유권이전등기는 그러하지 아니하다.

핵심 토지수용으로 직권말소의 대상이 되는 등기

1. 수용일 이후의 소유권이전등기(다만, 수용일 이전의 상속을 원인으로 한 소유권이전등기는 제외)
2. 수용일 순서를 불문하고 소유권 외의 권리의 등기 (다만, 그 부동산을 위하여 존재하는 지역권등기와 토지수용위원회의 재결로써 존속이 인정된 권리는 제외)
3. 가등기, 압류, 가압류, 가처분등기 등

32 ③
옳은 것은 ㉠㉢이다.
㉡ 토지거래허가의 대상이 되는 토지에 관하여 진정명의회복을 원인으로 하는 소유권이전등기를 신청하는 경우에는 토지거래허가증을 첨부하지 아니한다(등기예규 제1631호).

33 ②
甲과 乙의 가장매매에 의해 乙 앞으로 소유권이전등기가 된 후에 선의의 丙 앞으로 저당권설정등기가 설정된 경우, 甲과 乙은 공동으로 乙명의의 소유권이전등기를 말소할 수 있고, 이해관계인인 丙의 승낙이 없으면 진정명의회복을 위한 이전등기를 신청할 수도 있다.

지문분석
③ 소유권이전등기 말소청구소송에서 패소확정판결을 받았다면 그 후 진정명의회복을 원인으로 한 소유권이전등기 청구소송을 제기할 수 없다(대판 2001.9.20, 99다37894 전원합의체).

34 ①
진정명의회복을 원인으로 한 소유권이전등기를 판결에 의하여 신청하는 경우이다. 그러므로 판결서를 등기원인정보로서 첨부하여야 한다.

35 ③
환매특약등기에 있어서 매수인이 지급한 대금 및 매매비용은 필요적 기록사항이다. 환매기간은 임의적 기록사항이지만, 당사자가 약정한 환매기간은 반드시 기록하여야 한다.

36 ③
환매특약의 등기는 소유권이전등기와 동시에 신청하여야 한다.

37 ②
환매등기의 경우 매도인은 환매권자이므로 제3자를 환매권리자로 하는 환매등기를 할 수 없다.

38 ③
제3자를 환매권자로 할 수 없다. 환매특약등기를 할 때에는 환매특약부매매의 매도인을 환매권자로 하여야 하지 원칙적으로 제3자를 환매권자로 하는 환매권등기신청은 불가능하다(1991.11.20, 등기선례 제3-566호).

지문분석
② 한 필지 전부를 매매의 목적물로 하여 매매계약을 체결함과 동시에 그 목적물소유권의 일부 지분에 대한 환매권을 보류하는 약정은 「민법」상 환매특약에 해당하지 않으므로 이러한 환매특약등기신청은 할 수 없다(2011.11. 22, 부동산등기과-2218 질의회답).

39 ⑤
지문분석
① 신탁 종료로 신탁재산에 속한 권리가 이전된 경우, 수탁자는 단독으로 신탁등기의 말소등기를 신청할 수 있다.
② 수익자나 위탁자는 수탁자를 대위하여 신탁등기를 신청할 수 있다. 이 경우 동시신청에 관한 규정은 적용하지 아니한다(법 제82조 제2항).
③ 신탁재산의 일부가 처분되어 권리이전등기와 함께 신탁등기의 변경등기를 할 때에는 하나의 순위번호를 사용하고, 처분 또는 종료 후의 수탁자의 지분을 기록하여야 한다(규칙 제142조).
④ 권리의 이전등기와 함께 신탁등기를 할 때에는 하나의 순위번호를 사용하여야 하므로 신탁으로 인한 권리이전등기를 한 다음 순위번호를 제외하고 나머지 부분에 횡선을 그어 아래에 신탁등기의 등기목적과 신탁원부번호를 기록한다.

40 ③
지문분석
① 수익자는 수탁자를 대위하여 신탁등기를 신청할 수 있다(법 제82조 제2항).
② 신탁등기의 말소등기는 수탁자가 단독으로 신청할 수 있다(법 제87조 제3항).
④ 신탁재산에 속한 권리가 이전, 변경 또는 소멸됨에 따라 신탁재산에 속하지 아니하게 된 경우 신탁등기의 말소신청은 신탁된 권리의 이전등기, 변경등기 또는 말소등기의 신청과 동시에 하여야 한다(법 제87조 제1항).

⑤ 위탁자와 수익자가 합의로 적법하게 수탁자를 해임함에 따라 수탁자의 임무가 종료된 경우, 신수탁자는 단독으로 신탁재산인 부동산에 관한 권리이전등기를 신청할 수 있다(법 제83조 제2호).

41 ②
옳은 것은 ⓒⓔ이다.
㉠ 법원이 신탁 변경의 재판을 한 경우 지체 없이 신탁원부 기록의 변경등기를 등기소에 촉탁하여야 한다(법 제85조 제1항 제3호).
㉣ 수익자나 위탁자는 수탁자를 대위하여 신탁등기를 신청할 수 있다. 이 경우 동시신청은 적용하지 아니한다(법 제82조 제2항).

42 ⑤
법원은 신탁관리인의 선임 또는 해임의 재판을 한 경우, 지체 없이 신탁원부 기록의 변경등기를 등기소에 촉탁하여야 한다(법 제85조 제1항 제2호).

> **법 제85조【촉탁에 의한 신탁변경등기】** ① 법원은 다음 각 호의 어느 하나에 해당하는 재판을 한 경우 지체 없이 신탁원부 기록의 변경등기를 등기소에 촉탁하여야 한다.
> 1. 수탁자 해임의 재판
> 2. 신탁관리인의 선임 또는 해임의 재판
> 3. 신탁 변경의 재판
>
> **제85조의2【직권에 의한 신탁변경등기】** 등기관이 신탁재산에 속하는 부동산에 관한 권리에 대하여 다음 각 호의 어느 하나에 해당하는 등기를 할 경우 직권으로 그 부동산에 관한 신탁원부 기록의 변경등기를 하여야 한다.
> 1. 수탁자의 변경으로 인한 이전등기
> 2. 여러 명의 수탁자 중 1인의 임무 종료로 인한 변경등기
> 3. 수탁자인 등기명의인의 성명 및 주소(법인인 경우 그 명칭 및 사무소소재지)에 관한 변경등기 또는 경정등기

43 ①
지문분석
② 신탁재산에 속한 권리가 이전됨에 따라 신탁재산에 속하지 아니하게 된 경우, 신탁등기의 말소신청은 신탁된 권리의 이전등기와 일괄신청하여야 한다.
③ 수익자가 수탁자를 대위하여 신탁등기를 신청할 경우, 해당 부동산에 대한 권리의 설정등기와 동시에 신청하지 아니한다.
④ 신탁등기의 신청은 신탁으로 인한 부동산의 소유권이전등기의 신청과 하나의 신청정보로써 하여야 한다.
⑤ 법원이 수탁자 해임의 재판을 한 경우 지체 없이 신탁원부기록의 변경등기를 등기소에 촉탁하여야 한다.

Point 44 용익권등기

44 ③
지상권의 목적이 토지의 전부인 경우에는 지적도를 첨부하지 아니하고, 토지의 일부인 경우에 지적도를 첨부한다.

45 ④
지역권이 '요역지소유권과 함께 이전하지 않는다.'라는 특약이 없는 한 요역지의 소유권이 이전된 경우 지역권도 이전되므로 지역권이전의 효력을 발생시키기 위하여 지역권이전등기를 할 필요가 없다.

46 ②
합필하려는 토지에 소유권·지상권·전세권·임차권 및 승역지(承役地: 편익제공지)에 하는 지역권의 등기 이외의 권리에 관한 등기가 있는 경우에는 합필의 등기를 할 수 없다. 그러므로 요역지 지역권등기가 있는 경우에는 합병할 수 없다.

47 ④
틀린 것은 ⓒⓒⓜ이다.
㉡ 건물의 특정부분이 아닌 공유지분에 대한 전세권은 등기할 수 없다.
㉢ 전세금반환채권의 일부양도에 따른 전세권 일부이전등기의 신청은 전세권의 존속기간의 만료 전에는 할 수 없다. 다만, 존속기간 만료 전이라도 해당 전세권이 소멸하였음을 증명하여 신청하는 경우에는 그러하지 아니하다(법 제73조 제2항).
㉤ 부동산의 일부에 대한 전세권(임차권)설정등기 신청서에는 그 도면을 첨부하여야 할 것인바, 다만 전세권(임차권)의 목적인 범위가 건물의 일부로서 특정층 전부인 때에는 그 도면을 첨부할 필요가 없다(2007.7.30, 등기선례 제200707-4호).

48 ④
건물전세권이 법정갱신된 경우 이는 법률규정에 의한 물권변동에 해당하여 전세권갱신에 관한 등기를 하지 아니하고도 전세권설정자나 그 목적물을 취득한 제3자에 대하여 그

권리를 주장할 수 있으나, 등기를 하지 아니하면 이를 처분하지 못하므로, 갱신된 전세권을 다른 사람에게 이전하기 위해서는 먼저 전세권의 존속기간을 변경하는 등기를 하여야 한다(2018.5.18, 등기선례 제201805-6호).

49 ④
임차권등기명령에 의한 주택임차권등기가 경료된 경우 그 등기의 이전등기는 허용되지 아니한다(2002.11.1, 등기예규 제1059호).

50 ③
ⓒ 임차권등기명령에 의한 주택임차권등기가 마쳐진 경우, 그 등기에 기초한 임차권이전등기를 할 수 없다.

51 ②
옳은 것은 ㉠㉡㉤이다.
ⓒ 구분지상권설정등기를 하는 경우에 그 범위가 공중이나 지하이므로 도면은 첨부하지 아니한다.
ⓔ 등기관이 승역지에 지역권설정의 등기를 하였을 때에는 직권으로 요역지의 등기기록에 기록하여야 한다(법 제71조).

52 ④
5개의 목적물에 하나의 전세권설정계약으로 전세권설정등기를 하는 경우, 공동전세목록을 작성하여야 한다.

지문분석
① 1필 토지 전부에 지상권설정등기를 하는 경우, 지상권설정의 범위를 기록하여야 한다.
② 지역권의 경우에 승역지의 등기기록에 설정의 목적, 범위 등을 기록하고, 요역지의 등기기록에는 요역지 지역권에 관한 등기사항을 기록하여야 한다.
③ 전세권의 존속기간이 만료된 경우, 그 전세권설정등기를 말소하지 않고 동일한 범위를 대상으로 하는 다른 전세권설정등기를 할 수 없다(형식적 확정력, 후등기 저지력).
⑤ 차임이 없이 보증금의 지급만을 내용으로 하는 채권적 전세의 경우, 임차권설정등기기록에 차임은 기록하여야 한다.

Point 45 담보권등기

53 ②
채무자와 저당권설정자가 동일한 경우에도 등기기록에 채무자를 표시하여야 한다.

54 ③
등기관이 「민법」 제368조 제2항 후단의 대위등기를 할 때에는 법 제48조에서 규정한 사항 외에 매각 부동산, 매각대금 등의 사항을 기록하여야 한다(법 제80조 제1항).

55 ②
옳은 것은 ㉠㉣이다.
㉠ 저당권이 이전된 후에 말소등기를 신청하는 경우 저당권의 양수인만이 말소등기의무자이다.
㉡ 저당권이 이전된 후에 말소등기를 신청하는 경우 '말소할 등기의 표시로는 주등기인 저당권설정등기를 적어야 한다.
㉢ 저당권이 이전되어 저당권등기의 말소등기를 신청하는 경우에는 말소등기의무자가 가지고 있는 저당권이전등기필정보만 첨부하면 된다.
㉣ 저당권설정 후 소유권이 제3자에게 이전된 경우에는 저당권설정자나 제3취득자가 저당권자와 공동으로 저당권말소등기를 신청할 수 있다(1985.2.14, 등기예규 제554호).

핵심 저당권말소등기의 절차

1. 등기신청인
   - 등기권리자(저당권설정자) + 등기의무자(저당권자)
   - 저당권이 이전된 경우에 저당권의 양수인만이 말소등기의무자(양도인 ×)
   - 저당권설정등기 이후에 소유권이 제3자에게 이전되는 경우 말소등기권리자는 저당권설정자나 제3취득자 모두 가능
2. 신청정보
   저당권이 이전된 경우 말소할 등기에는 '주등기' 표시(부기등기 ×)
3. 첨부정보
   - 일반적인 첨부정보(저당권설정등기필정보 ○, 인감증명 ×)
   - 이해관계인이 있는 경우 그의 승낙서나 이에 대항할 수 있는 재판등본
   - 저당권이 이전된 경우 말소등기시에는 저당권이전등기필정보만 첨부(저당권설정등기필정보 ×)
4. 등기의 실행
   저당권이 이전된 경우 저당권설정등기(주등기)가 말소되면 부기등기인 저당권이전등기는 직권으로 말소한다.

56 ③
ⓒ 등기관이 공동저당의 설정등기를 하는 경우, 공동저당의 목적이 된 부동산이 5개일 때에는 등기관은 공동담보목록을 전자적으로 작성해야 한다.

57 ①
근저당권등기의 경우에 채무자의 성명과 주소는 기록하지만, 채무자의 주민등록번호는 기록하지 아니한다(법 제75조 제2항).

58 ②
지문분석
① 근저당권의 약정된 존속기간은 등기할 사항이다.
③ 근저당권등기에 지연배상액은 등기할 사항이 아니다.
④ 근저당권의 채권자가 여러 명인 경우, 그 근저당권설정등기의 채권최고액은 단일하게 기재한다.
⑤ 채권자가 등기절차에 협력하지 아니한 채무자를 피고로 하여 등기절차의 이행을 명하는 확정판결을 받은 경우, 채권자는 단독으로 근저당권설정등기를 신청할 수 있다.

59 ③
㉠은 없다, ㉡은 계약양도, ㉢은 채무인수이다.

핵심 근저당권이전등기 · 변경등기

근저당권 이전등기	1. 근저당권의 피담보채권 확정 전: 계약양도 (채권양도 ✕) 2. 근저당권의 피담보채권 확정 후: 채권양도
근저당권 변경등기	1. 채무자변경으로 인한 경우 • 피담보채권액 확정 전: 계약인수(채무인수 ✕) • 피담보채권액 확정 후: 채무인수 2. 채권최고액이 증감변경된 경우 • 증가된 경우: 근저당권자(권리자) + 근저당권설정자(의무자) • 감액된 경우: 근저당권설정자(권리자) + 근저당권자(의무자)

60 ②
옳은 것은 ㉡㉢㉣이다.
㉠ 지상권등기에서 지료는 임의적 기록사항이다.
㉣ 저당권등기에서 변제기는 임의적 기록사항이다.

61 ②
지역권설정등기의 경우에 지료는 등기할 사항에 해당하지 아니한다.

62 ④
지문분석
① 이자는 임의적 기재사항이다.
② 근저당권이라는 취지는 필요적 기재사항이다.
③ 목적의 경우에는 구체적으로 기재하여야 한다.
⑤ 임차보증금은 임의적 기재사항이다.

핵심 각종 권리의 특수적 기록사항

등기	필요적 기재사항	임의적 기재사항
소유권 보존	신청근거조항	등기원인과 그 연월일은 기록 ✕
환매특약	매도인이 지급한 대금, 매매비용	환매기간
지상권	지상권설정의 목적·범위	존속기간, 지료와 지급시기, 구분지상권
지역권	• 요역지·승역지의 표시 • 지역권설정의 목적·범위	부종성배제특약 등
전세권	• 전세금(전전세금) • 전세권설정의 목적·범위	존속기간, 위약금, 전세권양도에 관한 사항
저당권	• 채권액 • 채무자(성명, 주소) • 권리(지상권·전세권)의 표시	• 변제기 • 이자, 그 발생시기 • 채무불이행에 대한 손해배상약정 • 저당권의 효력의 범위
저당권 이전	저당권이 채권과 함께 이전한다는 뜻	
근저당권	• 근저당설정계약이라는 뜻 • 채권최고액 • 채무자(성명, 주소)	• 저당권의 효력의 범위 • 존속기간
권리질권	저당권의 표시, 채권액, 채무자	변제기, 이자 등
임차권	차임, 처분능력권한이 없는 자라는 뜻(단기임대차)	• 임대보증금, 존속기간 • 임차권양도전대에 대한 임대인의 동의

Point 46 집합건물에 관한 등기

63 ④
전유부분 대지권의 표시는 <u>구분건물의 표제부</u>에 해당한다.

 대지권등기와 대지권 뜻의 등기의 비교

1. 대지권의 등기
   - 1동 건물의 표제부(대지권의 목적인 토지의 표시)에는 대지권의 목적인 토지의 일련번호(1필지인 경우에도 생략하지 않는다), 소재, 지번, 지목, 면적과 등기연월일을 적는다.
   - 구분건물의 표제부(대지권의 표시)에는 대지권의 목적인 토지의 표시(일련번호로 같음), 대지권의 종류, 대지권의 비율, 등기원인 및 그 연월일과 등기연월일을 각각 적는다.
2. 대지권이 있다는 뜻의 등기
   - 건물등기기록에 대지권의 등기를 한 경우 등기관은 직권으로 그 권리의 목적인 토지의 등기기록 중 갑구 또는 을구(해당구)에 적는다.
   - 대지권이 소유권인 경우에는 갑구에, 지상권 등인 경우에는 을구에 한다.

64 ④
공용부분이라는 뜻을 정한 규약을 폐지한 경우 <u>공용부분 취득자</u>는 소유권보존등기를 신청하여야 한다.

65 ④
건물의 등기기록에 대지권의 등기를 한 경우에는 그 권리의 목적인 토지의 등기기록 중 <u>해당구</u>에 대지권인 뜻을 등기하여야 한다.

지문분석
② 전세권이나 임차권은 공유지분에는 성립할 수 없으므로 대지권에는 전세권이나 임차권설정등기를 할 수 없다.

66 ②

지문분석
① 등기관이 구분건물의 대지권등기를 하는 경우에는 대지권의 목적인 토지의 등기기록에 대지권 뜻의 등기는 <u>직권</u>으로 기록하여야 한다(지역권은 제외).
③ '대지권에 대한 등기로서 효력이 있는 등기'와 '대지권의 목적인 토지의 등기기록 중 해당구에 한 등기'의 순서는 <u>접수번호</u>에 따른다.
④ 구분건물의 등기기록에 대지권이 등기된 후 구분건물만에 관한 저당권설정등기는 <u>허용되지 아니한다</u>.
⑤ 토지의 소유권이 대지권인 경우 토지의 등기기록에 저당권설정등기는 분리처분에 해당하여 <u>허용되지 아니한다</u>.

67 ②
토지전세권이 대지권인 경우에 대지권이라는 뜻의 등기가 되어 있는 토지의 등기기록에는 특별한 사정이 없는 한 저당권설정등기를 할 수 <u>있다</u>. 대지권등기는 토지와 건물의 분리처분을 위한 규정이므로 대지권이 전세권인 경우에 토지에 대한 소유권이전등기나 저당권설정등기는 허용된다.

68 ⑤
소유권이 대지권인 경우에 대지권이 있다는 뜻의 등기가 된 토지등기기록에는 소유권이전청구권가등기를 할 수 <u>없다</u>.

69 ④
틀린 것은 ⓒⓔ이다.
ⓒ 대지권등기를 한 때에는 토지와 건물의 분리처분이 금지된다. 그러나 지상권등기는 처분행위에 해당하지 아니하므로 <u>토지에 대한 지상권은 허용된다</u>.
ⓔ 토지의 지상권이 대지권인 경우에 토지의 지상권과 건물을 하나의 권리로 묶었으므로 토지의 <u>소유권이전등기를 할 수 있다</u>.

전유부분과 대지권의 일체성과 예외

구분		금지되는 등기	허용되는 등기
	건물등기기록	• 건물만에 대한 소유권이전등기, (담보)가등기, 압류·가압류등기 • 건물만에 대한 저당권설정등기	• 건물만에 대한 전세권·임차권등기 • 대지권등기 전 건물만에 설정된 저당권 실행으로 인한 경매등기, 가등기에 기한 본등기
토지등기기록	소유권이 대지권인 경우	• 토지만 목적 소유권이전등기, (담보)가등기, 압류·가압류등기 • 토지만 목적 저당권설정등기	• 토지만에 대한 용익물권, 임차권설정등기 • 대지권등기 전 토지만에 설정된 저당권 실행으로 인한 경매등기, 가등기에 기한 본등기

지상권, 전세권, 임차권이 대지권인 경우	• 토지만에 대한 지상권·전세권·임차권이전등기 • 토지만에 대한 지상권·전세권목적 저당권설정등기	• 토지에 대한 소유권이전·압류·가압류등기 • 토지에 대한 소유권목적 저당권설정등기

Point 47 가등기

70 ①

지문분석

② 가등기에 기한 본등기의 경우 물권변동의 효력은 <u>본등기한 날 발생한다.</u>
③ 가등기에 기한 본등기를 실행한 경우 <u>해당 가등기에 대한 가압류등기는 존속한다.</u>
④ 소유권에 관한 가등기명의인이 가등기의 말소등기를 신청하는 경우 인감증명을 첨부하여야 한다.
⑤ 가등기가처분명령에 의한 가등기는 <u>단독신청</u>에 의한다.

71 ②
옳은 것은 ⓒ이다.
㉠ 장래에 있어 확정될 청구권에 대해서도, 즉 <u>예약상태에서도 가등기가 가능</u>하다.
ⓒ 가등기에 의하여 본등기를 하면 그 본등기의 순위는 <u>가등기의 순위</u>에 의한다.
㉢ 사인증여로 인하여 발생한 소유권이전등기청구권을 보전하기 위한 가등기는 할 수 <u>있다.</u>
㉣ 하나의 가등기에 대하여 수인의 가등기권리자가 있는 경우에 그 권리자 중 1인의 지분만에 대한 본등기는 신청할 수 <u>있다.</u>

72 ⑤

지문분석

① 청산절차를 거치지 아니하여 첨부정보를 제공하지 아니한 채 담보가등기에 기초하여 본등기가 이루어진 경우는 등기신청시 첨부정보가 제출되지 않은 경우이므로 각하 사유 중 법 제29조 제3호 이하의 사유에 해당하므로 <u>등기관은 그 본등기를 직권으로 말소할 수 없다.</u>
② 가등기된 권리의 이전등기가 제3자에게 마쳐진 경우, 그 제3자가 본등기의 권리자가 된다.
③ 가등기 후 제3자에게 소유권이 이전된 경우, 가등기에 의한 본등기 신청의 등기의무자는 <u>가등기를 할 때의 소유자</u>이다.

④ 가등기를 명하는 가처분명령은 <u>부동산의 소재지를</u> 관할하는 지방법원이 가등기권리자의 신청으로 가등기 원인사실의 소명이 있는 경우에 할 수 있다(법 제90조 제1항).

73 ②

지문분석

① 소유권이전등기청구권 보전을 위한 가등기에 기한 본등기가 경료된 경우, 본등기에 의한 물권변동의 효력은 <u>본등기한 때</u>에 발생한다.
③ 시기부·정지조건부의 지상권설정청구권을 보전하기 위해서는 가등기를 할 수 있다.
④ 가등기된 소유권이전등기청구권이 양도된 경우, 그 가등기상의 권리의 이전등기를 가등기에 대한 부기등기의 형식으로 경료할 수 있다.
⑤ 소유권이전등기청구권 보전을 위한 가등기가 있으면 소유권이전등기를 청구할 어떤 법률관계가 있다고 <u>추정되지 아니한다.</u>

74 ③
틀린 것은 ㉠ⓒ㉣이다.
㉠ 유증은 유언자 사망시 효력이 발생하므로 유증으로 인한 소유권이전등기청구권 보전의 가등기는 <u>유언자가 생존 중인 경우 이를 수리하지 아니한다.</u>
ⓒ 소유권이전청구권가등기권자가 가등기에 의한 본등기를 하지 않고 다른 원인에 의한 소유권이전등기를 한 경우, 가등기 후 위 소유권이전등기 전에 제3자 앞으로 처분제한의 등기가 있는 경우에는 <u>다시 그 가등기에 의한 본등기를 할 수 있다.</u>
㉣ 토지거래허가구역 내의 토지에 관하여 소유권이전청구권가등기를 신청하거나 지료에 관한 약정이 있는 지상권설정청구권가등기를 신청하는 경우에는 토지거래허가서를 <u>첨부하여야 한다.</u>

75 ②
소유권이전청구권보전의 가등기 이후에 경료된 가압류에 의한 강제경매개시결정등기는 등기관이 직권으로 말소한다(규칙 제147조).

76 ④
소유권에 관한 가등기에 기한 본등기를 하는 경우에 중간처분등기인 저당권설정등기는 양립할 수 없으므로 등기관이 직권으로 말소한다.

77 ③
직권으로 말소하는 등기는 ㉠㉢이다.
㉠ 소유권이전청구권가등기에 기하여 소유권이전등기를 하는 경우 가등기 후에 완료된 전세권설정등기는 양립할 수 없으므로 직권으로 말소한다.
㉢ 전세권설정청구권가등기에 기하여 본등기를 하는 경우 가등기 후 본등기 전에 완료된 전세권설정등기는 직권으로 말소한다.
㉡㉣㉤ 직권으로 말소할 수 없다.

Point 48 처분제한등기

78 ⑤
지문분석
① 소유권에 대한 가압류등기는 주등기로 한다.
② 처분금지가처분등기가 되어 있는 토지에 있어서 지상권설정등기는 처분에 해당하지 아니하므로 신청할 수 있다.
③ 가압류등기의 말소등기는 법원의 촉탁으로 한다.
④ 가처분등기의 경우, 금전 이외의 급부를 목적으로 한다.

79 ④
가처분권자가 본안사건에서 승소하여 그 승소판결에 따른 소유권이전등기를 하는 경우에 당해 가처분등기 이후에 경료된 제3자 명의의 소유권이전등기의 말소는 동시에 단독신청으로 신청한다(2024.1.9. 체결된 매매계약에 의하여 2024.8.1.에 한 소유권이전등기).

80 ①
처분금지가처분등기가 된 후 가처분채무자를 등기의무자로 하여 소유권이전등기를 신청하는 가처분채권자는 그 가처분등기 후에 마쳐진 제3자 명의의 소유권이전등기, 소유권 이외의 권리의 등기의 말소를 신청할 수 있다.

81 ③
처분금지가처분권자의 승소판결에 의한 소유권말소등기를 신청하는 경우에는 그 가처분등기 이후에 경료된 제3자 명의의 소유권이전등기의 말소도 동시에 가처분권자가 '단독신청'하여 말소한다.

Memo

Memo

land.Hackers.com
해커스 공인중개사

공인중개사 1위 해커스

한경비즈니스 2024 한국브랜드만족지수 교육(온·오프라인 공인중개사 학원) 1위

중요한 내용을 압축하여 한 권에 쏙! 한손노트 시리즈

| 부동산학개론 | 민법 및 민사특별법 | 공인중개사법령 및 실무 | 부동산공법 | 부동산공시법령 | 부동산세법 |

실전 대비 문제로 합격 최종 점검! 문제집 시리즈

해커스 공인중개사 출제예상문제집 　　　　해커스 공인중개사 실전모의고사 10회분

 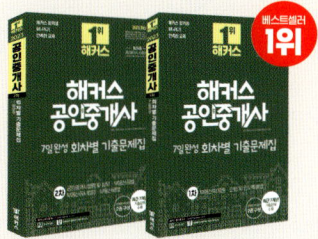

해커스 공인중개사 단원별 기출문제집 　　　　해커스 공인중개사 7일완성 회차별 기출문제집

[2024 해커스 공인중개사 1차 키워드 한손노트 부동산학개론] 알라딘 수험서/자격증 분야 공인중개사 1차 부문 베스트셀러(2023년 12월 3주차 온라인 주간베스트 기준) [2024 해커스 공인중개사 키워드 알집 한손노트 민법 및 민사특별법] 교보문고 국내도서 취업/수험서 분야 공인중개사 1차 부문 베스트셀러2024.07.29 온라인 주간베스트 기준) [2023 해커스 한손노트 키워드 2차 공인중개사법령 및 실무] 교보문고 취업/수험서 베스트셀러 공인중개사 분야 1위2023.03.07, 온라인 주간베스트 기준) [2023 해커스 한손노트 키워드 한손노트 2차 부동산공법] 알라딘 수험서/자격증 베스트셀러 공인중개사 분야(2023년 3월 4주, 주간베스트 기준) [2023 해커스 한손노트 키워드 한손노트 2차 부동산공시법령] 교보문고 취업/수험서 베스트셀러 공인중개사 분야 1위2023.03.14, 온라인 주간베스트 기준) [2023 해커스 공인중개사 키워드 한손노트 2차 부동산세법] 알라딘 수험서/자격증 베스트셀러 공인중개사 분야 1위2023.03.14 온라인 주간베스트 기준) [2024 해커스 공인중개사 1차 출제예상문제집 민법 및 민사특별법] 교보문고 취업/수험서 분야 공인중개사 1차 부문 베스트셀러 1위2024.04.09 온라인 주간베스트 기준) [2024 해커스 공인중개사 2차 출제예상문제집 공인중개사법령 및 실무] 교보문고 취업/수험서 분야 공인중개사 2차 부문 베스트셀러 1위2024.04.12 온라인 주간베스트 기준) [2024 해커스 공인중개사 2차 출제예상문제집 부동산공법] 교보문고 취업/수험서 분야 공인중개사 2차 부문 베스트셀러 1위2024.04.16 온라인 주간베스트 기준) [2024 해커스 공인중개사 2차 출제예상문제집 부동산공시법령] 교보문고 취업/수험서 분야 공인중개사 2차 부문 베스트셀러 1위2024.04.17 온라인 주간베스트 기준) [2024 해커스 공인중개사 2차 출제예상문제집 부동산세법] 교보문고 취업/수험서 분야 공인중개사 2차 부문 베스트셀러 1위2024.04.18 온라인 주간베스트 기준) [2025 해커스 공인중개사 1차 단원별 기출문제집 부동산학개론] 교보문고 취업/수험서/주택관리사 분야 베스트셀러 1위25.02.19, 온라인 주간베스트 기준) [2025 해커스 공인중개사 1차 단원별 기출문제집 민법 및 민사특별법] 교보문고 취업/수험서/주택관리사 1차 분야 베스트셀러 1위25.02.26, 온라인 주간베스트 기준) [2025 해커스 공인중개사 2차 단원별 기출문제집 공인중개사법령 및 실무] 교보문고 취업/수험서/주택관리사 분야 베스트셀러 1위25.02.25, 온라인 주간베스트 기준) [2025 해커스 공인중개사 2차 단원별 기출문제집 부동산공법] 교보문고 취업/수험서/주택관리사 2차 분야 베스트셀러 1위25.02.27, 온라인 주간베스트 기준) [2025 해커스 공인중개사 2차 단원별 기출문제집 부동산세법] 베스트셀러 1위 교보문고 취업/수험서/주택관리사 공인중개사 2차 분야 1위25.02.28, 온라인 주간베스트 기준) [2023 해커스 공인중개사 2차 회차별 기출문제집] 교보문고 취업/수험서 베스트셀러 공인중개사 분야 1위2024.04.08, 온라인 주간베스트 기준) [2023 해커스 공인중개사 1차 실전모의고사 10회분] 교보문고 취업/수험서 베스트셀러 공인중개사 1차 분야(2023.05.09, 온라인 주간베스트 기준) [2023 해커스 공인중개사 2차 실전모의고사 10회분] 교보문고 취업/수험서 베스트셀러 공인중개사 2차 분야 1위(2023.06.15, 온라인 주간베스트 기준)

1588-2332　　　　land.Hackers.com

해커스 공인중개사

공인중개사 **1위** 해커스
한경비즈니스 2024 한국브랜드만족지수 교육(온·오프라인 공인중개사 학원) 1위

합격 이후까지 함께하는
해커스 공인중개사
동문회 혜택

공인중개사 합격자모임 초대

합격생 총동문록 제공

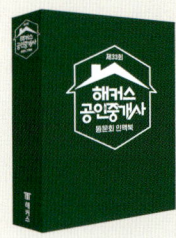

선배들의 현업 노하우 전수

해공회 정기모임

공동중개, 고급정보 실시간 교류

동문회 주최 실무교육

국내 최대 수준 규모! RSA 실무사관학교

1588-2332   land.Hackers.com